学前儿童发展与教育 高瞻丛书

本书为全国教育科学"十一五"规划2009年度教育部青年课题"学前教育课程发展指导框架的国际比较研究"成果(课题编号:EDA090386)

李召存◎著

追寻课程政策背后的教育意义

基于学前课程纲要的国际比较研究

华东师范大学出版社

目　录

第一章
走进政策视野中的学前课程

自20世纪90年代中后期起，在国际范围内，学前教育的课程发展问题开始受到越来越多国家的政策制定者的积极关注，不少国家纷纷出台了其学前教育发展历史上的第一部全国性学前课程纲要。学前课程开始逐步进入政策实践领域。进入21世纪，这一趋势更加明显和突出，在过去的这短短十一二年中，又有更多的国家颁布了其首部学前课程纲要，同时，不少国家新修订的学前课程纲要也已生效实施。其所涉及的国家范围之广、各个国家的政策反应速度之快，让人有一种应接不暇之感，学前课程似乎正迎来一场世界范围的政策关注浪潮。这一浪潮为学前课程的政策研究既提供了现实基础，也提出了迫切要求。

一方面，幼儿园层面上教育活动设计和实施的具体操作实践主要以儿童心理发展理论为理论基础，国家层面上制定课程纲要的政策实践与之不同，它不仅仅要考虑儿童的年龄心理发展特点，而且还更多地受国家政治经济文化发展的宏观逻辑影响，和国家的整个文化传统与意识形态有关，和国家在教育公平与质量之间做出平衡取舍的价值取向相连，乃至和全球化浪潮中国家对儿童未来发展的人才培养战略定位也是紧密相关、不可分离的。因此，从政策实践方面看，对各国学前课程纲要的比较分析，可以使我们在这个急剧变革的全球化时代中，从一个较为宽阔的国际视野更为准确地把握学前课程发展的政策趋势和未来方向，为我国学前课程政策的发展提供一个国际性的参照系。

另一方面，虽然各种学前课程理论可以百家争鸣，各式学前课程模式可以并行不悖，但是国家颁布的学前课程纲要却是经过国家意识形态筛选和认可的指导学前课程发展的理论取向和实施模式，是法定化的政策文本，是真正主导学前课程实践发展的力量。因此，从理论研究方面看，以各国学前课程纲要为研究对象，深入探究其背后所蕴含的各种不同的政策取向和教育理念，剖析其所体现出的各国解决自身学前课程发展问题的基本方式和内在逻辑，将有助于进一步拓展学前课程研究的问题域，打开一条通往不同于课程理论建构和教学实践研究的课程政策研究之路。

一、颁定学前课程纲要：一个国际性的课程政策图景

当前各国政府纷纷颁定国家层面上的学前课程纲要，构成了一幅国际性的学前课程政策发展图景。中国在2001年颁定了《幼儿园教育指导纲要（试行）》，而在国际上，恰如有研究者在2005年的一项国际比较研究成果中所指出的："自1996年起，一些国家和地区的政府，如新西兰（1996）、挪威（1996）、芬兰（1996）、澳大利亚的昆士兰（1997）和其他的一些州、瑞典（1998）、苏格兰（1999）、智利（1999）和英格兰（2000）决定开始通过引入课程纲要来进一步加强对学前教育的管理。"[①]的确，在20世纪90年代中期以前，世界上很多国家并没有颁定国家层面上的学前课程纲要。世界学前教育组织（OMEP）主席、联合国教科文组织学前教育首席专家、瑞典哥德堡大学教授塞缪尔森（Ingrid Pramling Samuelsson）等学者在2006年对意大利的瑞吉欧课程（Reggio Emilia）、新西兰的国家学前课程（Te Whāriki）、比利时的体验教育课程（Experiential Education）、美国的高瞻课程（High/Scope）、瑞典的国家学前课程（The Swedish National Curriculum for Preschool/Lpfö 98）等五种世界知名的学前课程模式进行的比较研究中，也明确指出："虽然在福禄贝尔时代就有了所谓的课程，但是国家层面上的学前课程纲要在十年之前还很少，而到今天已经非常普遍了。"[②]

对此，经济合作与发展组织（OECD）[③]2006年的一份相关研究也表达了类似观点："在过去的十年中，许多国家为早期教育和保育编制出版了自己的课程，主要针对3岁以上的儿童。各国课程编制出版的情况大致如下，英国先后于1999年、2000年、2002年

① Pamela Oberhuemer (2005). International Perspectives on Early Childhood Curricula. *International Journal of Early Childhood*, 37(1).

② Pramling Samuelsson, Sonja Sheridan and Pia Williams (2006). Five Preschool Curricula — Comparative Perspective. *International Journal of Early Childhood*, 38(1).

③ 经济合作与发展组织（Organization for Economic Co-operation and Development），简称经合组织（OECD），是由美国、加拿大、英国及一些欧洲国家、澳大利亚、日本、韩国等34个市场经济国家组成的政府间国际经济组织，旨在共同应对全球化带来的经济、社会和政府治理等方面的挑战，并把握全球化带来的机遇。自1998年至2012年，该组织的教育委员会已经发起三次针对其成员国的学前教育政策专题调查活动。

和2006年;苏格兰于1999年;法国于2002年;爱尔兰于2004年;德国于2004—2005年(国家级);墨西哥于2005年。韩国在1969年编制的课程基础上,于2006年对4—6岁幼儿课程进行了第七次修改。一些国家还开发了共同课程,设计了0—6岁幼儿教育架构,如:丹麦是在2006年,英国在2006年,芬兰在2003年,挪威先后在1996年和2006年,瑞典是在1998年。这些课程有助于在各年龄阶段和相关规定下促进教育质量更全面的发展,指导并支持专业人员的实践,促进工作人员与家长的沟通,确保早期教育与保育和学校的幼小衔接。”①

(一) 各国(地区)新近颁定学前课程纲要一览

在这场国际性的学前课程政策发展图景中,所涉及的国家远不止上述已有研究文献所提及的这些国家,而且截至2012年底,不少国家已经又颁定了新修订的学前课程纲要。在我们所收集到的有关各国(地区)新近颁定的学前课程纲要信息中,既有发达国家也有发展中国家,既有课程管理上的中央集权制国家也有分权制国家,既有政治经济发展大国也有一些太平洋岛国和非洲国家。下面是一些主要国家(地区)的学前课程纲要基本信息。

表1.1 各国(地区)新近颁定学前课程纲要一览(以颁定时间为序)

序号	国家(地区)	时间②	纲要名称	颁定机构
1	新加坡	2012年底颁定③	《幼儿园课程框架》(*the Kindergarten Curriculum Framework*)	新加坡教育部
2	韩国	2012年7月颁定,2013年2月实施	《Nuri课程》(*Nuri Curriculum*)	韩国教育、科学与技术部,韩国健康与福利部

① 约翰·贝内特.强势开端Ⅱ——国际经合组织幼儿教育政策最新总结报告.载朱家雄主编.国际视野下的学前教育.华东师范大学出版社,2007,69.

② 根据相关文献的可获得性,此处所整理出来的各国(地区)之间学前课程纲要颁定和实施时间的精确度并不一致。另外,因为有些国家(地区)在学前课程纲要颁定时就立即生效实施,而有些国家(地区)则在颁定之后间隔一段时间才生效实施,因此,对于一些国家(地区),在未获得其学前课程纲要生效实施时间的准确资料信息的情况下,我们只给出了其颁定时间。

③ 根据新加坡教育部公布的官方信息,该课程纲要将于2012年年底颁定。参见:http://www.moe.gov.sg/media/press/2011/11/supporting-kindergartens-for-a-quality-pre-school-education.php.

续 表

序号	国家(地区)	时间	纲要名称	颁定机构
3	英国（英格兰）	2012年3月颁定，2012年9月实施	《学前基础阶段法定框架》(*Statutory Framework for the Early Years Foundation Stage*)	英国教育部
4	印度	2012年颁定	《幼儿教育课程框架(草案)》(*Early Childhood Education Curriculum Framework (Draft)*)	印度妇女与儿童发展部①
5	美国（乔治亚州）	2011年颁定	《乔治亚幼儿教育内容标准》(*Georgia's Pre-K Program Content Standards*)	乔治亚幼儿保育与学习部
6	瑞典	2011年7月1日颁定	《学前课程》(*Curriculum for the Preschool Lpfö 98 Revised 2010*)	瑞典教育和科学部
7	冰岛	2011年颁定	《冰岛全国学前课程纲要》(*The Icelandic National Curriculum Guide for Preschools*)	冰岛教育、科学与文化部
8	马来西亚	2010年1月1日颁定	《全国学前课程标准》(*The National Preschool Curriculum Standard*)	马来西亚教育部
9	澳大利亚	2009年7月2日颁定	《归属、生活、成长：澳大利亚学前学习框架》(*Belonging, Being, Becoming: The Early Years Learning Framework for Australia*)	澳大利亚联邦教育、就业与劳动关系部
10	爱尔兰	2009年10月颁定	《学习之旅：学前课程框架》(*Aistear: The Early Childhood Curriculum Framework*)	爱尔兰全国课程与评估委员会
11	巴西	2009年11月颁定	《学前教育全国课程纲要》(*National Curricular Guidelines for Early Childhood Education*)	巴西教育委员会

① 1985年成立，当时隶属于人力资源发展部，称为印度妇女与儿童发展局，2006年3月1日正式升格为印度妇女与儿童发展部。

续 表

序号	国家(地区)	时间	纲要名称	颁定机构
12	日本	2008年3月28日颁定,2009年4月1日实施	《幼儿园学习指导要领》(*Course of Study for Kindergarten*)	日本文部省
13	加拿大(不列颠哥伦比亚)	2008年颁定	《早期学习框架》(*Early Learning Framework*)	健康部和儿童与家庭部
14	挪威	2006年3月1日颁定,2006年8月1日实施	《幼儿园课程内容与任务框架计划》(*Framework Plan for the Content and Tasks of Kindergartens*)	挪威教育与研究部
15	中国香港	2006年颁定,2007年实施	《学前课程指引》	香港课程发展议会
16	芬兰	2005年10月颁定,2000年12月19日颁定	《芬兰全国幼儿教育与保育课程纲要》(*National Curriculum Guidelines on Early Childhood Education and Care in Finland*, *revised 2005*) 《芬兰学前教育核心课程》(*Core Curriculum for Pre-school Education in Finland 2000*)	芬兰福利与健康部 芬兰国家教育委员会
17	德国	2004年发布①	《各州学前教育共同框架》(*Common Framework of the Federal States for Early Education in Nurseries and Kindergarten*)	德国各州青年事务部和教育部
18	希腊	2002年颁定	《跨主题课程框架大纲设计》(*Cross-Thematic Curriculum Framework Syllabus Design*)	希腊教育协会
19	法国	2002年颁定	《母育学校全国课程》(*National Curriculum for École Maternelle*)	法国教育部
20	新西兰	1996年颁定	编席子:学前课程(*Te Whāriki*: *Early Childhood Curriculum*)	新西兰教育部

① 该学前课程框架是德国各州达成的一个共识性框架,而非联邦政府颁定的正式课程政策。

从上表可以明显地看出，进入21世纪，尤其是近六七年来，出现了一个学前课程纲要修订的高潮。其中尤其令人关注的是德国、加拿大、美国、澳大利亚等国家，这些课程管理采用分权制的国家也开始在寻求学前课程的共同愿景和基本共识，而其中尤以澳大利亚迈出的步子最大，由联邦政府出台了全国性的课程纲要；而加拿大、美国和德国的地方政府则在课程政策上通过颁定课程纲要来强化政府的意志。

（二）各国（地区）颁定学前课程纲要的政策之路

下面我们将结合上表，从历史发展的视角，把各国（地区）学前课程纲要的颁定还原到其学前课程政策发展的历史轨迹中去，做一个粗线条的宏观考察和勾画，以对各国学前课程纲要的颁定形成一个整体性的认知。

1. 新加坡

1999年新加坡政府开始考虑学前教育质量提升的问题，其中涉及设定学前教育的理想产出结果、提升教师的培训水平、推进高质量学前教育效益的研究，而在课程方面，则是发展课程框架。2001年1月至2002年11月，新加坡全国教育研究所展开了一项试点研究，以评估新课程框架的效果，从而开始了对幼儿园课程框架的修订工作。2003年1月20日正式颁布《培养早期学习者：新加坡幼儿园课程框架》(*Nurturing Early Learners: A Framework for a Kindergarten Curriculum in Singapore*)，其中突出强调了高质量学前教育的关键原则。在接下来的2004年，又发展了相关的教师培训项目，以提升教师理解和落实新课程框架的能力。2008年又出版了《幼儿园课程指导》(*A Kindergarten Curriculum Guide*)，以帮助幼儿园老师在自己的教学活动设计中落实国家颁定的课程框架的要求。

2011年，在新加坡幼儿园教育会议上，新加坡教育部长宣布教育部将重新修订目前正在使用的2003年学前课程框架，根据对儿童发展与学习的最新研究成果，更新学与教的基本原则，以提升幼儿在语言和数学方面的核心能力。为此，2011年，新加坡教育部在学前教育工作者和其他一些相关利益者中展开了访谈和意见征求工作。根据新加坡教育部公布的官方信息，新的学前课程框架将于2012年底公布。①

---

① Singapore News(2011). *MOE Refreshes Kindergarten Curriculum Framework*. http://www.moe.gov.sg/media/press/2011/11/supporting-kindergartens-for-a-quality-pre-school-education.php.

2. 韩国

韩国第一个全国性的学前课程纲要《全国幼儿园课程》(*National Kindergarten Curriculum*)发布于1969年,当时已把课程内容划分为健康、社会探究、科学、语言和艺术五大领域。十年之后,在1979年做了修订,课程内容调整为社会情感技能发展、认知发展、语言发展和身体健康发展四大领域。受皮亚杰和布鲁纳的认知发展理论影响,此次修订加强了对幼儿逻辑数学知识等方面发展的强调。1981年第三版课程纲要发布,增加了"韩国风俗"、"韩国地理"等传统文化方面的课程主题内容。1987年第四次修订,进一步加强了对传统文化的强调。此后,在1992年又做了第五次修订,1998年再次做第六次修订,并在2000年生效实施。而目前正在使用的则是2007年12月出台、2009年3月开始推行的《韩国幼儿园课程》(*The Kindergarten Curriculum of the Republic of Korea*)。2012年7月韩国健康与福利部和教育、科学与技术部共同联手出台了3—5岁幼儿保教一体的课程纲要《Nuri课程》(*Nuri Curriculum*)并将在2013年2月推行实施。①

3. 英国

在英国的学前教育传统上,政府很少干预学前教育,但进入20世纪90年代之后,这一情况发生了改变。1996年英国政府的学校课程与评价局出台了《理想的儿童学习结果》(*Desirable Outcomes for Children's Learning on Entering Compulsory Education*),规定了幼儿在入小学时,应当达到的学习标准。1999年10月资格与课程局(the Qualifications and Curriculum Authority)将该文件进一步修订为《早期学习目标》(*Early Learning Goals*),并承诺将出台相应的课程框架以支持这些目标的达成。2000年,英国教育与就业部(Department for Education and Employment)和资格与课程局联合出台了《基础阶段课程纲要》(*Curriculum Guidance for the Foundation Stage*),对3—5岁幼儿的教育活动设计提出了指导。2002年又出台了《0—3岁幼儿教养方案》(*Birth to Three Matters: A Framework to Support Children in Their Earliest Years*)。2008年,由从原来教育与就业部独立出来的儿童、学校与家庭部(Department for Children, Schools and Families)对0—5岁幼儿教育做出了整体性考虑,颁布了《学前基础阶段法定框架》(*Statutory Framework for the Early Years Foundation Stage*),同时停止使用2000年的《基础阶段课程纲要》和2002年的《0—3

① 参见第三章"水平方向上的课程一体化"相关内容。

岁幼儿教养方案》。但形势变化很快,该框架颁布实施之后,2010 年 6 月,受儿童、学校与家庭部的委托,"儿童行动"组织主席 Dame Clare Tickell 组成了独立调查委员会对该框架的实施情况展开了调查,以考虑如何减少实施中的官僚主义,更加聚焦于儿童的学习。在此基础上,2012 年 3 月由原来儿童、学校与家庭部改称的英国教育部发布了新版的《学前基础阶段法定框架》,并于同年 9 月份生效实施。

除英格兰外,苏格兰近些年在学前课程纲要的颁定上也频频有政策变动。1999 年,苏格兰课程咨询委员会出台了《3—5 岁幼儿教育课程框架》(*Curriculum Framework for Children 3 to 5*)。2002 年,苏格兰行政院主办了一次名为"全国教育大讨论"的咨询活动,以此次活动为背景,2003 年 11 月份,组建了"课程评估小组",来确定 3—18 岁儿童的教育目标,并为课程的重新设计寻求基本的原则。在此努力下,2004 年 11 月,苏格兰政府颁布了 3—18 岁儿童教育的课程纲要《追求优异的课程》(*Curriculum for Excellence*)。该课程纲要确定了四个核心教育目标:使儿童成长为"成功的学习者、自信的个体、负责的公民和有效的贡献者"。另外,0—3 岁幼儿的早期教育也在此时进入到政策制定者的视野当中,2005 年颁布了《0—3:给予婴幼儿的支持》(*Birth to Three: Supporting Our Youngest Children*),从而为高质量的早期教育奠定了政策基础。2010 年,苏格兰学习与教学机构作了进一步修订,把早期教育的年龄提前到出生之前,颁布了《出生前到 3 岁:积极的发展结果》(*Pre-Birth to Three: Positive Outcomes for Scotland's Children and Families*)。

4. 印度

印度于 1986 年首次提出全国性的课程框架。又分别在 2000 年和 2005 年颁布并修订形成了新的全国课程框架。但是,这些课程框架都是由印度人力资源开发部下属的全国教育研究与培训委员会负责制定的,主要指向中小学教育,学前教育只是作为其中的一小部分而有所涉及。在 2000 年颁布的全国课程框架中,并没有涉及学前课程的内容,主要对入小学之前两年的学前教育的教学方式作了概括性规定,明确了此阶段是为入小学做准备的,这一时期幼儿获得什么样的教育经验,将对其以后的个性发展和学校学习带来很大影响。这一时期的教学方式应以小组活动、语言游戏、数学游戏和指向发展幼儿社会性与环境意识的各种活动为主,对幼儿的愉快情绪、感知活动和参与应给予充分强调,正规的学科教学和读写教学应明确禁止。要通过非常自然的日常交往互动,为幼儿提供充分的口头表达和倾听的机会,发展他们的识别、比较、搭配、命名、绘画和数数等方面的技能。

在2005年颁布的全国课程框架修订稿中，涉及学前教育的相关内容也很少，依然没有涉及学前课程的内容。但与2000年的课程框架相比，已有所拓展，它把0—6岁幼儿教育都纳入了其关照范围，甚至建议应把幼儿教育的年限放宽至0—8岁。强调针对这一年龄段幼儿的课程与教学要有整体性，要实现幼儿保育与教育的整合。在教学活动的设计上，强调幼儿的兴趣与需要的优先性，强调学习的情境性与活动性，以及丰富的环境刺激的重要性。同时也指出了在学前教育实践中，大量存在的小学化的高结构性教学和经常性的测试和家庭作业，对幼儿发展的危害。

2012年负责学前教育的主要国家机构——印度妇女与儿童发展部颁布了《幼儿教育课程框架（草案）》，具体从幼儿教育的目标、原则、课程内容、实施、评价、教师与家长角色等各个方面对全国幼儿教育课程发展做出了系统指导和规定。这是印度第一部专门的学前课程政策文件。

5. 美国

在教育行政体制上，美国是典型的地方分权制国家，到目前为止，除了如"提前开端（Head Start）"等受联邦政府资助的特定项目有对学前课程的正式要求外，联邦政府还没有出台过全国性的学前课程指南。[①] "提前开端"项目的课程主要由该项目的《项目执行标准》（*Program Performance Standards*）给出具体规定。该标准在1975年由美国联邦健康与人力资源部首次颁布，之后历经多次修订，其中尤其以1996年的修订规模最大。最近一次修订则是在2009年6月完成。从最近修订的趋势看，愈来愈强调幼儿语言和读写能力的发展。而在其他大部分由州政府负责管理的学前教育机构中，在传统的做法中，其课程往往由各托幼机构自行决定。[②] 而其中对各托幼机构课程发展影响较大的当属全美幼儿教育协会（National Association for the Education of Young Children, NAEYC）颁布的《发展适宜性教育实践》（*Developmentally Appropriate Practice*, *DAP*），该方案于1987年发布，并在1997年和2009年分别作了两次修订，进一步强调了课程的文化适宜性。另一方面，随着布什政府1991年颁布的《美国2000年：教育战略》，1994年克林顿政府颁布的《2000年目标：美国教育法》，以及2000年小布什政府颁布的《不让一个儿童落后法案》，在中小学领域所掀起的课程标准化运动持续发展。

---

① OECD Country Note (2002). *Early Childhood Education and Care Policy in the United States of America*. http://www.oecd.org/edu/preschoolandschool/2535075.pdf.

② OECD Early Childhood Education and Care — Country Profiles (2004). *the United States*. http://www.oecd.org/edu/preschoolandschool/2535075.pdf.

这种标准化运动在世纪之交逐渐影响到了学前教育领域，政府的政策意图和力量开始渗透到学前课程，这突出表现在各州早期学习标准的制定上。2002年美国联邦政府推进"良好的起点，聪明地成长"(Good Start, Grow Smart)早期学习项目，以提升幼儿的读写能力和入学准备状况。为此，这一项目鼓励各州发展早期学习指南，其中应该规定哪些是期望幼儿在进入幼儿园时在早期阅读和数学方面应该知道和能够做的，以和每个州从幼儿园到12年级的K-12课程标准统一起来①。2007年已有49个州为3—4岁幼儿制定了学习标准，18个州为0—3岁儿童制定了标准。2011年美国所有的州都制定了各自的早期学习标准，并开始实施，部分州已对此前的标准进行了修订。在这些早期学习标准中，90%的标准实际上已超出了最初"良好的起点，聪明地成长"中所提到的设立在早期读写和数学方面的学习标准的要求，几乎涵盖了幼儿发展的大部分领域。

另外，值得一提的是，2010年6月2日全美州长协会最佳实践中心(The National Governors Association Center for Best Practices)和州首席教育官员理事会(The Council of Chief State School Officers)，共同颁布了美国首部《州共同核心课程标准》，包括了数学和语言两个方面，即"The Common Core State Standards for Mathematics"和"The Common Core State Standards for English Language Arts & Literary in History/Studies Science and Technical Subjects"。该标准规定了儿童从幼儿园到12年级应该掌握的知识与技能，目标是为他们高中毕业时上大学和就业做好充分的准备。这虽然不是联邦政府主持颁布的，而且也不是强制执行的，但却反映出了美国在追求课程发展的全国共同愿景上的一种心声和努力。这种心声和努力会不会在今后一段时间内从中小学阶段下行到学前教育阶段，需要我们拭目以待。

6. 瑞典

从历史发展来看，瑞典对学前课程的国家管理具有较长的历史传统②。早在20世纪70年代初瑞典国家儿童保育调查委员会，就力图在吸收当时最新的儿童学习与发展理论的基础上，阐明学前教育的课程内容与教学方法，甚至提出了基于交流与对话的学前教育模式。在此基础上，从1975年到1979年间，当时负责学前教育的

---

① 在美国，幼儿园(kindergarten)是指入小学前一年的教育，其课程标准往往是和中小学的课程标准放在一起制定，形成所谓的K-12年级的课程标准。

② Marit Alvestad & Ingrid Pramling Samuelsson (1999). A Comparison of the National Preschool Curricula in Norway and Sweden. *Early Childhood Research & Practice*.

瑞典全国健康与福利部出版了一系列关于学前教育工作计划的书籍。1988 年全国健康与福利局制定了瑞典历史上第一部全国性的《学前教育方案》(*Educational Program for Preschools*),为配合其实施,还同时出版了《在幼儿园的学习》(*Learning in Preschool*),用于对学前教育工作者的培训指导。1998 年 8 月份,瑞典新的全国学前课程纲要《学前课程》(*Curriculum for the preschool Lpfö 98*)颁布并实施。而在此前,学前教育的管理权已经于 1996 年由健康与福利部转移到教育部,这标志着学前教育开始纳入到瑞典的教育体制内。也正因为此,1998 年的课程纲要经常被称为是瑞典的第一部学前课程纲要。2010 年,瑞典教育部开始对 1998 年的学前课程纲要进行修订,并于 2011 年 7 月正式颁定。

7. 冰岛

冰岛是北欧国家中第一个把学前教育纳入教育体制中的国家。早在 1973 年,日托中心和幼儿园就归到教育部管理。[①] 冰岛第一部学前课程文件颁布于 1985 年,当时被称为《学前教育计划》(*The Educational Programme for Preschools*)。1993 年该教育计划做了修订。1999 年 7 月 1 日,新的《全国学前课程纲要》(*National Curriculum Guide for Preschools*)正式颁布实施。2008 年,冰岛政府通过了新的学前教育法。根据这一法律,学前教育机构应为儿童提供一个健康、鼓励性的学习环境,为幼儿的学习与游戏提供安全保障,通过游戏的方式来学习应该给予鼓励。学前教育机构应以宽容、爱、平等、民主合作、负责、关心、原谅和对人价值的尊重,以及冰岛的基督教文化传统为基本特征。根据这一法规,要求颁布实施新的学前课程纲要。因此,2011 年,冰岛教育、科学与文化部出台了新版的《冰岛全国学前课程纲要》(*The Icelandic National Curriculum Guide for Preschool*)。

8. 马来西亚

马来西亚 0—4 岁幼儿保育主要归妇女、家庭与社区发展部管理,而 4—6 岁学前教育则主要由农村与地区发展部、国家统一与综合部、教育部负责管理。前两者在 20 世纪 70 年代就开始了幼儿园的开办,分别集中在农村和城市地区,而教育部则是在 1992 年才开始试点幼儿园开办项目并于 2003 年推向全国。由于政出多头,学前课程从理念到实施都比较混乱,因此对由教育部出面加强对课程发展的指导呼声一直很

---

① Johanna Einarsdóttir (2010). Icelandic Parents' Views on the National Policy on Early Childhood Education. *Early Years*, 30(3).

高。针对这一现状，1986年马来西亚教育部出台了《学前教育指导手册》，成为马来西亚学前教育发展史上第一个正式的与课程发展相关的政策文件。为适应新形式变化，1992年开始着手对此指导手册进行修订，并于1993年发布实施。1996年，教育法提出教育部将出台全国学前课程纲要，以具体规定幼儿在接受学前教育时应达到的知识、技能和价值观等方面的标准。2003年《全国学前课程》(*National Preschool Curriculum*)正式出台。这是马来西亚第一个完整的指导学前课程发展的全国性指南。[①] 2008—2009年又开始对这一指南进行修订，并在2010年以《全国学前课程标准》(*The National Preschool Curriculum Standard*)的名称正式发布实施。

9. 澳大利亚

澳大利亚是典型的分权制国家，学前教育事业发展主要由各州、自治区负责。进入21世纪以来，八大州政府都纷纷出台了自己的学前课程指南[②]。比如，新南威尔士州2005年出台了针对0—5岁幼儿教育的课程框架《关系性实践》(*NSW Curriculum Framework for Childrens's Services: The Practice of Relationships*)，昆士兰州2006年出台了针对入小学前一年5岁幼儿的《幼儿教育课程纲要》(*Early Years Curriculum Guidelines*)，首府特区2007年出台了从学前到十年级的《每一个学习机会:首府地区学校课程框架》(*Every Chance to Learn: Curriculum Framework for ACT Schools, Preschool to Year 10*)。但在另一方面，这种各州各自为政的现状，也造成了澳大利亚学前课程发展混乱、缺乏共同愿景的不利局面。为此，建立一个相对统一的全国性的学前课程发展平台，成为一种趋势。2009年澳大利亚政府委员会签署了第一个全国性课程纲要——《归属、生活、成长:澳大利亚学前学习框架》。这一纲要是澳大利亚全国教育质量框架的一个重要组成部分，它为各地区幼儿接受高质量学前教育提供了一个统一标准。但是该纲要并不是强制实施的，它可以替代各州或自治领的学前课程纲要，也可以作为各州或自治领补充。而至于采用哪种方式更为合适，则由各地方政府具体决定。

10. 爱尔兰

20世纪90年代中后期以前，爱尔兰的学前课程非常不统一，各类学前教育机构

① Curriculum Development Centre Ministry of Education Malaysia (2008). *Early Childhood Care and Education Policy Implementation Review*. http://www.tadika.org/Malaysian_ECCE_Policy_Review.

② Victorian Curriculum and Assessment Authority (2008). *Appendices, Analysis of Curriculum/Learning Frameworks for the Early Years (Birth to age 8)*. http://www.deewr.gov.au/Earlychildhood.

之间的课程模式差异非常大。[①] 1998 年爱尔兰第一届全国学前教育论坛举行，其中参会者最为关心的问题是爱尔兰缺少一个包括 3 岁以下幼儿在内的整个学前教育的全国课程纲要。因此，在此次论坛生成并于 1999 年发布的学前教育白皮书《准备学习》(*Ready to Learn*)中明确建议要为学前教育发展制定一个全国性的课程纲要，以确保学前教育服务的高质量发展。同时建议这个课程纲要应该是提供一种宏观的指导，以为实践者设计和修改其具体课程提供方向性指导，而不必规定具体的课程细节。但是也同时建议，可以发展一套学前课程的样例，以为一线老师提供更为具体化的课程内容与教学方法的参考。因此，从 2001 年起爱尔兰全国课程与评估委员会就开始了课程纲要制定的相关准备工作。经过八年的努力，最终在 2009 年 10 月颁定了《学习之旅：学前课程框架》(*Aistear: the Early Childhood Curriculum Framework*)，该框架由四个相对独立的文件组成，分别为《原则与主题》、《良好教学实践指南》、《使用者指导手册》、《关键信息》。这一课程政策的出台颁布被看成是爱尔兰学前教育历史上一个激动人心的里程碑式的事件。[②]

11. 巴西

在巴西的学前教育传统中，为学前教育设计课程纲要的想法不被普遍接受，因为对课程的系统化设计往往是和 6 岁以上儿童的义务教育连在一起的。在学前教育领域，"教学方案"(Pedagogical Project)和"教学建议"(Pedagogical Proposal)等类似的说法是经常被使用的，尤其是在涉及 3 岁以下幼儿的早期教育中，更是如此。因此，很长一段时间内，巴西为系统设计日托中心和幼儿园中幼儿的学习经验而出台的指南或一般性的指导非常少，也非常的零散。但是在近十多年来，随着 1996 年教育法明确将学前教育纳入基础教育体系之中，用于专门指导学前课程发展的正式官方文件开始出现。[③] 1998 年巴西教育委员会出台了《全国学前课程参考》(*National Curricular Reference for ECE*)，但该文件不具有强制性。紧接着，1999 年巴西教育委员会又出台了《全国学前课程纲要》(*National Curricular Guidelines for Early Childhood*

---

① OECD Early Childhood Education and Care — Country Profiles (2004). *Ireland*. http://www.oecd.org/edu/preschoolandschool/37423587.pdf.

② National Council for Curriculum and Assessment (NCCA) (2009). The Story of Aistear: the Early Childhood Curriculum Framework: Partnership in Action. *The OMEP Ireland Journal of Early Childhood Studies*, 3(1).

③ Rebecca Staples New, Moncrieff Cochran (2007). *Early Childhood Education: An International Encyclopedia* (*Volume 4: The Countries*). Praeger Publishers, p947.

Education)，规定了学前教育的基本原则、基础和程序。2009年11月，经过修订之后的新版指南发布，进一步明确了为促进0—5岁幼儿整体发展的课程目标。

12. 日本

相对于大多数国家而言，日本国家层面上的学前课程政策指导有着较长的历史传统。日本的学前教育是由保育所和幼儿园两个并行的系统组成，前者隶属于厚生省，招收0—6岁幼儿，后者则隶属于文部省，招收0—6岁幼儿。两个管理机构各自制定自己的全国课程纲要。1965年厚生省首次颁布了《保育所保教指南》(*Guidelines for Nursery Care at Day Nurseries*)，以后分别在1990年和1999年做了修订，2008年又颁布第四版，并在2009年4月份生效实施。而文部省早在1948年就颁布了全国性的课程纲要《学前课程》(*Preschool Curriculum*)，只不过它不是专门针对幼儿园的，还涵盖了对家庭育儿的指导。1956年为衔接中小学的全国课程纲要《学习指导要领》(*Course of Studies*)，文部省又颁布了新的《幼稚园教育指南》(*Guidelines for Kindergarten Education*)，但只是试行，并不具有强制执行的法律约束力。1964年该大纲经过完善调整后，以法规的形式向全国推行，作为正式的幼儿园课程标准。1989年该大纲又做出了新的修订。世纪之交，文部省于1998年底又再一次公布了新的修订稿，并于2000年4月生效实施。2008年最新版的《幼儿园学习指导要领》(*Course of Study for Kindergarten*)出台，并于2009年在全国推行实施。

13. 加拿大

作为联邦制国家，加拿大的学前教育主要由各省负责。“自1997年以来，许多省开始史无前例地着手制定学前课程框架。”①

在魁北克省，1997年魁北克家庭与儿童部吸收美国的高瞻课程方案(High/Scope Curriculum)率先颁布了《满足幼儿的需要：魁北克儿童保育机构教育方案》(*Meeting Early Childhood Needs, Quebec's Educational Program for Childcare Services*)。2007年，该教育规划得到了进一步修订完善。

在安大略省，1998年教育与培训部出台了其历史上第一部针对4岁和5岁幼儿教育的《幼儿园方案》(*Kindergarten Program*)。2006年和2011年又两经修订，并且在2011年的修订稿中改称为《每个儿童，每个教育机会》(*Every Child, Every*

① Rachel Langford (2010). *Innovations in Provincial Early Learning Curriculum Frameworks*. http://www.childcarecanada.org.

Opportunity)，突出了幼儿园与小学的衔接。2007年1月安大略儿童与青年服务部出台了《早期学习：为了今天的每一个儿童》(*Early Learning for Every Child Today*)，这是一个为0—8岁儿童整体设计的课程纲要。

2008年，又有三个课程纲要出台。新不伦瑞克省发布了《早期学习与幼儿保育课程》(*Early Learning and Child Care Curriculum*)。作为加拿大唯一一个双语省份，该课程纲要特别强调了文化归属与整合的重要性。在萨斯喀切温省发布了《游戏与探究：早期学习方案指导》(*Play and Exploration: Early Learning Program Guide*)。不列颠哥伦比亚省出台了专门针对5岁幼儿学习与发展的《早期学习框架》(*Early Learning Framework*)。2011年6月马尼托巴省又出台了《早期回报：马尼托巴早期学习与儿童保育课程框架》(*Early Returns: Manitoba's Early Learning and Child Care Curriculum Framework for Preschool Centres and Nursery Schools*)。

14. 挪威

1982年，挪威受当时瑞典出台的关于学前教育工作计划的影响，也为学前教育机构提供了名为《学前教育工作目标》的指导手册，这是挪威历史上第一个为学前教育工作者提供的指导性政策文件。1984年挪威日托机构法案修订发布，明确要求所有的日托机构要制定机构教育活动周年计划。为此，1987年政府出台了一份指导文件，以帮助教师编制周年计划，但这个文件几乎没有谈到学前教育的活动内容。挪威儿童与家庭事务部于1995年12月1日发布了其学前教育发展史上第一个正式的全国课程纲要《日托机构框架计划》(*Framework Plan for Day Care Institutions*)，并于1996年1月1日生效。十年之后的2006年3月1日出台了新版的全国课程纲要《幼儿园课程内容与任务框架计划》(*Framework Plan for the Content and Tasks of Kindergartens*)，并于同年的8月1日生效实施。

15. 中国香港

20世纪90年代中期以前，香港的学前课程政策文件分为两个，其一是1986年由香港社会服务联会和社会福利署共同编订的《日间幼儿园活动指引》。其中所说的日间幼儿园是指在社会福利署注册，为2岁至3岁幼儿提供服务的学前教育机构。该指引明确了幼儿的培养应通过游戏和实际体验，协助幼儿在体能、智能、语言、社群和情绪各方面达到均衡发展；其二是课程发展议会下属的幼儿园协调委员会在1993年编订的《幼稚园课程指引》。其中所指的幼稚园是在教育局注册，为3岁至6岁幼儿提供服务的学前教育机构。该指引强调幼稚园课程须按照幼儿的发展特征和需要有计划的编排，通过感官接触、观察、实验等方式进行，以诱发学习兴趣，培育其德、智、体、群、美各方面的均衡发展。

香港教育委员会于1994年对学前教育提出了多项建议，其中包括统一两类学前教育机构的服务。1995年2月，组成了幼稚园教育工作小组，切实研究合并两类学前教育服务课程指引的可行性。1996年2月，新的《学前课程指引》初稿完成，并发至全港各学前教育机构征询意见，在此基础上又加以修订，经过课程发展议会的通过，成为一册适用各级学前教育机构的教学参考资料。2006年，世界范围内教育的新发展，和踏入21世纪初香港的教育制度和课程改革，致使香港的学前教育也产生了一定的转变。尤其是此前在2000年11月香港政府颁布的《学会学习：课程发展路向》，更是进一步申明了教育课程要以学生为本，而学前课程则应为幼儿提供高素质、综合性的学前教育和照顾服务。基于此，香港课程发展议会于2006年修订编制了新的《学前课程指引》，并于2007年在香港全面推行。

16. 芬兰

在芬兰，0—6岁幼儿的教育是由社会福利和健康部负责的，6岁幼儿的学前班教育由国家教育委员会负责。1996年芬兰为6岁幼儿的学前教育颁布了全国课程纲要，这套纲要对日托中心不具有强制性，可自愿使用，而对学前班教育则要求其强制性使用。但这套课程纲要和小学一二年级的课程方案差别比较大。因此，在2000年的课程改革中，又颁布了新的课程纲要《芬兰学前教育核心课程》(*Core Curriculum for Pre-school Education in Finland 2000*)。这一指南的颁布为0—6岁幼儿的教育带来了政策压力，因此，2003年9月1日，芬兰福利和健康部颁布了《芬兰全国幼儿教育与保育课程纲要》(*National Curriculum Guidelines on Early Childhood Education and Care in Finland*)，2004年底至2005年春季，芬兰福利与健康部开始对这一课程纲要一年多的实施情况展开调查，2005年10月发布了根据调查结果修订了的第二版课程纲要。这一课程纲要的发布被看成是开启了芬兰学前教育发展的新时代。①

17. 德国

与美国、加拿大相似，德国是联邦制国家，其学前教育管理权在各州政府。德国的学前课程也是没有全国统一规范的，这是德国学前教育的传统，而且任何有统一课程

① Päivi Lindberg (2007). *The ECEC Curriculum Guidelines and its Implementation in Finland*. Vision into Practice, Making Quality a Reality in the Lives of Young Children, International Conference 2007.

管理的政策做法，都会引起很大的争论。但是，进入21世纪以来，情况却发生着微妙的变化，无论是政策制定者还是学前教育领域专业人士，对学前课程的国家管理所持的态度，都在逐渐转变。其中一个重要的促动因素是2001年12月OECD发布的第一轮PISA测验成绩结果，德国发现在这次针对15岁青少年所做的测验中，自己国家在阅读、数学和科学三项上的得分竟然排在了32个国家中的倒数第三的位置，这使德国大受刺激。而且德国的相关研究也发现，来自处境不利和移民家庭的儿童，其学业成绩往往都是处在差生之列，这非常清楚地说明了教育体制没能够消除社会背景对儿童学习成绩的消极影响。因此，提高学前课程的统一管理，提升学前教育质量，也在这种社会情绪和认知的氛围中，逐渐酝酿发酵。终于在2003年巴伐利亚州率先颁布了本州的0—6岁幼儿学前课程纲要。随即，其他各州也都纷纷出台了本州的课程纲要。2004年，德国16个州的青年事务部和教育部第一次达成共识，发布了《各州学前教育共同框架》(*Common Framework of the Federal States for Early Education in Nurseries and Kindergarten*)，以指导学前教育机构的课程与教学工作。① 虽然这一框架不是由联邦政府出台的，也不具有强制性，但也充分反映出德国追求学前课程共同愿景的努力。

18. 希腊

希腊的学前教育是和小学教育紧密联系在一起的，1985年出台的教育法规定学前教育(4—6岁)隶属于小学教育(6—12岁)，因此，希腊往往在同一个教育法规中既有对幼儿园的规定，也有对小学的规定。希腊在课程管理上是典型的中央集权制国家，因此，国家颁定学前课程管理政策，并不是一个有争议的问题。1962年，希腊颁定了第一个官方的幼儿园课程纲要，直到1980年才做了修订。继而在1989年又做了进一步完善。2001—2003年希腊发起了一场课程改革，主要是针对义务教育课程的，但也涉及了学前课程。在此期间，希腊教育部下属的教育协会(Greek Pedagogical Institute)2002年颁定的全国基础教育课程框架《跨主题课程框架大纲设计》(*Cross-thematic Curriculum Framework Syllabus Design*)②就包括了对4—6岁幼儿学前课程的规定。2006年又出台了《幼儿园教师指南》(*Kindergarten Teacher's Guide*)。

---

① Pamela Oberhuemer (2005). International Perspectives on Early Childhood Curricula. *International Journal of Early Childhood*, 37(1).

② Efstratia Sofou & Vassilios Tsafos (2010). Preschool Teachers' Understandings of the National Preschool Curriculum in Greece. *Early Childhood Educ*, 37, 411-420.

19. 法国

法国是典型的中央集权制的教育管理体制，幼儿教育是其国家教育改革的重要部分，其中2—6岁幼儿的学前教育主要由母育学校(écoles maternelles)承担，0—3岁幼儿的保育则基本由保育机构(crèches)负责。但在课程政策上，存在着两种截然不同的做法，一方面对于母育学校，政府有颁布的全国性课程大纲，为母育学校界定了颇具小学化倾向的课程与教学模式；而另一方面，对于保育机构，则没有比较明确的官方政策指导[①]。

对于母育学校，1986年法国引入了全国大纲，界定了母育学校的三个基本目标：使儿童适应学校新环境，认识到学校是学习的地方；社会化，发展儿童同其他人的关系；学习与实践，发展儿童感受、行动、思考和想象的能力。1990年的法国教育法进一步认可了这三个目标。这些目标在1995年法国教育部颁布的首部针对母育学校的全国课程纲要《母育学校全国课程》(*National Curriculum for École Maternelle*)中进一步得到发展。2002年，法国启动了小学课程改革，在课程上做出了新的调整，为此，《母育学校全国课程》也在这一年作出了新的修订，其中非常重要的一个变化是，进一步更加清晰地强调了幼儿母语学习能力的发展。2008年9月，法国开始推进《共同的知识与技能基础》(*Socle Commun*)中小学课程改革，列出了义务教育结束时期望儿童掌握的知识技能和价值观，并在此基础上设计了课程方案。[②] 虽然此改革主要是针对中小学义务教育的，但是因为在法国母育学校的最后一年被和小学一二年级被共同划归为基础阶段的学习圈[③]，因此，此次改革对母育学校5岁幼儿的课程也做出了规定，包括引导儿童接触书面语言、成为一名小学生、身体的运动和表达、对世界的探究、感知想象和创造等一些课程内容领域。

对于0—3岁的保育服务，目前还没有全国性课程纲要。但是自2000年，法国政府出台了关于保育机构的新法案，第一次认识到保育机构不仅仅有照顾幼儿健康和安全的功能，更有促进儿童发展和幸福的教育性质。因此，该法令首次规定保育机构应

---

① Rebecca Staples New, Moncrieff Cochran (2007). *Early Childhood Education: An International Encyclopedia* (*Volume 4: The Countries*). Praeger Publishers, p1080.

② INCA (2011). *The New French Scole Commun*. http://webarchive.nationalarchives.gov.uk/20090215193813/inca.org.uk/.

③ 在法国，为加强不同学段之间的衔接，母育学校的前三年(2—5岁幼儿)被划归为早期学习阶段，母育学校的最后一年和小学一二年级(5—8岁幼儿)被划归为基础学习阶段，小学三、四、五年级(8—11岁儿童)则被划归为加深学习阶段。

制定教育计划，以鼓励这些机构能反思和规范保育理念和相关的教学活动。这一教育计划的制定应包括对儿童保育目标和实施方式作出规定的教学计划，和明确保育机构在服务家长、促进社会整合、反对不平等和各种偏见排斥现象等方面的社会角色。

20. 新西兰

在新西兰，毛利人是土著居民，19 世纪欧洲白人开始在这里开辟殖民地。第一批的学前教育机构也在 19 世纪末期建立起来，具有明显的慈善性质，主要关注儿童的道德矫正、安全和健康。直到 20 世纪后半期新西兰的学前教育发展才有了较大转折。在 20 世纪 50 年代，儿童不能上幼儿园逐渐被看成是一件不幸的事。20 世纪末则进而被视为是处在危险中，对社会是一种潜在问题。在这样一种发展趋势下，1996 年新西兰教育部颁布了其学前教育发展历史上的第一部正式的课程纲要《编席子：学前课程》(*Te Whāriki：Early Childhood Curriculum*)。这是一个用英语和毛利语写就的非常有特色的课程纲要，其中"Te Whāriki"是新西兰土著居民毛利人的语言，意思是"编制席子以供所有人站在上面(a woven mat for all to stand on)"。使用这一隐喻，意指学习过程是编制儿童经验的过程。在这一课程纲要正式颁布之前，1993 年新西兰政府就已经发布了课程纲要的草案，并进行了一系列的试点。而在正式颁布之后的一年，则组织了一些教师专业发展的项目，以支持教师理解这一指南，以有效地展开幼儿园教学工作。随后政府还资助了四个研究项目，目的是发展基于课程纲要的评估框架。① 虽然自正式颁布至今还没有修订，但这一课程纲要一直为人们所称道。

考察以上各国和地区在学前课程政策上的发展简史，我们可以发现，20 世纪 90 年代中后期以来，各国和地区有频繁的课程政策举动。除了澳大利亚、印度等国为首次颁定外，在不到二十年的时间内，诸如瑞典、挪威、日本、韩国、新加坡等国家和地区都完成了本国学前课程纲要的两次修订，而英国则达到三次之多，这明显高于中小学教育领域中"课程变革每十年一个变化周期"的世界性规律，这充分反映出近些年来各国和地区在学前课程政策上的积极探索。

(三) 国际范围内颁定学前课程纲要的内在动因

当前世界范围内的学前课程纲要的颁定浪潮，有其内在动因。这些原因中有些是

---

① Helen May (2002). *Early Childhood Care and Education in Aotearoa-New Zealand：An Overview of History，Policy and Curriculum*. http://www.aeufederal.org.au/Ec/HMayspeech.pdf.

各国都面对的共性原因，而有些则是不同国家内部的个性原因。

1. 把学前课程放在世界范围内的学前教育发展脉络中来看，各国（地区）在学前课程政策上的举措，和自20世纪80年代末90年代初以来，学前教育的发展受到了前所未有的关注有密切关系

1989年联合国大会通过了《儿童权利公约》，明确提出保护和支持儿童在生存、发展、受保护等方面的基本权利，这成为促进学前教育发展的重要的国际推动力。1990年，联合国在泰国的宗滴恩召开的世界全民教育大会上通过的《世界全民教育宣言》，公开宣称幼儿出生之时即为学习开始之时，要求各会员国应提供对幼儿的保育和教育。2000年联合国在塞内加尔的达喀尔举行的"世界教育论坛"，则进一步强调了学前教育在实现全民教育基础目标中的重要作用。在164个参会国达成共识的《达喀尔行动纲领》中，提出了要在2015年实现的六大全民教育目标，其中第一条就是：扩大和提升综合性的学前教育服务，尤其是对最脆弱和条件最差的幼儿的保育和教育。这些会议及其所颁布的文件都开创性地认识到要通过各种方式促进儿童的整体发展，以满足其学习与发展需要，这是儿童从出生起就具有的一项基本权利。

进入21世纪的学前教育，更是迎来了新的发展浪潮，2010年9月底联合国教科文组织在莫斯科召开的第一届世界学前教育大会，大会的主题就是"学前教育构筑国家财富"。而另一重要的国际组织——经济合作与发展组织（OECD），则在短短十年间连续发布了三份专门针对其组织成员国学前教育政策发展的研究报告，即2001年发布的《强力开端：早期教育与保育》（*Starting Strong: Early Childhood Education and Care*）、2006年发布的《强力开端Ⅱ：早期教育与保育》（*Starting Strong Ⅱ: Early Childhood Education and Care*）、2012年发布的《强力开端Ⅲ：早期教育与保育质量工具箱》（*Starting Strong Ⅲ: A Quality Toolbox For Early Childhood Education and Care*）。在这三篇影响广泛的研究报告中，都强调了早期教育在终身教育中的基础性作用和价值，尤其在第二版和第三版中，都专门考察了课程问题，课程被看成是撬动学前教育质量提升的重要杠杆。[①]

2. 对学前教育效益的认识，为学前课程政策的发展提供了价值基础

近些年来，包括对学前教育投入与回报的教育经济学研究和儿童早期发展的脑科

---

① OECD (2012). *Starting Strong Ⅲ: A Quality Toolbox for Early Childhood Education and Care*. p101. http://www.oecd.org/edu/preschoolandschool/startingstrongiii-aqualitytoolboxforearlychildhoodeducationandcare.htm.

学研究等在内的一系列越来越多的相关研究，都揭示出了学前教育在个人发展和社会发展方面的巨大价值，这强化了人们对发展学前教育的信心和期望，使人们意识到规范学前课程的必要性和迫切性。

这些学前教育的各方面效益，很多都得到了国际社会的认可。如2010年在莫斯科召开的联合国第一届世界学前教育大会上，就总结了学前教育的诸多价值效益①：

比如，接受学前教育可以促进儿童社会性和情绪、健康、语言、基本认知技能、身体动作等方面的发展，可以使儿童形成积极的自我意象和学习品质。因此，学前教育经历对儿童将来在小学乃至中学的学业表现有积极的影响作用。这一点，无论是在发达国家还是在发展中国家，都得到了充分证明。在英国，有研究显示，儿童的学前教育经历直接影响着其在小学头三年的智力、独立性、注意力和社会性的发展，而且儿童在学前教育机构中的经历越长，这种影响效果越明显。1992年瑞典的一项研究考察了学前教育的长期效果，发现儿童早期的学前教育经历可以预测他们在青少年时期的创造性、社会性自信、受欢迎程度、开放性和独立性。而一项关于非洲33个国家的调查则从反面揭示了学前教育的效果，调查显示：缺少学前教育经历的儿童在将来的小学期间有25％的复读率，而且只有50％可以完成学业。

再比如，学前教育的早期干预能够减少社会不平等。相关研究充分证明了学前教育可以弥补因贫穷、性别、种族、宗教等基础性因素给儿童所带来的不利处境。当处境不利的儿童进入小学后，已有的学前教育经历可以为他们的学业发展提供一个和其他儿童一样的公平竞争舞台，可以增强他们的自信，并在以后的受教育和工作中更加成功。美国北卡罗来纳州的一项研究表明，那些来自家境贫穷且父母是低智商家庭的高危儿童，在参加过一个专门的学前教育项目后，他们的表现能和来自富裕家庭的孩子一样好。该研究甚至预言参加过该学前教育项目的儿童与没参加过的儿童相比，在其今后的一生中能多收入143,000美元。

还比如，投资学前教育能够带来的高回报率。著名的美国佩里学前教育研究(Perry Preschool Study)通过分析一组非裔美国儿童，预测在他们27岁时，投入与收益比为1∶7，而在他们40岁时，则为1∶16。在玻利维亚，一项对家庭日托投入与收益的研究，得出结论，其投入与收益的比率在1∶2.4与1∶3.1。而在埃及的一项针对处

① UNESCO (2010). *The World Conference on Early Childhood Care and Education: Building the Wealth of Nations*. http://www.unesco.org/education/WCECCE/Flyer_200710.pdf.

境不利高危儿童(at-risk children)的研究中,这一回报率更高,被预测为 1∶5.8。2000 年诺贝尔经济学奖获得者、美国芝加哥大学教授詹姆斯·赫克曼(James J. Heckman)教授,揭示了投入学前教育的回报率要远远高于投入其他教育领域的回报率(见图 1.1)。由美国和拉丁美洲 19 个国家成立的多边开发银行——美洲开发银行(Inter-American Development Bank, IDB)在 2007 年的哥斯达黎加会议上一致认为,在包括 29 项改善公共投入的政策中,促进儿童早期发展的学前教育是最有效的项目,之后才是财政政策与干预、增加基础设施建设、有条件的现金转移以及全民健康保险等。

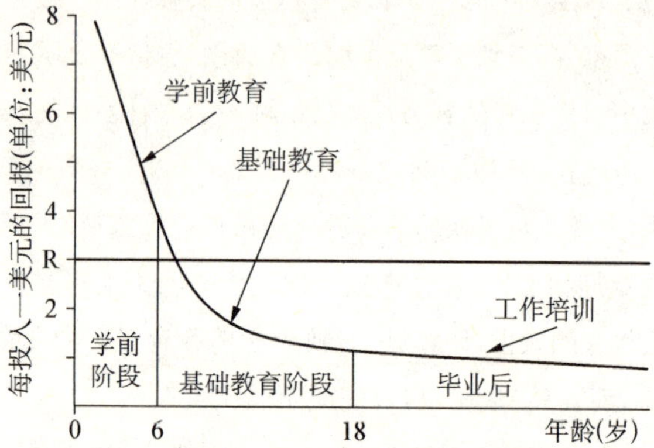

图 1.1 各年龄段人力资源发展投入的回报率①

以上种种学前教育利好,无论是对于政策制定者,还是对于家庭以及个人,无疑都是具有诱惑力的,而且因为这些来自学前教育的利好又是基于广泛扎实的科学研究而得出的结论,这更增加了这种诱惑力背后令人信服的科学基础。"但是,所有这些利好发生之前,要满足一个必要的前提条件,即必须是高质量的学前教育。仅扩大学前教育的服务范围,而不注意质量,对儿童来说,将不能获得好的发展结果,对社会来说,也将无法获得长效的生产力效益。不仅如此,研究也显示,如果学前教育质量低劣,那么还可能会对儿童的发展带来长时间无法消除的损害性后果,而非积极的效果。"②

---

① James Heckman and Dimitriy Masterov (2004). Early Childhood Education for All-A Wise Investment, Recommendations from the Conference "The Economic Impacts of Child Care and Early Education: Financing Solutions for the Future", Dec. Massachusetts, USA. 转引自 UNESCO (2010). *The World Conference on Early Childhood Care and Education: Building the Wealth of Nations*. http://www.unesco.org/education/WCECCE/Flyer_200710.pdf.

② OECD (2012). *Starting Strong Ⅲ: A Quality Toolbox for Early Childhood Education and Care*. p9. http://www.oecd.org/edu/preschoolandschool/startingstrongiii-aqualitytoolboxforearlychildhoodeducationandcare.htm.

而如何才能保证高质量的学前教育呢？提供课程或学习标准，规范学前课程发展，是一个关键性抓手。“课程或学习标准能够对幼儿的学习与发展带来积极影响，能够保证不同背景下的各学前教育机构所提供服务的质量公平性；能够帮助教师提升教学策略，为他们在如何增进幼儿的学习与健康等各方面提供支持指导；能够帮助家长更好地了解学前教育机构在做什么，而他们作为父母，在家里又该如何做。”①

3. 为学前教育提供一个共同的发展愿景，以促进质量提升，是许多国家尤其是分权制国家颁定全国性课程纲要的现实原因

在一些分权制国家，如在澳大利亚，一直以来，指导学前课程发展的政策文件都是由各州和自治领独立负责的，这些课程文件的基本架构、核心概念和所覆盖的儿童年龄段限都各不相同。例如，在塔斯马尼亚州和新南威尔士州政府，学前课程纲要是为0—5岁幼儿制定的，而维多利亚州政府则没有为这一年龄段幼儿的教育设立课程纲要。在西澳大利亚州、北领地以及昆士兰州政府，学前课程纲要则主要指向3—5岁幼儿，而南澳大利亚州政府的学前课程纲要则涵盖了0—12岁年龄段的儿童。再如，“幼儿园(kindergarten)”这一概念，在维多利亚州是指入小学的前一年，而在新南威尔士州则指小学一年级。同样，“预备班(preparatory year)”这一概念，在维多利亚州是指小学一年级，而在昆士兰州则指入小学的前一年。另外，与欧洲一些国家把6岁儿童的教育或划入学前课程纲要，或归入中小学课程纲要的做法相似，在澳大利亚和新西兰，5岁儿童是归入小学阶段还是归入学前阶段，各地的做法也不一样。如在澳大利亚，儿童入小学的年龄各州和自治领之间各不相同，一个儿童在这个州可能上小学一年级了，而在那个州可能还没有达到入小学的年龄。对于5岁儿童的学习，有的州是放在0—5岁早期教育的课程框架中，这类框架通常比较倾向于迎合儿童的兴趣、需要和特点，而有的州则把5岁儿童划入到小学一年级中去，对他们的学习，有一套明确的学科教学结果标准，即使有的州是以较为宽泛的学科领域来架构课程，对5岁儿童也是有一套学习结果期望要求的。

这种分权制的做法，虽然有其能够适应各地社会经济文化发展多样性的优点，但另一方面也带来了不少弊端，使全国范围内的学前课程发展缺少一个共同的基本标准，导致质量难以全面提高，甚至会带来教育的不公平。恰如美国总统奥巴马批评美

---

① OECD (2012). *Starting Strong Ⅲ: A Quality Toolbox for Early Childhood Education and Care*. p11. http://www.oecd.org/edu/preschoolandschool/startingstrongiii-aqualitytoolboxforearlychildhoodeducationandcare.htm.

国基础教育时所指出的:"50个州有50个课程标准,密西西比州的四年级阅读成绩比怀俄明州的学生要低70分,但他们却能得到相同的等级。50个州中有8个州的课程标准如此之低,它们的学生可能与世界后40%的水平差不多。"①其中让人大跌眼镜的一个例子是:密西西比州在2005年宣称四年级学生的阅读能力近九成达到"良好",通过率勇冠各州;但当年实施的另一项全国测验,结果显示密西西比州(美国黑人比例最高的州)学生只有不到两成及格,竟然是全美国倒数第一,立刻现出原形;因此,建立全国性的学习和测验标准的确有其必要性和迫切性。②

对于以上原因,国外有学者也表达了类似的观点。如德国慕尼黑幼儿研究中心教授帕米拉·奥伯休谟(Pamela Oberhuemer)就曾对一些国家和地区首次以统一的纲要指南来管理学前课程的政策实践概括了六点原因:

第一,在全球化背景下,教育作为知识社会中的重要资源而被赋予了更加重要的意义。加强学前课程管理被看成是对幼儿期这一个体学习历程中非常重要的基础阶段给予重视的积极努力,被看成是一种有助于提升学前教育机构的地位,使其教育实践活动更加清晰化的积极行动。

第二,最近关于幼儿期大脑发展的脑神经科学研究,虽然对学前课程发展的直接指导价值尚待进一步明朗,但仍然大大提高了政策制定者对高质量学前教育服务的潜在价值的认识。

第三,在当前国家公共政策管理权力下放的大背景下,全国性的课程纲要被看作是一种必要的目标导向机制和教育体制内发挥公共责任的一种举措。

第四,在一些国家的传统中,不同的学前教育机构往往和不同的社会阶层和文化群体相连,这些机构相互之间有着不同的教育理念基础和不同的教育教学方法。而课程纲要的颁定则被认为是建立一个共同的指导原则框架,如果这一课程纲要是由学前教育领域的主要利益相关者共同合作建构发展起来的。

第五,在一些国家,为了发展资源贫乏的学前教育机构,强制性课程纲要被看成是提升质量、保证公平的重要措施。

第六,作为一种共识性的框架,课程纲要被看成是增进学前教育工作者和家长之

---

① Remarks by the President to the Hispanic Chamber of Commerce on a Complete and Competitive American Education. http://www.whitehouse.gov/the-press-office/remarks-president-united-states-hispanic-chamber-commerce.

② 詹绍威. 美国共同核心州课程标准倡议之探讨. 台湾:教育研究与发展期刊,2012,8(2).

间相互交流的有效保障。①

以上六点原因，基本上都涉及了我们前面所提及的主要内容，其中既有当前国际社会发展大背景方面的原因，也有科学研究新进展方面的原因，既有国家学前教育管理传统方面的原因，也有政府为提高学前教育质量、保证教育公平而需要提供一个共同标准方面的原因。

经济合作与发展组织(OECD)学前教育评论项目负责人约翰·贝内特，以OECD在2001年发布的《强力开端：早期教育与保育》为基础，对国家政策中的学前课程问题作了专门探讨，其中也提到了当前颁定学前课程框架的国际趋势的原因："为不同类型的学前教育机构和不同年龄段幼儿的教育提供一个一致的质量基准；对学前教育专业工作者提供指导与支持；使学前教育的教师与家长和幼儿之间的交流更顺畅；保证学前教育与小学教育之间的在课程与教学上的连贯性。②

二、"学前教育"与"课程纲要"：基本概念的比较分析

"学前教育"和"课程纲要"，尤其是"学前教育"，已经为人们所耳熟能详，被认为不是什么学术性的概念，似乎并不值得研究者们做一番学理分析。而事实情况是，就我们的研究而言，对这两个概念的分析非常有必要。从世界范围来看，由于各个国家在传统习惯用法上和学前教育管理体制上各不相同，因此无论是"学前教育"还是"课程纲要"，在基本内涵和具体表述上，都呈现出了多样化的特点，使用极其不统一。这给我们在研究过程中对课程纲要文本的收集、筛选和比较，以及接下来对研究结果的呈现和表述都带来了一定的困难。

以一个我们较为熟悉的情况为例，在美国，幼儿园(kindergarten)往往设在小学里，主要是为入小学一年级之前一年的5—6岁幼儿提供教育服务的，这一年龄段的孩子被看成是真正进入学校开始正式的学习了，而不应再是此前以游戏为主的轻松自由的学习生活了，因此，针对这一年龄段幼儿的课程设置及要求往往是归属到中小学教育阶段的课程标准系列之中的，即所谓的K-12年级课程标准。类似这种情况，在澳

① Pamela Oberhuemer (2005). International Perspectives on Early Childhood Curricula. *International Journal of Early Childhood*, 37(1).

② John Bennett (2005). Curriculum Issues in National Policy-making. *European Early Childhood Education Research*, 13(2).

大利亚和欧洲一些国家也有存在。

所以,如何处理为这一年龄段幼儿所提供的课程纲要,就成为一个需要解决的非常基本的问题。这恰如联合国教科文组织所指出的:各国的教育体制在结构和课程内容上差异非常大,由此带来的后果是,为不同国家之间教育制度的比较造成了不便,为监测教育发展是否达到了国家层面或国际层面上的标准要求带来了困难。①

为了使对各国(地区)学前课程纲要的比较有效展开,以及后面的章节中所作比较分析的一系列陈述和言说更为顺利,我们有必要从国际比较的视角,对"学前教育"和"课程纲要"这两个核心名词概念的基本内涵和具体表达方式做一个基本的分析,以明确和划定我们的研究范围。

(一) 国际视角下的"学前教育"概念分析

1. "学前教育"的概念表述

在英语中,和"学前教育"这一概念相关的表述比较多,如"pre-primary education"、"pre-school education"、"early education"、"early year education"、"early childhood education"、"early childhood education and care"、"foundation stage education"等等。虽然小学教育(primary education)也有不同的名称,如初等教育(elementary education)、基础教育(basic education),但与学前教育不同的是,人们对这些名称所指称的对象及其实施方式都有相对统一的认识。而关于学前教育的各种不同的名称提法,所涉及的就不仅仅是一个用词不一样的问题了。不同的名称提法下有各自不同的教育目标定位、不同的教育实施方式、不同的机构类型,以及工作于其中的从业人员的社会、经济地位的差异。而且往往同一个表述所指称的学前教育,在不同国家中所招收幼儿的年龄起点和受教育年限也有较大差别。

目前,不同的国家,甚至同一个国家内部,在"学前教育"这一概念的使用上很不一致。与学前教育有关的一些重要的国际组织之间对"学前教育"也没有达成一个共同认可的用法,当不同的组织在联合发布某一文件时,甚至还会就使用哪一个表述来指代学前教育而发生争执。一些研究者也曾试图建构一个大家统一认可的名称,但都没有成功。

---

① UNESCO. *ISCED: International Standard Classification of Education*. http://www.unesco.org/new/en/education/.

2. 联合国教科文组织对“学前教育”概念的分析

联合国教科文组织的学前教育短评曾就这个问题做过系统总结，值得我们参考：①

(1) 早期教育(ECE, Early Childhood Education)，这是一种常用提法，它常为教育部门和那些倾向于从教育视角来思考幼儿期的人士所偏爱。这一传统提法突出了教育活动，学习被置于中心地位。

(2) 早期保育和教育(ECCE, Early Childhood Care and Education)，是对早期教育(ECE)的扩展，把保育的成分加了进来，联合国教科文组织常使用这一概念。

(3) 早期教育和保育(ECEC, Early Childhood Education and Care)，和上一个表述词序稍微不同，把“教育”放在了“保育”前面，保持了对教育因素的强调，经济合作与发展组织常使用这一概念。

(4) 早期保育(ECC, Early Childhood Care)，这一表述就不再有教育成分了。在发展中国家，早期保育主要涉及幼儿的健康、营养和卫生，而在发达国家它通常是指为在职妈妈提供的一种照料幼儿的社会化服务。从历史上看，早期保育也与为处境不利幼儿提供照料服务的制度化社会机构有密切关系。与之相对的是，早期教育(ECE)则主要被看作是专门为幼儿提供早期学习服务。为了整合早期保育和早期教育，有西方研究者杜纂了英文单词“Educare”，但这个术语主要在一些学术团体中使用，还没有进入政府的公共政策话语体系中。

(5) 早期发展(ECD, Early Childhood Development)是目前使用率在逐渐提高的又一个词汇。如联合国儿童基金会就使用这一提法。它强调一种整体取向，不仅要关注幼儿的认知发展，还要关注他们的身体、情感、社会性发展。它强调的是幼儿本身，而非社会因素或者保育、教育的过程。早期保育和发展(ECCD, Early Childhood Care and Development)，是“早期发展”提法的一个常见变式，它再一次把幼儿保育与发展联系在一起。早期发展性保育(ECCD, Early Childhood Care for Development)，是又一个变式，更强调保育要为幼儿的发展和学习服务。

另外，还有其他一些提法也在使用，但都离不开与幼儿有关的三个关键概念：保育、教育、发展。从幼儿作为一个完整人的发展的角度看，这三个概念是相互不可分割

---

① United Nations Educational Scientific and Cultural Organization (2002). *UNESCO Policy Briefs on Early Childhood*. http://www.unesco.org/education/pdf/ecf_dev_ed.pdf.

的。比如，幼儿的发展本身就包含着一系列教育与学习的过程，在这一过程中，幼儿获得对周围世界和自我的认识。另外，儿童的生存和成长需要适当的健康和营养方面的保证，这自不必说，但儿童的健康成长同样需要适宜的学习活动。因此，学习和成长不必谁先谁后，它们都是儿童整体发展中的有机组成部分。

以上对学前教育的不同表述还涉及一个国家的体制问题。使用这个而不是那个名称来指称学前教育，往往是和不同学前教育管理机构的制度性职责和权限紧密联系在一起的。这种因机构设置而产生的学前教育使用名称上的差异，并不是这些机构对儿童心理或发展理解不同而造成的，这种因机构设置而造成的差异往往很难调和。在国家层面上，教育部一般倾向于使用早期教育(ECE)，所谓名正则言顺，这种用法更有利于教育部的合法性介入和教育投资，而不是仅仅关注幼儿的保育。在有些国家把早期教育(ECE)、早期保育(ECC)和早期发展(ECD)分开，主要是由于这些不同的领域有不同的部门具体负责。在一些发展中国家，早期发展(ECD)往往是政府为获得社会支持而实行的社会动员策略的一个陪衬，而早期教育(ECE)则能得到政府的优先资助。另一方面，在早期教育(ECE)领域之外工作的教育者一般也很少被称为教师，而教师这个称号就意味着从政府那里能得到一定的报酬，但是，在多数发展中国家，就连获得这种报酬往往也是很困难的。

由于学前教育的这种多面性的特点，几种名称共存使用看来是不可避免的了。同时，即使同一个名称在不同的社会、文化和语言背景下，其含义也往往不尽相同。又因各国入小学年龄的不同，因此"幼儿"这一概念本身或者说由政策所建构起来的"幼儿"的涵义也是不尽相同的。因此，在这种情况下，不要说统一学前教育的名称提法，就是对不同名称提法之间的比较也是非常困难的。因此，为了做国际比较，重要的是界定一个操作性定义，以反映各国的学前教育政策的特点，而不管它们使用什么名称术语。更重要的是，不要因过于关注这些名称提法而分散了对其他重要问题的关注，如学前教育是如何和小学教育衔接等。

学前教育尽管有不同的名称提法，但它的根本任务应该是：

第一，不论社会制度环境怎样，任何学前教育项目的最终关注点应是儿童的健康幸福和整体发展，它应该与幼儿的发展相适切，关注儿童的健康、营养、安全与学习。事实上，只要在实践中确立了这种整体性的价值取向，一个学前教育机构的物质水平和制度背景就已经不重要了。

第二，随着幼儿的成长，他们可能会从一个学前教育机构转学到另一个学前教育机构，这些机构在名称的提法上可能不一致，甚至可能分属于不同的主管部门。在这样的情况下，机构之间课程与教学方案应该能够相互衔接和整合。

第三，同一年龄组幼儿的不同学前教育项目之间的内容重叠现象必须尽可能地协调解决。这样的重叠可能会导致行政管理的低效和资源的浪费。

最后，不论名称提法是什么，学前教育的课程纲要必须有利于幼儿的入学准备和衔接的平稳过渡。在学前教育的最后一年和小学教育的第一年，课程与教学上的衔接性是非常重要的。

因此，联合国教科文组织所表述的"学前教育"这一概念不仅仅是儿童发展理论问题，更和一个国家的学前教育管理政策，乃至社会文化传统有密切关系。其实在20世纪70年代，联合国教科文组织为了应对国际范围内教育领域中各种基本概念提法使用混乱的现象，就曾出台过《国际教育分类标准》(*The International Standards Classification of Education*, *ISCED*)。1997年对其进行了修定，其中对"学前教育"的操作性界定为"0级(Level 0)"，它主要是针对3岁以上幼儿的组织化教学的初始阶段的教育活动。[①] 2011年，最新版的分类标准又颁布了。在这一版中，拓展了1997年版本中学前教育的范围，明确指出有两个课程类别，即以0—2岁幼儿为对象的早期教育和以3岁至入学前幼儿为对象的学前教育。在这一级中，课程方案以整体主义取向来设计，不必是高结构化的，使得幼儿在成人的指导下可与其他幼儿，通过激发想象力和游戏为基础的活动，进行互动学习，以支持幼儿的认知、健康、社会性和情感发展。[②]

3. "学前教育"在我国的使用情况

在我国，"学前教育"概念的使用经历了一个历史演变过程。在20世纪30年代称之为"幼稚园教育"；建国之后改为"幼儿教育"，当时这个概念的对应教育对象范畴为"3—6岁儿童"；20世纪80年代中期我国幼儿教育在改革开放中面向世界，幼教界普遍接受了"学前教育"的概念，将此界定为"0—6岁儿童教育"，这是我国学前教育与国际接轨的一种反映。当前在我国学前教育领域，有几个概念提法经常交替使用，但它们之间仍有较大区别："幼儿教育"指3—6岁儿童的教育，一般情况下并不包含3岁前儿童的教育。早期教育在中国原先泛指0—6岁儿童的教育，更多侧重家庭的教育而

---

① UNESCO (1997). *International Standard Classification of Education (ISCED)*. http://www.unesco.org/education/information/nfsunesco/doc/isced_1997.htm.

② UNESCO (2011). *Revision of the International Standard Classification of Education (ISCED)*. http://www.uis.unesco.org/Education/Documents/UNESCO_GC_36C-19_ISCED_EN.pdf.

在国际上这一说法通常指0—8岁儿童的教育。但在近年中国社会推行0—3岁儿童教育的形势下，许多地方办起了“早期教育中心”、“早期教育指导中心”，尤其是劳动人事部设立“育婴师”职业之后，已经让人们心目中产生了“早期教育”主要特指0—3岁儿童教育的实际情况。学前教育指入学前的0—6岁儿童的教育，其中包括0—3岁儿童的保育和教育，以及3—6岁儿童的教育；鉴于国内幼儿园教育的工作范畴有下延的趋向，近年的幼儿园实际上已经成为2—6岁儿童就读的教育机构。[①]

基于以上对“学前教育”这一概念具体表述形式的全面分析，在本研究中，我们结合各个国家的具体情况，把其年龄段限基本设定在0—6岁。在这一段限内，有些国家的课程纲要整体设计覆盖了0—6岁幼儿的学前教育；有些国家则主要为3—6岁幼儿的教育设定了课程框架；另外还有些国家重视了0—3岁幼儿早期教育，并颁定了相应的指导纲要。但是对于一些国家把5—6岁幼儿的教育划归到小学中一起设计课程纲要，在本研究的内容分析中则涉及较少。

(二) 国际视角下的“课程纲要”概念分析

1. “课程纲要”的概念表述

作为国家层面上政府颁定的指导学前课程发展的政策文件，各国在指称“课程纲要”这一概念时表述形式不尽相同。常见的英文表述主要有“national curriculum guideline”、“national curriculum guidance”、“national curriculum guide”、“national curriculum framework”、“national curriculum standards”等等。而对应的中文表述也有几个：“课程纲要”、“课程指南”、“课程指引”、“课程框架”、“课程标准”。一般说来，除了“课程标准”更侧重于强调儿童在经过某一学段之后的学习结果外，其他几个表述在含义上基本相同。因此，基于方便性原则，在本书的行文表述中，除非涉及具体国家的具体课程文件，一般情况下，我们基本采用“课程纲要”这一表述形式。

另外，对于以上这些表述形式中的“national”一词，在不同的中文文献分别有“全国的”、“国家的”、“国定的”三种类似翻译。但在中文的表达中这三个词汇仍有微妙的含义差异，“全国的”这一词汇主要表达出了课程纲要适用范围的意味，“国定的”这一词汇指课程纲要是由国家政府颁定的，相对来说，“国家的”这一词汇既表达出课程纲要的适用范围，也暗含了课程纲要的颁定主体，两者兼而有之，同时又没有那么强烈的

---

① 参见周兢等. 有关学前教育或幼儿教育概念、范畴和地位的国际认知检索和论证. 研究报告，2008.

权力意味。因此,我们倾向于使用“国家课程纲要”这一表述形式。

有些国家(地区),如澳大利亚、美国的一些州以及加拿大的一些州,出于强化对幼儿学习活动而非课程内容的关注,而使用了“学习框架(learning framework)”或“学习标准(learning standards)这样的具体表述形式。虽然这样的表述看似没有涉及“课程”,但实际上仍是对学前教育机构课程与教学的设计与实施发挥着指导作用,只不过这种作用的发生角度是从幼儿学习的角度,而非课程内容的角度。如澳大利亚维多利亚州 2004 年 12 月为 5—16 岁儿童的教育颁布的《实质性学习标准》(*the Victorian Essential Learning Standards*)就明确指出:“学习标准通过设立学生在核心学习领域所应达到的标准,从而为整个学校课程的规划提供了一个框架。”[①]此外,在一些文献中,还存在着“教学框架(pedagogical framework)”这一表述形式,很明显,这一表述背后所隐含的意思是从教学活动的角度而非课程内容的角度来规范学前课程的发展。

2. “课程纲要”所涉及的两对基本关系

除了以上具体表述形式外,各国(地区)学前课程政策中的“课程纲要”这一概念还涉及对两对充满张力的基本关系的处理:

(1) 课程纲要的规定性与开放性之间的张力。作为对课程实践进行限定、指导的一种规范,课程纲要首先表现为具有一定规定性的政策文本或文件。[②] 但在面对课程实践的情境性和动态性时,课程纲要需要在规定性和开放性之间寻找到一个合适的定位。如澳大利亚新南威尔士州 2005 年出台的 0—5 岁幼儿教育的课程框架《关系性实践》(*NSW Curriculum Framework for Childrens's Services: The Practice of Relationships*)中,就强调了课程纲要的开放性特征。该框架明确指出:“这一文件主要不是关于幼儿教师做什么或如何做的,而是,更为重要的,本框架是关于为什么要这样做的基本原理。这一文件不意味着预设或约束,也不是为了框限教师对他们教学实践进行思考的方式。相反,它是力图打开一种思考课程和实践课程的新的可能,鼓励教师创造性思考。其目的是认可幼儿教育实践的复杂性,并给予教师实践反思和专业

---

① Victorian Curriculum and Assessment Authority (2004). *Introducing Victorian Essential Learning Standards*. http://vels.vcaa.vic.edu.au/introVELS.html.

② Nuttall, J. and Edwards, S. (2007). Theory, Policy and Practice: Three Contexts for the Development of Australia's Early Childhood Curriculum Documents. In L. Keesing Styles and H. Hedges (Eds.). *Theorising Early Childhood Practice: Emerging Dialogues*. Castle Hill, NSW: Pademelon Press.

提升的支持。”①

(2) 课程纲要的统一性与多样性之间的张力。对于全国性的课程纲要来说，一方面要在全国范围内提供一个共识性的课程愿景和课程发展框架，另一方面还要照顾到社会文化的多样性。需要在两者之间掌握好一个适度的平衡。如，在印度 2005 年的国家课程框架中，就提到这一问题："国家课程框架这一术语经常被错误地理解为是使全国课程统一化的一种手段，但 1986 年的全国教育政策和 1992 年的行动方案所表达的意图恰恰与之相反，全国教育政策建议把国家课程框架作为促进全国教育制度发展的一种方式，使之能够反映印度地理与文化的多样性，同时确保共同的核心价值观以及文化知识的传递。”②

虽然课程纲要在表述形式上存在着多样化的现象，各国的课程纲要在处理规范性与开放性、统一性与多样性的关系时，各自的定位也不尽相同，但在国际范围内，课程纲要的基本构成要素却大致相同，主要包括：对指导学前课程发展的基本原则与价值取向的陈述；使课程方案能够有效促进幼儿发展与学习的支持性条件标准，如合理的师生比、高质量的教师资质；课程内容框架和期望幼儿在各个年龄段学习掌握知识、技能、个性与价值观所达到的结果水平；教学的基本原则，即可以通过什么样的教与学的方式使幼儿实现所期望的学习与发展目标，如经验学习、游戏、作为成人的教师的介入与支持、丰富的学习环境，等等。③

三、学前课程纲要国际比较：一个值得关注的政策研究领域

在课程政策发展上，学前教育与中小学教育不同，作为义务教育阶段的中小学课程具有受政策关注的传统，因此，已有的课程政策研究成果基本上集中在中小学领域。而在学前教育领域，恰如前文所分析的，国际范围内课程问题受到政策关注基本上是近十几年来的事，自 20 世纪 90 年代中后期以来，作为一个国家在学前课程政策上的

---

① NEW Department of Community Services (2005). *NSW Curriculum Framework for Children's Services: The Practice of Relationships*. http://www.community.nsw.gov.au/docswr/_assets/main/documents/childcare_framework.pdf.

② National Council of Educational Research and Training (2005). *National Curriculum Framework 2005*. http://www.ncert.nic.in/rightside/links/pdf/framework/prelims.pdf.

③ John Bennett(2005). Curriculum Issues in National Policy-Making. *European Early Childhood Education Research Journal*, 13(2).

集中体现的学前课程纲要才在各国开始颁定，也因此，相关的研究才刚刚起步。但这却是一个值得关注的有价值的研究领域。

（一）课程的三层划分与课程政策研究

美国学者古德莱德（J. Goodlad）曾分离出五种不同的课程：（1）理想的课程（ideological curriculum），即指由一些研究机构、学术团体和课程专家提出的应该开设的课程。（2）正式的课程（formal curriculum），即指由教育行政部门规定的课程计划、课程标准和教材，也就是列入学校课程表中的课程。（3）领悟的课程（perceived curriculum），即指任课教师所领会的课程。（4）运作的课程（operational curriculum），即指在课堂上实际实施的课程。（5）经验的课程（experience curriculum），即指学生实际体验到的东西。[①] 这是为我们所熟知的五种不同的课程，如果从政策的视角来看，它恰好反映了自上而下的课程政策的制定到实施的路径。基于此，简化古德莱德的这一课程类型分类框架，我们可以得出课程的三个层面，即理论的层面、政策的层面、实践的层面。这三个层面有着明显不同的特点。

1. 理论层面上的课程

正像古德莱德所用的术语“理想的课程”，理论层面上的课程具有明显的理想性，往往是课程论专家基于一定的哲学、心理学、教育学的理论和思想所建构出来的理想化状态的课程理念和模式。如基于现象学、存在主义、精神分析理论的“存在现象学”课程理论，强调课程是个体的存在体验，课程实践中个体在本质上是知识与文化的创造者，而不是知识与文化的接受者。[②] 这一层面的课程对实践的影响力，往往取决于是否被官方所采纳，是否能被纳入课程政策体系中。比如，20 世纪 60 年代以美国布鲁纳为首的一批心理学家、学科专家等所建构起来的结构主义课程，之所以能对教育实践产生巨大的影响，与其受当时美国课程改革政策的支持有关。

2. 政策层面上的课程

政策层面上的课程是为主流意识形态所认可的课程理念和实施模式，即法定课程，具体体现为教育行政部门所颁定的课程计划、课程纲要、课程标准和教材。它往往会吸收理论层面上的课程思想，但同时它又不像以某一类理论为基础的理论层面上的

---

① 施良方. 课程理论——课程的基础、原理与问题. 北京：教育科学出版社，2003，9.

② 张华. 课程与教学论. 上海：上海教育出版社，2000，19.

课程那么单一化，甚至极端化。面对综合性的教育实践，它往往会把不同的课程思想整合杂糅在一起。这一层面上的课程，具有明显的主导性，作为官方倡导的课程，它会主导着某一国家或地区的学校课程发展；具有明显的合法性，即它是经过政府主流意识形态所认可，并以政策文件的形式加以明确而固定下来的；具有明显的强制性，即它会对学校课程发展起着规范和制约作用，学校的课程发展必须以此为遵照。

3. 实践层面上的课程

实践层面上的课程即指在学校或幼儿园教学实践中具体展开的课程。从教学心理学的角度看，这一层面上的课程，需要处理好课程内容和学生已有知识经验结构之间的关系，以提高教学的有效性。而从教育社会学的角度看，这一层面上的课程，是政策层面上的法定课程在实践中重构而生成的一种课程形态。在这种重构的过程中，教师和学生是两个非常重要的主体性因素。恰如有研究者所指出的："法定课程"内容能否进入且在多大程度上进入课堂，取决于教师的课程重构。教师重构后的课程可称为"师定课程"。只有师定课程才是课堂中实际运作的课程。同时法定课程要实现其预期功能，还要成为可被学生适应的课程。①

以上主要是就整个基础教育的课程而言的，而具体对于学前教育来说，由于很多国家政府几乎不介入学前课程，因此，政策层面上的课程往往并不为人们所关注，甚至根本就不存在这一课程层面。学前课程政策研究也就无从谈起。但是近些年，随着各国纷纷出台全国性的学前课程纲要，政策层面上的课程开始发挥越来越重要的作用，所以，以各国学前课程纲要为探讨对象，加强课程政策研究，也就成为一个必然的趋势和现实需求。

（二）学前课程纲要国际比较研究的价值与思路

1. 学前课程纲要国际比较研究的价值

"作为课程研究的一个领域，探析一个国家的课程政策，不仅可以从中窥见课程权力的分配现状，而且可以透视一个国家的政治制度、文化传统，以及为了应对全球化时代的急剧变化在课程政策的价值取向层面做出的变通和调适。"②而聚焦学前课程政策的基本载体——学前课程纲要，对之展开国际比较研究，有利于我们透彻把握各国

① 吴康宁. 教育社会学. 北京：人民教育出版社，1998，333—336.

② 钟启泉. 序. 载杨燕燕. 国外课程改革政策及其价值取向. 杭州：浙江大学出版社，2010，1.

学前课程纲要都涉及什么问题，是从什么角度，以什么方式来提出并表述这些问题的，是如何解答这些问题的，反应了什么样的基本理念和具体观点。这可以为我们思考我国学前课程提供丰厚的知识资源，有助于我们在一个国际视野范围内寻找并确定中国学前课程发展的参照坐标，并随着社会的发展和理论研究的发展不断对我们的学前课程进行动态的调整，促进中国社会文化适宜性的课程理念和实施模式的形成。

2. 学前课程纲要国际比较研究的已有思路

学前课程纲要国际比较研究属于比较教育研究，当前随着全球化程度的日益加深，教育的国际比较研究在近一二十年又再度引起许多研究者的关注[①]，而这些研究大致是在两个相反的思路方向展开的：

其中一个思路方向的研究，是弱化个性而强化共性，这种研究认为"虽然每个国家的政策实践中有各自具体的社会结构以及文化政治背景，但在今天全球化的背景下，各国所面临的来自社会经济以及科学技术发展方面的挑战和困境却有很大的相似之处，因此，国际比较研究为各国政策实践之间的相互借鉴、经验启发和教训吸收提供了思想平台。"[②]"教育领域中的国际比较研究是当今世界范围内政治重组过程的一个结果，它对以前数个世纪以来各国以本国的发展情况为基础构建起来的教育体制提出了质疑。"[③]因此，"教育领域中的国际比较研究为构建教育质量评估的国际性工具和比较指标提供了可能，而教育质量则被看成是全球经济竞争中取胜的重要基础。"[④]在这方面，一些重要的国家组织如经济发展与合作组织(OECD)等都做了大规模的研究。

另一个思路方向的研究，则是强化个性而弱化共性。如在教育人类学的研究中，这些研究往往是力图展现不同文化群体下学前教育实践的文化独特性。如美国著名的教育人类学家托宾(Joseph Tobin)就曾分别考察了美国、日本、中国三种文化下的学前教育模式，揭示出许多在本文化下看似理所当然的学前教育实践做法，在异文化的关照下却是问题重重。比如，在日本的文化下，幼儿园男职工可以光着上身为洗完澡

---

① Gu, Limin (2006). *Comparison of National Preschool Curriculum in China and Sweden*. APERA Conference 2006.

② DeLeon, P. & Resnick-Terry, P. (1998). Comparative Policy Analysis: Deja Vu All Over Again? *Journal of Comparative Policy Analysis: Research and Practice*, *1*(1).

③ Crossley, M. (2002). Comparative and International Education: Contemporary Challenges, Reconceptualization and New Directions for the Field. *CICE Online Journal*, *4*(2). http: www. tc. columbia. edu/ice.

④ Nóvoa, A. & Yariv-Mashal, T. (2003). Comparative Research in Education: A Mode of Governance or a Historical Journey? *Comparative Education*, *39*(4).

的小朋友擦干身体,这非常自然,但当把这种情境拍摄下来给美国的家长和学前教师观看时,很多人都觉得不可思议,他们的第一反应就是"这怎么可以?会不会有性侵犯。"[①]与前一个方向的比较研究所指出的力图提供普适性的国际评量工具不同,这一方向下的比较研究力图要规避的恰恰是普适性的研究结论。如托宾通过对美国、日本、法国的幼儿园实践进行比较,对美国的幼教质量观提出质疑,证明所谓的美国标准并不是全球通用的,也不是可以超越文化界限的,而只是特定文化群体在其学前教育领域所持有的特定价值观。[②] 此类国际比较研究虽主要不是从政策的视角去做的,但是其基本的研究价值取向,却对我们的课程政策研究有重要的启发意义。其中一个启发就是,有必要从社会文化的视角来考察各国学前课程纲要,深入分析其课程政策背后的社会文化根源。

(1) 国内研究的两种方式

在当前学前课程纲要国际比较的已有研究中,国内的研究基本上有两种方式。

第一种是述评式,即就某个国家近几年颁布的学前课程发展指导框架的简介评述,如《韩国"全国幼儿园课程"评介》[③];

第二种是领域比较式,即就两个不同国家幼儿园课程纲要中的某个具体领域展开比较,如《中英幼儿园教育纲要"语言"领域之比较》[④],《从"教育纲要"看中日幼儿健康教育》。[⑤] 这些相关研究成果,在一定程度上确实开阔了我们的视野,让我们了解到某些国家近期学前课程政策的新进展,及与我国学前课程政策的异同。但从整体上看,目前国内在这方面仍缺乏一种整体性研究,往往主要关注了诸如日本、韩国、英国、美国等几个国家,国家的覆盖面不够大,尤其对非常有特色的北欧各国的学前课程深度关注还很不够。而且也较为缺乏对多个国家之间学前课程纲要的综合比较。

(2) 国际研究的三类主体

就国际上对课程政策的比较研究而言,基本上有三类研究主体。

第一类研究主体,是重要国际组织。比如,2006 年经济合作与发展组织发布的

---

① Joseph Tobin, Yeh Hsueh, and Mayumi Karasawa (2009). *Preschool in Three Cultures Revisited*. University of Chicago Press, 117.

② [美]约瑟夫·托宾. 从民族志研究视角看学前教育的质量. 载朱家雄主编. 学前教育的国际视野. 上海:华东师范大学出版社. 2007,131.

③ 张燕、张咏. 韩国"全国幼儿园课程"评价. 上海教育科研,2003,3.

④ 宋武、刘忠芳. 中英幼儿园教育纲要"语言"领域之比较. 早期教育,2003,6.

⑤ 陆丽华. 从"教育纲要"看中日幼儿健康教育. 早期教育,2003,4.

《强力开端Ⅱ:早期教育与保育》(*Starting Strong Ⅱ: Early Childhood Education and Care*)、2012年发布的《强力开端Ⅲ:早期教育与保育质量工具箱》(*Starting Strong Ⅲ: A Quality Toolbox For Early Childhood Education and Care*)。联合国教科文组织2007年发布的研究报告《坚实的基础:早期保育与教育》(*Strong Foundations: Early Childhood Care and Education*)。这类研究一般覆盖面比较大,涉及的国家比较多,研究具有整体性,但是关于学前课程的比较研究往往只是其中的一小部分内容,因此,许多具体问题往往没有涉及,或者只是一笔带过。相对而言,2012年经济合作组织颁布的最新版研究报告《强力开端Ⅲ》,从学前教育质量提升的角度对各国学前课程纲要的比较分析较为深入。

第二类研究主体是一些国家的重要研究机构。如澳大利亚维多利亚州教育与儿童发展部的课程与评价中心,在2008年对澳大利亚八大州(自治领)和加拿大、芬兰等9个国家0—8岁儿童学前课程与学习框架的比较研究;英格兰教育部资助的课程与评价框架国际研究数字图书馆(International Review of Curriculum and Assessment Framework Internet Archive, INCA),动态更新英格兰、法国、荷兰等21个国家和地区的包括学前教育在内的整个基础教育课程发展情况;德国慕尼黑国家幼儿研究中心(the State Institute of Early Childhood Research in Munich)2004年对丹麦、法国等5个欧洲国家和澳大利亚昆士兰州等5个非欧洲国家(地区)的学前课程纲要做了深入比较。

第三类研究主体,是一些有国际比较视野的研究者个人。比如,世界学前教育组织(OMEP)主席塞缪尔森(Ingrid Pramling Samuelsson)、经济合作与发展组织学前教育专家约翰·贝内特等人所做的一系列关于学前课程纲要的国际比较研究。

一般来说,以上这些研究主体的相关研究视野都比较开阔,文献相对比较丰富,分析也比较深入。但另一方面,这些研究主要还是在政策文本层面上的比较分析,较少深入到课程纲要背后的社会文化基础层面上做深入剖析。另外,很明显的是,这些相关的国际比较研究都缺乏中国的视角,这一方面表现在中国的《幼儿园教育指导纲要(试行)》几乎没有进入到这些国际比较研究的视野,另一方面也表现在缺少从中国的教育文化传统视角对各国学前课程纲要进行的解读。也因此,在当前全球化的国际背景下,基于中国学前教育研究的立场,对各国学前课程纲要展开较为全面而透彻的国际比较,不仅可以进一步拓展我们的国际视野,加强课程政策研究的国际对话,更可以反思我国的学前课程政策发展,推进中国学前课程变革的文化适切性。

3. 本研究的基本思路

本研究的基本思路是结合对各国(地区)学前课程纲要的政策文本比较,尝试揭示这些政策文本所蕴含的基本教育问题,追寻政策文本背后的教育意蕴。学前课程纲要不仅仅是一份规范和指导日常学前教育活动的政府文件,如果把它放在整个学前教育实践的大背景中来看,它还上钩理论,下联实践,是在一定的学前教育理论指导下制定的、对学前教育实践发展给予关照的一种基本方式。因此,在学前课程纲要具体的内容表述背后隐含着一系列或明或暗、或单一或杂糅的基本理论前提假设,这些前提假设可能直接来自于某些明确的学前教育理论思想,也可能是纲要制定者所秉持的默会观念、传统的文化意识形态。在这其中,前者应该说是学前课程纲要所力图要自觉反映的,乃至想要努力推行的,而后者则是一种无意识的文化性渗透,是在一种社会文化生态环境下,作为生活于其中的学前课程纲要的制定者内隐教育观的不自觉渗透,这种内隐教育观往往也是一种集体无意识,为人们日用而不知,但却构成了对学前课程实践最基本的政策理解。这些基本的理论前提假设在对学前课程纲要本身的功能认知、学前教育的基本价值定位、儿童形象的基本理解、游戏的基本定位、学前课程与儿童和教师乃至家长之间的基本关系、学前课程的各内容领域具体建构等等方面,都会有不同程度的表现。

因此,本研究首先把比较放在了各国(地区)学前课程纲要的文本内容结构上,然后在此基础上,力图从我们的立场出发,基于我们的经验和知识框架来建构对各国(地区)学前课程纲要的意义理解。我们所要做的主要不是把作为读者的我们从各国(地区)学前课程纲要文本比较中抽身出来,进而以一种客观性的姿态如实地把学前课程纲要的文本内容呈现出来。那种像传统的比较教育研究所常做的文献翻译、整理和引介工作,在资讯不发达的年代,尚有价值,但在今天网络信息发达的学术环境下,已经失去了大部分的价值。恰如有研究者所指出的:20世纪八九十年代以来,我国比较研究学者积极开拓,在研究方法上,单纯的"描述"面临口诛笔伐,真正的"比较"则开始受到推崇。① 因此,我们尝试借鉴现象学解释学的"视界融合"的思想,以及巴赫金等人的对话理论的"文本"、"对话"思想,把我们对各国(地区)学前课程纲要的比较研究的过程,视为是一个理解的过程、一个各国(地区)学前课程纲要所形成的视界与我们作为一个理解者和解释者的已有视界之间的交织融合过程。在这个过程中我们作为政

① 生兆欣. 论比较教育学术研究的价值涉性. 比较教育研究,2006,10.

策文本的阅读主体，通过阅读，来建构意义，生成理解。在这一点上，当代学者、新儒家代表杜维明先生在《道学政——论儒家知识分子》一书中所表述的观点也从一个更宏大的视角带给我们一些启迪，他说："儒家无可否认是古代经典的继承者，因此也是文典精神的继承者。道家试图超越文字，法家试图将文献限定在法律典册，墨者试图把文献当作意识形态武器，阴阳家则试图将其神秘化，儒家与他们都不相同，而是利用全部文典，凭借阐释的艺术将生命力注入其中，并将之作为神圣使命，担负在自己肩上。他们在解释学方面的努力创造出了人类历史上包容最广的文学传统之一。"①这段话启发了我们对待文献时，可以采取的一种更加积极的态度。

虽然这样一种研究理路，似乎是缺乏了客观性，显得有些价值涉入的主观性倾向。但是，我们认为，一方面，在科学研究中，彻底摒除价值涉入而达至纯粹客观性几乎是不可能的，这恰如一个人要揪着自己的头发把自己提离地球一样。人不可能脱离自身所处的社会文化框架，也不可能跳出具体的社会历史规定性而去绝对客观地认识和反映事物。自然科学的学术研究如此，人文社会科学的学术研究更是如此。这在现象学解释学、知识社会学中都有很好地揭示。恰如墨顿所言，研究者也许会天真地以为，他在从事价值中立的研究活动，而他也可能是这样界定他的研究课题的，但事实上他对问题的选择和界定其实都反映了他那心照不宣的价值观。② 因此，我们在研究中所做的不应是排除那些不可能完全排除的价值涉入性，而恰恰应是学会承认其存在，并更好地认识和反思所从事的研究活动，进而达到一种学术自觉。

① [美]杜维明. 道学政：论儒家知识分子. 钱文忠、盛勤译. 上海：上海人民出版社，2000，19.

② [美]R. K. 墨顿. 科学社会学. 鲁旭东，林聚任译. 北京：商务印书馆，2004，118.

第二章
学前课程纲要的政策文本结构

虽然同为指导学前课程发展的政策文件，但是从我们所收集到的各国（地区）学前课程纲要的文本看，相互之间在结构上差异非常大。这不仅表现在编排体例、语言表述等形式结构方面，而且也表现在内容组织与安排的内容结构方面，还表现在其所覆盖的儿童年龄与学段等年龄结构方面。本章将主要从这些方面，由外而内，由表及里，从形式到内容，来对各国（地区）学前课程纲要展开文本的比较分析。

一、课程纲要政策文本的形式结构

（一）编排体例形式

学前课程纲要是指导学前课程实践的政策文本，这要求其应具有严肃性和规范性的特点，但又因为它所指向的是处于人生发展早期的低幼儿童，所以必然要求其具有亲切性和活泼性的特点。如何在编排体例上拿捏这两个看似相反的文本特点，各国（地区）学前课程纲要体现出不同的侧重和偏向。

1. 内容分量

通常当我们拿到一个国家的学前课程纲要时，第一印象就是它的内容分量，是厚是薄，有多少页码，这是一个最感性的了解。虽然这看似仅是一个不值得分析的页码问题，而且每份课程纲要的文字内容受排版的影响，相互之间出入也比较大，但其实它仍在一定程度上反映出各个课程纲要在内容结构上的差别。比如，有研究者对比了挪威 1995 年的《日托机构框架计划》和瑞典 1998 年的《学前课程》两份全国学前课程纲要文件，两者的页码分别为 159 页和 16 页。如此强烈的页码数量反差，当然会引起我们的好奇心，同为全国学前课程纲要，为什么会在页码上差那么多？两者之间在文本内容上到底有什么不一样？原来，在挪威的《日托机构框架计划》中，很大一部分篇幅在讨论教师应使用的教学方法，以及教师如何在他们的教学计划和评价中使用该框架计划。而瑞典的课程纲要主要提供了一种关于学习的价值取向和培养目标，根本没有讨论教学方法的问题。① 经济合作与发展组织（OECD）在 2006 年的《强力开端Ⅱ：早期教育与保育》中，也曾对部分国家（地区）学前课程纲要的页码总量作过比较。并以页码总量作为判断某一课程纲要是否是预设过于细致而缺乏给教师留有课程创生空间的一个外在指标。并指出一些教师可能会感到规定详细的课程纲要可以为他们提供一个目标感和结构感，使他们知道哪个内容领域的知识点应该教以及应该教到什么程度。但这种规定详细的课程纲要的弊端就是压制了儿童和教师的创新性。而且相关研究表明，面面俱到的学习目标和与此相连的正规教学会使儿童持续体验到一种不能胜任感，进而影响到他们的自尊和学习动机。②

因此，不同国家（地区）学前课程纲要的页码差异，也是反映其内容差异的一个基本外在指标。下面我们将以表格的形式对不同国家（地区）新近颁定的学前课程纲要的页码差异做一直观的比较。

表 2.1　学前课程纲要的页码总数比较③

国家（地区）	纲要名称	页码
苏格兰	《追求优异的课程》（*Curriculum for Excellence*）	317
牙买加	《牙买加学前课程纲要》（*The Jamaica Early Childhood Curriculum Guide*）	240
美国（德克萨斯州）	《德克萨斯学前指南 2008 年修订版》（*Revised Texas Prekindergarten Guidelines 2008*）	129
新西兰	《编席子：学前课程》（*Te Whāriki：Early Childhood Curriculum*）	100
加拿大（新不伦瑞克省）	《新不伦瑞克早期学习与保育课程框架英文版》（*Early Learning and Child Care English Curriculum Framework for New Brunswick*）	87

① Marit Alvestad & Ingrid Pramling Samuelsson (1999). A Comparison of the National Preschool Curricula in Norway and Sweden. *Early Childhood Research & Practice*, *1(2)*.

② OECD (2006). *Starting Strong Ⅱ：Early Childhood Education and care*. p98. http://www.oecd.org/edu/preschoolandschool/startingstrongiiearlychildhoodeducationandcare.htm.

③ 以各国（地区）学前课程纲要的英文版为准。

续 表

国家(地区)	纲要名称	页码
美国(乔治亚州)	《乔治亚幼儿教育内容标准》(*Georgia's Pre-K Program Content Standards*)	61
爱尔兰①	《学前课程框架》(*Aistear: The Early Childhood Curriculum Framework — Principles and Themes*)	59
美国(马萨诸塞州)	《学前学习经验指导纲要》(*Guidelines for Preschool Learning Experiences*)	57
冰岛	《冰岛全国学前课程纲要》(*The Icelandic National Curriculum Guide for Preschool*)	56
加拿大(不列颠哥伦比亚省)	《不列颠哥伦比亚早期学习框架》(*British Columbia Early Learning Framework*)	48
美国(尤他州)	《学前教育纲要》(*Pre-Kindergarten Guideline*)	48
澳大利亚②	《归属、生活、成长:澳大利亚学前学习框架》(*Belonging, Being, Becoming: The Early Years Learning Framework for Australia*)	47
美国(康涅狄克特州)	《学前课程框架》(*Preschool Curriculum Framework*)	44
芬兰	《芬兰全国幼儿教育与保育课程纲要》(*National Curriculum Guidelines on Early Childhood Education and Care in Finland, revised 2005*)	40
新加坡	《新加坡幼儿园课程框架》(*Nurturing Early Learners: A Framework for a Kindergarten Curriculum in Singapore*)	40
韩国	《韩国幼儿园课程》(*The Kindergarten Curriculum of the Republic of Korea*)	37

① 爱尔兰的学前课程纲要包括四个相互联系又各自独立的部分:原则与主题、实践指导、使用指南、关键信息。作为指南的核心部分,原则与主题主要涉及学前教育的基本原则和课程领域,共 59 页;实践指导,主要阐述了学前课程实施的基本问题,是对教师教学实践的指导,共 118 页;使用指南,主要对整个课程纲要的文本解读,供 24 页;关键信息,则介绍了指导课程纲要制定的关键性研究成果,共 8 页。

② 此处所列出来的是澳大利亚 2009 年颁布的全国性学前课程文件,而此前澳大利亚的各州(自治领)也有自己的学前课程纲要,如新南威尔士州的《关系性实践》,共 159 页;昆士兰州的《幼儿教育课程纲要》,共 112 页;首府特区的《每个学习机会:首府地区学习课程框架》,共 242 页。

续 表

国家(地区)	纲要名称	页码
挪威	《幼儿园课程内容与任务框架计划》(*Framework Plan for the Content and Tasks of Kindergartens*)	34
英国(英格兰)	《学前基础阶段法定框架》(*Statutory Framework for the Early Years Foundation Stage*)	31
加拿大	《早期回报:马尼托巴早期学习与儿童保育课程框架》(*Early Returns: Manitoba's Early Learning and Child Care Curriculum Framework for Preschool Centres and Nursery Schools*)	28
印度	《幼儿教育课程框架(草案)》(*Early Childhood Education Curriculum Framework (Draft)*)	23
日本	《幼儿园学习指导要领》(*Course of Study for Kindergarten*)	22
瑞典	《学前课程》(*Curriculum for the Preschool Lpfö 98 Revised 2010*)	20

2. 编排体例

比较各国(地区)的学前课程纲要文本,在编排体例上体现出两种基本不同的编排体例风格:

一种类型是庄重型编排风格,侧重于政策文本本身的规范性和严肃性,如日本、韩国、瑞典、挪威、芬兰等国家学前课程纲要。这种编排风格下文字的字体、版面的颜色都比较单一,较少变换,每一页面上的文字编排也主要以常规从左到右的横排式为主。

另一种类型是活泼型的编排风格,侧重于政策文本面向读者时的活泼性和可读性,如爱尔兰、加拿大各省、中国香港、澳大利亚国家及各州等的学前课程纲要。这种编排风格在文字的字体上多有变换,甚至使用艺术字体。在版面的颜色上往往富于变化,不同页面上的文字编排也打破了传统的横排式风格,常常使用不同的色块和色条,来区隔不同的文本内容。有时一个页面分割成两个版面,同时,为了进一步增加文本的阅读友好性(Read Friendly)和亲和力,还在不同的页面穿插使用了各种图片和照片。

在今天所谓的"图像时代"和"视觉阅读"渐趋流行的时代,学前课程纲要作为一种政策文本,有必要改变那些不符合公众日常阅读习惯的文本编排方式,在不损其规范性和指导性的前提下，进一步增加可阅读性，使政策的受众在了解把握政策意图的同时，更能获得一种阅读的愉悦感。尤其是有些国家或地区把学前课程纲要仅作为一种政策指导而非强制执行的政策，在这种情况下，增加政策文本的活泼性和可读性显得尤为必要。可读性差的政策文本，人们不愿意读或者不能够理解，对政策的了解度就会较低，继而会影响后续的落实与操作。而具有高阅读友好性的政策文本，则增加了受众的亲近感，有利于后续的传播与实施。下面我们就具体分析一些国家（地区）在学前课程纲要上的编排经验：

(1) 图片的使用。这些图片包括儿童的涂鸦绘画作品、手工作品，真实的儿童活动场景、师生交往场景，真实的学前教育机构物理环境。在图片的摆放位置上，或者在页边，或者在版心，或者放在文件的首页和各主要章节的起始页上，或者穿插在正文当中；而在图片的摆放方式上，或者倾斜，或者平衡。图片的大小也可不同，有的可撑满半个版面，有的则穿插在段落之间。在图文的搭配上，有时是有内在关系的，图片所表现的内容与文字内容相一致，而有时则没有直接的关系。另外，有时图片下方还会引用一段名人名言。

(2) 图表的使用。主要使用的图表有文本框、示意图、表格。这些文本框、示意图、表格往往都是彩色的，内容涉及各种类型，有的是正文基本内容要点的罗列，有的是指南中关键概念的解释，有的是引发政策受众——一线教师反思的问题，有的是儿童行为表现的例证、有的是实践一线案例的描述，还有的是课程纲要基本内容的逻辑关系。在内容量上，可以是一句话，也可能是一大段话、抑或是几个关键词或短语。

(3) 文字形式的使用。这涉及文字颜色、字体、字号等方面。为标示重点内容使之醒目、吸引阅读、增加文本内容逻辑上的清晰性，在各级标题、重点概念，以及文本框和示意图的文字使用上，往往会变换字体，改变字号，使用不同的背景颜色。

(4) 标示符号的使用。比如，每个内容要点前的小黑圆点、方块、箭头等的使用，问题前的一连串由小变大的圆圈和问号，等等，这些标示符号起到了数字型序列号的作用，但又比数字型序列号增加了文本的变化性、有趣性和可阅读性。

(5) 色块和线条的使用。包括大小、粗细、形状、颜色不同的条块和线条，它们往往和上面所提到的图表、文字一起搭配使用，主要是作为背景色使用，一方面可以通过不同的色块和线条达到区隔不同文本内容的作用，另一方面也极大地增加了政策文本的整体美感和可阅读性。

(6) 留白的使用。留白是中国传统书画艺术的重要技巧，往往是在作品中故意留下空白，从而为作品留下极大的想象空间。1970 年德国接受美学理论重要代表人物沃尔夫冈·伊瑟尔（Wolfgang Iser）在《文本的召唤结构》一文中提出了召唤结构（response inviting structures）这一重要的概念。他认为，文学文本自身包含许多不确定点和"空白"，它们召唤读者与文本之间互为主体，相互沟通，参与文本意义的构建过程，使文学作品从作者的最初创造到读者的再创造成为可能。[①] 而在学前课程纲要这类文字性的政策文本中，澳大利亚的早期学习框架对留白的使用是一个很好的例子。在该框架的"学习结果"部分，以举例的方式，列举了儿童如表现出哪些行为就说明他达到了这个学习结果，而教师如怎样做就可促进儿童这方面的发展，但是像这样的例子举不胜举，因此，在解释完每个具体的学习结果之后，总有一片空白和一句话"请在此添加上来自你的教学背景下的具体案例"。这种"留白"虽然与伊瑟尔所谓的"留白"不尽相同，但就其效果来看，却有相通之处，澳大利亚的这一看似细小的做法，增加了该政策文本与一线教师的互动性，促进了教师在阅读政策文本时的反思性和政策联系实际的主动性，是对政策文本普适性与每个教师教学实践的具体情境性之间矛盾的一个有效尝试。

（二）语言表述形式

对于大多数国家（地区）的学前课程纲要来说，其政策文本语言表述的基本特点是客观性，主要采用平铺直叙的陈述句，直接陈述观点和相关规定，较少有描述性语言和论证性语言。但是也有一些国家（地区）的学前课程纲要在语言表述上呈现出了新特点：

1. 叙述人称的变化

这主要体现在模拟使用儿童和教师口吻，用第一人称进行表述。如爱尔兰 2009 年颁定的《学习之旅：学前课程纲要——原则与主题》，在其阐述学前课程发展的原则时，大量使用了模拟儿童口吻的第一人称表述。这大大增加了文本的趣味性和可读性。如在讲到儿童的独特性时，先是有两句概括性阐释："每个儿童都有其独特的生活故事和经验。他们是积极的学习者，他们来自有着特定传统和生活方式的家庭和社区。"接着，以儿童的口吻讲出了独特性所在，以及对教师的要求：

---

① ［德］伊塞尔. 文本的召唤结构. 载莱纳·瓦尔宁编，接受美学. 转引自潘智彪. 读者·作品·召唤结构——关于多维文学接受的一种构想. 中山大学学报，2006，2.

“请记住我是一个独特的个体,我有自己的优势长处、兴趣能力、需要和经验。当您帮助我学习和发展的时候,请认可我的独特性;

您知道我是一个自信、有能力的学习者,我会按照自己的节奏学习我所感兴趣的东西。在您给我提供支持的时候,请允许我自己决定我要学什么,什么时候学,要学到什么程度;

我的父母和老师们,我需要你们相互交流分享关于我的信息,这样你们就会更加了解我,更好地做出计划安排,以使我的学习更加有趣和充满意义;

为了您更好地理解和支持我的学习与成长,您需要了解我的家庭和社区背景。如果我是来自于处境不利家庭或者边缘性社区的话,这种了解就显得更为重要。”①

而在讲到儿童与他人的关系建立时,对于教师在儿童学习与发展中的角色,也同样使用了模拟儿童口吻的第一人称表述方式:

“请和我建立一种紧密的关系,帮助我信任您。如果我能感到快乐和安全,我将会学得更多更好。

好好考虑一下您如何帮助我学习。请腾出时间来学点新东西,考虑一下帮助我学习与发展的新方法。这是我们能一起学习的有效方式。

给我树个好榜样,想想您的价值观和态度,想想您是怎么和我互动的。您所言所行对我都会产生影响。

在帮助我实现我的潜力的过程中,您发挥着重要作用。请根据我的能力、兴趣和经验,来帮助我。想想我的学习方式,请使用适合我的方法来帮助我、指导我。

其他儿童或者家庭可能因不理解我的背景和文化,而会给我造成伤害,这时请及时给予我帮助。②

与平铺直叙式政策文本的客观陈述话语给人所带来的冷冰冰硬邦邦的感觉相比,相信看了这段话的读者,一定能够感受它的生动性与活泼性,这种模拟儿童第一人称

---

① National Council for Curriculum (2009). *Astear: The Early Childhood Curriculum Framework Principle and Themes*. p7. http://www.ncca.ie.

② ibid, p10.

的话语表达实际上创设了一种情境，一种类似现象学的文本情境，就好像有一个天真浪漫的孩子，跟你说话，使你不由地产生一种爱怜，产生一种如此为他而教的冲动。因此，这样的话语表达，除了生动性和活泼性以外，在更深层处，还使这一课程政策文本具备了一种类似于德国接受美学理论代表人物沃尔夫冈·伊瑟尔（Wolfgang Iser）所说的"召唤性"。①

除了模拟儿童的口吻外，在爱尔兰的学前课程纲要中还模拟教师的口吻进行第一人称的叙述。如使用第一人称的问题式题目，如"作为成人的我在游戏中的角色有哪些?"，为增加教师的反思性，还穿插使用了"想想我的教学实践"的文本框，并列出六七个实践性问题，供教师反思自己的实践，如"我如何才能更好地支持幼儿不同类型的游戏活动?"、"我如何准备游戏环境?"②

此外，在一些国家（地区）的学前课程纲要中也有使用第二人称进行叙述的情况。如加拿大的新不伦瑞克省的学前课程纲要中，在陈述完每一个课程目标的内容旁边，都会插入一个文本框，引导教师针对这一课程目标来反思自己的教学实践。如在"归属感"这一课程目标中，插入的文本框内容为：

> "你是如何对一个刚进入新环境的幼儿给予支持的？想想这些幼儿刚进入一个新的环境时的焦虑反应。你是如何规划欢迎这些幼儿的？你是如何规划房间调换、野外远足的？
>
> 你所在的学前教育机构中人们之间是如何建立信任关系的。想想成人与成人之间、成人与幼儿之间、幼儿与幼儿之间的关系。教室里的空间布置如何才能反映幼儿和他们的家庭，以及教师的生活？"③

2. 句式的变化

大部分国家（地区）学前课程纲要的正文表述，所使用的句式基本都为陈述句和简

① [德]伊塞尔. 文本的召唤结构. 载莱纳·瓦尔宁编，接受美学. 转引自潘智彪. 读者·作品·召唤结构——关于多维文学接受的一种构想. 中山大学学报，2006，2.

② National Council for Curriculum (2009). *Astear: The Early Childhood Curriculum Framework*. p56. http://www.ncca.ie.

③ New Brunswick Family and Community Services (2007). *Early Learning and Child Care: English Curriculum Framework for New Brunswick*. p29. http://www.gnb.ca/0000/ECHDPE/curriculum-e.asp.

短的祈使句，或者更为简洁的短语。但有时也会使用疑问句，而且疑问句的使用往往主要和上面一点我们所讲的表述人称变化联系在一起。比如在澳大利亚的全国幼儿学习纲要中，就有类似表述方式。在讲到要尊重儿童的多样性时，就罗列了一些问题，以帮助教师反思：

> “我对每个儿童的理解是什么样的？
>
> 是什么理论、理念和理解方式影响着、指导着我的工作？
>
> 当我用这种方式工作时，对谁是有利的，对谁是不利的？
>
> 在工作上，我都有哪些问题，什么挑战，我所感到困惑不解的又是什么？
>
> 在工作上，哪些方面是我平时所依赖的理论和政策指南所不能奏效、不能解决、解释的？
>
> 是不是有其他理论和知识可以帮助我更好地理解我所看到的教育现象？这些理论和知识会怎样影响我的工作实践？”①

在这些问句中，我们可以看出，引导教师要反思的不仅仅有“是什么”的问题，还有“怎么样”的问题，即教师需要反思的不仅仅是自己目前所秉持的理念是什么、是哪些理论在影响着自己的教学实践，而且还有这些理念会对儿童造成怎样的影响、这些理念以什么方式发挥作用。这种问题不仅促进了教师的反思，而且加深了教师反思的力度。

另外，在强调家园合作共育的一些学前课程纲要中，也有对家长的反思性提问。如在爱尔兰的《学习之旅：学前课程框架——良好教学实践指导》中，就设有很多这样的问题：

> “我有什么信息可以和我孩子的老师分享，以帮助他对我孩子的兴趣和优势形成更清晰的认识？
>
> 我和老师分享我对孩子学习与发展的看法了吗，我如何才能在这方面做得

① The Australian Government Department of Education, Employment and Workplace (2009). *Belonging, Being, Becoming: The Early Years Learning Framework for Australia*. p13. http://www.deewr.gov.au/Earlychildhood/Policy_Agenda/Quality/Documents/Final%20EYLF%20Framework%20Report%20-%20WEB.pdf.

更好？

我如何利用来自老师的关于我孩子学习的书面和口头的反馈？

我是否告诉过园方和我参与学前教育机构的相关活动或者获得相关信息有关的各种困难？

我该做些什么以帮助其他家长也参与进来？”①

这种专门针对家长的内容，有利于推动该课程框架在更广大的家长群体中发挥作用，它不仅仅对提升家长的学前教育参与意识有帮助，而且对学前教育机构的老师来说，也是一种暗示，使其看到了课程政策层面对家园合作共育的强调，这也会增强他们在这方面工作的积极作为。

3. 解释性语言的使用

一般政策文本的语言讲究简洁、明了，不作过多地解释。比如在我国2001年颁定的《幼儿园教育指导纲要（试行）》中，就几乎没有解释性的话语表达。在比较不同国家（地区）的学前课程纲要中，我们也发现一些例外。如在爱尔兰的《学习之旅：学前课程框架——原则与主题》中，划分了四大学习领域，在每一领域中都有关于该领域对儿童学习与发展重要性的阐释。如在健康领域（well-being），就解释到：健康分为心理健康和身体健康。就心理健康而言，儿童需要感受到被尊重、被重视、被关心和被接纳。当成人尊重他们，并和他们形成友好、支持性的关系时，儿童就会对他们自己以及他们的学习产生积极的态度。生活中充满挑战，因此灵活而积极的学习与生活态度非常重要。所有的这些积极体验都有助于儿童成为一个有弹性的、机智的学习者，学会处理各种变化和不顺利的情境。同样，身体健康也非常重要，这是儿童探究环境、挑战自己的基础。这种看似冗长的解释性语言，虽然有失精炼，但对政策受众来说，不失为一种增加对政策理解度的有效办法。

另外，经济合作与发展组织（OECD）的研究表明，使用简单和通俗的语言来制定课程纲要，有助于教师和家长的理解。从澳大利亚、芬兰、新西兰、挪威和瑞典等国家的经验看，尽量避免使用学术词汇，而用简单语言来解释学前课程是非常重要的和有效的。当以可理解的语言解释学前课程时，来自不同背景的教师和家长都会对课程政

---

① National Council for Curriculum (2009). *Aistear: The Early Childhood Curriculum Framework, Guidelines for good Practice*. p15. http://www.ncca.ie.

策获得较好的理解。这当然会继而推进课程纲要的有效实施。比如,在新西兰甚至发现,其学前课程纲要被家长拓展运用到家庭教育活动上了。①

二、课程纲要政策文本的内容结构

(一) 基本的内容架构

1. 主要组成要素

综观各国(地区)的学前课程纲要,在最主要内容要素的组成上是基本相似的。联合国教科文组织在2004年的学前教育政策短评中,曾专门谈及到课程问题。认为课程纲要的基本要素主要包括了以下四个方面的内容:

(1) 对学前课程实践的指导原则与价值取向的陈述。比如,应遵循《联合国儿童权利公约》、视家长为儿童的第一任老师并给予尊重。

(2) 对学前教育机构的项目标准的简述,如师幼比、教师资质、室内室外的学习环境布置。

(3) 关于课程内容与学习结果的定位。即学前教育机构所应追求的目标框架,期望不同年龄阶段的儿童在不同的学习与发展领域中在态度、个性、知识、技能等方面应达到的目标。

(4) 教学原则。主要是规范教学过程,以使儿童有效达到所期望的学习与发展目标。比如,通过经验学习,采用开放的、基于游戏的教学活动,引导儿童积极地参与。其中也可能会涉及作为成人的教师如何通过和儿童的互动与对活动的参与介入、丰富学习环境、实施主题活动教学等方法,来支持儿童的学习与发展。②

以上这四个基本内容组成要素主要是一个宏观概括,在各个不同国家(地区)还有很大变化。如在我国2001年颁定的《幼儿园教育指导纲要(试行)》中,就没有明确的师幼比、教师资质等项目标准方面的规定,但我们有教育活动评价这一内容要素,这是以上四个内容要素中所没有涵盖的。

---

① OECD (2012). *Starting Strong Starting Strong Ⅲ: A Quality Toolbox For Early Childhood Education and Care*. p137. http://www. o e c d. org/e du/preschoolandschool/starting strong iii-aquality tool box for early childhood education and care. htm.

② UNESCO (2004). *Curriculum in Early Childhood Education and Care*. http://unesdoc. unesco. org/images/0013/001374/137401e. pdf.

2. 附件内容

除了以上的基本内容结构要素外，在不同国家（地区）的学前课程纲要中，还会有各种附件内容。如澳大利亚、瑞典等不少国家的学前课程纲要中，都会有版权页，上面标明了该纲要的版权所有者、出台时间，甚至标明了国际标准书号（ISBN）。这一方面体现了强烈的版权意识，另一方面也体现了指南出台的严肃性，同时也为读者提供了一些基本信息。这对一个国家（地区）学前教育的国际化交流以及指南的网络化传播具有重要的意义。

还有一些国家（地区）的学前课程纲要中明确标示了出台和生效的具体日期，尤其是在一些修订的纲要中，还指明了上一份纲要的有效性什么时候终止，本修订纲要什么时候生效等。如在韩国2007年颁定的《韩国幼儿园课程》中就规定了1998年颁布的学前课程纲要在2009年2月18日终止实施，本学前课程纲要在2009年3月1日生效。这些看似细微的细节信息，却反映了学前课程政策的连续性与一贯性，给人一种历史整体感。同时在当前学前教育交流日趋频繁的国际趋势下，这种明晰的时间线索，也有利于学前课程政策的国际理解与交流。

另外，还有一些国家（地区）的学前课程纲要中列出了参考文献、专业术语等内容，如，美国得克萨斯州的2008年《学前教育指南（修订版）》、加拿大不列颠哥伦比亚省的《早期学习框架》等在文末或列示了参考文献，或列示了该框架中所使用的关键术语，以及家长和教师可以参考的电子文献资源和重要网站，这些附件内容不仅彰显了课程纲要的科学研究基础，同时也为使用者对课程纲要的理解和使用起到了辅助作用。

（二）具体的内容组织

虽然，在基本的内容结构要素上，各国（地区）学前课程纲要都体现出了以上四个内容，但是在各自的具体内容的组织与安排上所存在的差异是比较大的。下面我们将以国别的形式，对一些主要国家（地区）学前课程纲要的具体内容展开描述性介绍。

1. 澳大利亚

澳大利亚2009年颁定的全国首部课程框架《归属、生活、成长：澳大利亚学前学习框架》，主要由导言、儿童学习观、学前教育学（early childhood pedagogy）、教学原则、教学实践、学习结果等几部分组成。

导言部分，用简短的文字交待了该框架出台的背景、目的与价值。指出本框架是为了拓展和丰富0—5岁儿童的早期学习，以及促进幼小衔接的顺利过渡。帮助教师为儿童提供各种机会，以最大限度地发展他们的潜能，并为将来学习上的成功打下坚实基础。早期学习框架将有助于实现澳大利亚政府委员会的愿景：让所有的孩子都能有一个最好的人生起点，从而为他们自己和国家创造一个更美好的未来。

儿童学习观部分，首先提出了关于儿童生活的三大基本特征，即归属、存在与成长，并以此作为本学习框架的逻辑起点。然后陈述了儿童学习的基本特点，认为儿童的学习具有能动性、复杂性和整体性。

学前教育学部分，概括性地讲到了学前教育工作者的专业实践具有整体性，他们的教学实践可以依靠的理论包括儿童发展理论、社会文化理论、社会行为主义理论、批判理论以及后结构主义理论。

教学原则部分，提出了构成教学实践的五条基础原则，即安全、尊重、互动的师幼关系；家园之间的伙伴关系；对儿童的积极期望与教育公平；尊重儿童的多样化；教育者的不断学习与反思。

教学实践部分，并没有为教师具体开列详细的教学实践指导要点，而仍然是概括性地提出了八个方面：采用整体主义的教学方式；对儿童积极回应；通过游戏而学；有目的地教学；创设良好的教学环境；教育者要具备理解儿童多元文化背景的能力；帮助儿童在从家庭到幼儿园、从不同幼儿园之间、从幼儿园到学校之间转换时的学习过渡性和连续性；有效使用评价促进儿童发展。

学习结果部分，是本框架的主要内容，在总共47页的内容量中，该部分占了28页。列出了0—5岁儿童在学习与发展中要达到的五项结果，每一个结果又分若干子结果，对于每一个子结果，会罗列一些具体的儿童行为表现例证，以及教师如何做才能促进儿童向这一结果迈进。

结果一：儿童具备强烈的认同感。包括以下四个子目标：形成一种安全感和被支持感；发展起他们的自主性、相互依赖性、适应性和力量感；形成有见识的、自信的自我同一性；在和别人互动中学会关心、移情和尊重。

结果二：儿童和他们周围的世界形成稳定的联系。包括以下四个子目标：形成一种群体归属感，并且理解积极地参与群体活动所必需的相互之间的权利和义务；能尊重文化的多样性；形成一种公正意识；具有社会责任感和对环境的尊重。

结果三：儿童拥有一种幸福感。包括两个子目标：有发展良好的社会性情感；能逐步对自己的身体健康负起责任。

结果四:儿童成为一个自信的、积极参与的学习者。包括以下四个子目标:具备好奇、合作、自信、创造、投入、热情、坚持、想象和反思等良好的学习品质;发展起问题解决、探究、试验、假设等一系列学习技能;能够从一种环境到另一种环境顺利过渡并适应良好;能够利用他人、一些地方、技术、自然或人造材料等资源来促进学习。

结果五:儿童成为一个有效的交流者。包括以下五个子目标:能够同他人进行语言和非语言的互动;能够学习各种文本材料,并理解其中的意思;能够表达自己的想法;开始理解文字符号;学会初步使用信息技术媒体,以获得信息、表达自己的想法。

2. 新西兰

新西兰1996年颁定的《编席子:学前课程》,虽然颁定时间相对久远一些,但却一直为人们所称道。其基本内容由四个部分组成:

第一部分交待了新西兰学前教育的基本现状,和本课程纲要出台的背景,简述了本课程纲要的基本原则、内容领域和每一领域中的课程目标。

第二部分以当地土著居民的毛利语写成,是专门针对完全使用毛利语教学的"Nga Kohanga Reo"①这一学前教育机构以及其他的一些毛利语浸入式教学的学前教育机构的课程纲要。

第三部分是本课程纲要的核心部分。详细阐述了学前课程的四大基本原则、五大学习发展领域(strands)及其相应知识、技能、态度三方面的目标。并解释了每一领域和四大基本原则之间的关系,以及教师的基本职责、需反思的问题等。

第四部分是从幼小衔接的视角,把各五大内容领域和小学课程纲要中的相应的知识技能之间的相互对应关系做了列示。

下面我们将重点介绍第三部分的基本内容:

四大基本原则主要包括:(1)赋权,即学前课程应帮助儿童发展学习上的独立性,帮助其成为自信的学习者;(2)整体发展,即学前课程应建基于儿童学习与发展的整体性基础之上;(3)家庭与社区,即把家庭和社会看成是学前课程不可或缺的组成部分;(4)关系,即学前课程应促进儿童在各种人、事、物之间的相互关系中获得学习。

五大学习发展领域及其各自的目标如下:(1)健康。基本目标为:儿童的健康得到保护;幸福感得到呵护;安全免于伤害。(2)归属。基本目标为:儿童和家庭以及更大范围的外部世界的联系得以确认并不断拓展;儿童知道有属于自己的一个地方;对一

① Nga Kohanga Reo:在毛利语中,意为"语言巢",即母语幼儿园。

日生活和常规事情感到舒适;知道哪些是被许可的行为。(3)贡献。基本目标为:不管性别、能力、年龄、种族、背景的差异,每个儿童都有参与学习的平等机会;每个儿童都被看成是独立的个体;鼓励儿童独立学习或者和他人合作学习。(4)交流。基本目标为:发展儿童非语言交流技巧;发展儿童语言交流技巧;儿童能接触各种他们自己文化和其他文化的故事和文字符号;能够发现并发展多种方式来创新和表达。(5)探究。基本目标为:儿童的游戏被视为是一种有意义的学习方式,自发游戏的重要性得到重视;儿童对自己的身体有自信并能控制;学习积极探究、思考和推理的各种策略;对自然、社会、物质世界能建构自己的理解。

3. 英国(英格兰)

英国的学前课程纲要,修订一次,内容“瘦身”一次,从2000年130页的《基础阶段课程纲要》,到2008年54页的《学前基础阶段法定框架》,再到2012年31页的最新版《学前基础阶段法定框架》。本框架涵盖了0—5岁儿童的教育与保育。主要组成部分为:

导言,表达了高质量学前教育的重要性,概述了本框架的基本目的是为了提供高质量、一致性的学前教育,确保儿童发展的稳固基础,推进教师和家长之间的教育伙伴关系,促进教育机会公平。

第一部分,学习与发展要求。这一部分界定了学前教育服务提供者必须做的事情,以促进所有儿童的学习与发展,确保他们良好的入学准备。主要包括了学前教育活动中必须开设的七大学习领域,以及儿童在知识、技能和理解等方面要达到的学习目标。这七大学习与发展目标包括:交流与语言、身体发展、个性社会性与情感发展三个基本领域,早期读写、数学、理解周围世界、艺术表现和设计四个专门领域。学前课程必须从这七个方面设计课程。

第二部分,评价。首先强调了过程性评价的重要性。然后分两部分介绍了对儿童2岁时的评价和5岁时的评价。在儿童2岁时,教师应对他们的进步和不足作出评价,并把关于儿童在三大基本领域中的表现以简短的书面评价报告的形式提供给家长。而对于其他四大专门领域,由教师来决定哪些要包括到给家长的评价报告中。而且,教师要和家长讨论如何使用评价报告以支持儿童发展。在儿童5岁时,学前教育机构要参照第一部分中所提到的学习目标,为每个儿童做一个评价报告档案袋,以提供一个全面的儿童知识、能力和理解等各方面的发展情况。此档案袋要提供给儿童将要进入的小学一年级教师,以促进幼小衔接。同时还要提供给当地教育行政部门。

第三部分,保护与福利要求。当儿童身体健康、有安全感时,当他们的个人需要得到满足时，当他们和照看者有积极的关系时，儿童的学习效果最好，因此，本部分主要是帮助学前教育服务的提供者创设一个令人愉悦、安全和激发学习的高质量教育环境。其中涉及儿童的保护、教职员工的适合性、吊销职业资格、教师的培训与发展支持、师幼比、吃药及饮食等健康问题、意外事故及受伤、安全适宜的机构建筑和环境及设备，等等。

4. 美国(乔治亚州)

美国乔治亚州2011年颁定的《乔治亚幼儿教育内容标准》，更多地凸现了课程内容标准的特色。在61页的内容总量中，除了前面14页是导言部分，其他47页的内容均为不同学科领域的内容标准。

导言，主要介绍了自1993年以来，乔治亚幼儿教育的历史，以及本教育内容标准和乔治亚幼儿园学业表现标准之间的关系①，对儿童幼小衔接入学准备的理解以及一系列的具体实践做法。并且阐述了幼儿教育中的全纳性学习环境，以及对母语非英语儿童的支持策略问题。充分体现出对特殊儿童的关注。

第一部分到第七部分，则为具体的学科内容领域标准。每一部分都提出了具体的儿童发展表现性指标、学习行为，以及和幼儿园学业表现标准之间的对应关系，并且每一部分中也开列了供教师参考的专业资料文献和供儿童阅读的相应读物，以及简短的教学实践建议和家园合作之间的建议。这七部分内容领域包括(1)语言和读写发展，具体分为倾听、语音意识、词汇发展、表达性语言、阅读、书写等几个方面；(2)数学，具体分为数概念、图形、分类、几何、测量等几个方面；(3)科学，具体分为探究、生命科学、物理、地球科学等几个方面；(4)社会研究，具体分为家庭与社区、尊重多样性、地理思维②；(5)创造性发展，具体包括艺术表现、音乐和运动、戏剧等几个方面；(6)社会性和情感发展，具体包括自我意识、好奇、自我指导、坚持、自我管理、人际互动技能等几个方面；(7)健康与身体发展，具体包括大肌肉运动、小肌肉运动、健康与安全等几个方面。

5. 加拿大(不列颠哥伦比亚省)

加拿大(不列颠哥伦比亚省)2008年颁定的《早期学习框架》主要由三部分组成：

---

① 《乔治亚幼儿园学业表现标准》是指向乔治亚州5—6岁儿童教育的课程文件，而《乔治亚幼儿教育内容标准》是针对5岁之前的幼儿教育。

② 地理思维(geographic thinking)，包括描述上学路上都看到了什么；画出校园；讨论城市中最大和最小的建筑；熟悉当地的邮局、医院、警察局等基本的机构所在位置等。

第一部分，有一段概述性的导言，阐明了本框架的基本目的是吸收最新的儿童学习与发展研究成果，支持成人为儿童创设丰富的早期学习经验和环境。同时描述了儿童的形象，认为儿童是有能力、富有潜力的个体。

第二部分，描述了本纲要发展的背景，包括不列颠哥伦比亚的社会背景、儿童的权利保护与管理，同时也提供关于儿童如何学习的背景信息，以及儿童的照看者、环境、游戏在支持儿童早期学习与发展中的重要性。

第三部分，是本学习指南的核心部分。首先阐明了早期学习观，把早期学习视为是一个由家庭和学前教育机构教师支持的幼儿的能动过程，在这一过程中儿童自己、成人和环境都扮演着重要作用。其次，阐明了儿童早期学习的基本原则，即儿童生来就有着内在的学习愿望、作为儿童照看者的家长对儿童的学习与发展具有重要作用，游戏、良好的成人与儿童之间的关系、语言、环境、儿童的积极参与等等对儿童学习与发展是不可或缺的，意义重大。再次，基于以上的学习观和教学原则，提出了早期学习的四大领域，即健康幸福与归属、探究与创造性、语言与读写、社会责任与多样性，并为每一领域规定了若干具体的学习目标，以及教师在实践中使用本学习指南时所要反思的一系列教学实践问题。同时，也指出早期学习的各领域间是相互联系的，在一个领域中的学习很可能会对其他三个领域中的学习提供良好的支持，因此，在一个学习领域中所开列的学习目标，以及教师所要思考的问题，可能会和其他领域中所开列的学习目标与反思问题有交叠，并会相互加强促进。

6. *爱尔兰*

与其他国家（地区）的学前课程纲要相比，爱尔兰 2009 年颁定的《学习之旅：学前课程框架》的内容是相对丰富的。它包括了四个相对独立而又互相有联系的文件。

第一份文件是《原则与主题》。主要规定了学前教育的十二大基本原则和四大课程内容领域及每一领域中的目标。十二大基本原则分为三组。第一组涉及儿童及其生活，即每个儿童的独特性、平等性与多样性、作为公民的儿童；第二组涉及儿童与他人的联系，即关系、父母家庭与社区、成人的角色；第三组涉及儿童如何学习与发展，即学习与发展整体性、学习的积极性、游戏和动手操作的经验学习、有意义的学习体验、交流和语言、学习环境。四大学习领域包括健康与幸福、认同与归属、交流、探究与思考。在每一领域中，都有一段简短的概述，阐释本领域在儿童发展中的重要性，然后是本领域中的四个总目标，每个总目标下面又分为六个子目标。另外，在每个领域中，还提供了作为教师实践参考的教学样例。

第二份文件是《良好教学实践指南》，是专门对教师的教学实践做出的指导，包括四个方面：在家长和教师之间建立积极的合作关系，通过互动促进学习与发展，通过游戏促进学习与发展，通过评价促进学习与发展。

第三份文件是《使用者指导手册》，是对课程框架解读的一份文件。分三部分，第一部分从该课程框架本身出发，解释了本课程框架的目标定位、主要内容及其基本结构，另外也为教师指出了在哪里可以找到支持本课程框架的相关研究性文献资料，实施本课程框架对教师的知识、能力等提出了什么要求；第二部分从更大范围的相关政策背景出发，来阐释本课程框架与小学课程框架、儿童保育规程、教师发展规划等文件之间的关系；第三部分，从教师教学实践的角度，阐释了本课程纲要如何在不同类型的学前教育机构中对教师教学的年计划、学期计划、月计划、周计划，乃至一日生活的安排和个体学习指导计划等不同时间程度和性质教学计划的制定提供帮助，同时也给出了一些样例。

第四份文件为《关键信息》，首先简单罗列了和本课程纲要相关的法规文件，如儿童保育法、小学阶段课程纲要、全国儿童发展战略。其次介绍了和制定本课程纲要的相关研究信息，包括四篇研究论文。第一篇讨论的是学前教育中教育和保育之间的关系，第二篇的题目为儿童早期学习与发展，第三篇是关于游戏作为早期学习与发展的基本方式，第四篇介绍了通过形成性评价来支持儿童的早期学习与发展。最后归纳了从这几篇文章中所得出的共同信息，包括儿童是有能力、积极主动学习者的儿童观，通过感官、做中学、游戏、语言等方式进行学习的学习观，以及影响积极学习结果达成的一些重要因素，如高质量的教学互动、语言丰富的学习环境、教师发起的活动和儿童自主发起的活动之间的平衡、教师对儿童的观察、倾听、对话、儿童从一个学习环境转到另一个学习环境时的衔接与过渡，以及对家园合作关系的支持。

7. 挪威

挪威 2006 年颁定的《幼儿园课程内容与任务框架计划》，共有三个主要组成部分：

第一部分，幼儿园的社会角色。包括幼儿园的任务、基本价值、儿童与童年、儿童的参与、家园合作、幼儿园教学、全纳性的教学环境、关于土著居民萨米人(Sami)儿童的学前教育问题等几个方面。其中提到，幼儿园的基本任务是为学前儿童的发展提供良好的机会和各种活动，而且这些活动要植根于挪威人所普遍信仰的基督教价值观中。基督教的价值观意味着同情和仁爱，意味着宽恕和对人价值的尊重，意味着平等和相互的义务，以及诚实和公平。这是在很多宗教和意识形态中都会有的价值观。把这些价值观教给儿童也是幼儿园和家庭的基本职责。而对于儿童，本框架则持一种整体的儿童观，即儿童的发展被视为是一个能动过程，他们的身体和心理以及他们所处的环境之间是紧密联系、相互作用的。童年期是有其内在价值的一个人生发展阶段，在这一阶段，游戏是儿童的重要活动方式。对于土著居民萨米人儿童，幼儿园应照顾到他们的文化，但在萨米人聚居区外，父母和儿童有权向教师提出期望，期望他们熟悉萨米文化，并使之成为幼儿园教学活动的一部分。

第二部分，幼儿园内容。划分了幼儿园教育的七大学习内容领域，即交流、语言与文本；身体、运动与健康；艺术、文化与创造；自然、环境与技术；道德、宗教与哲学；当地社区与社会；算术、空间与形状。这些学习领域之间并不是相互独立的，而是在主题教学活动和儿童的日常生活中相互联系的。在儿童的游戏和一日生活活动中的社会互动中，就有和这些诸多内容领域相联系的自发性学习活动。在每个学习领域中都有若干儿童发展目标，同时也列出了为促进这些目标达成，教师所要作的事情，以使教师的职责清晰化，促进儿童的学习与发展。

第三部分，规划与合作。阐述了幼儿园教育活动的规划、记录与评估，以及幼儿园和其他如小学之类的社会性机构之间的合作。该部分指出，幼儿园教育活动要有良好的计划，良好的计划有助于有效使用人力与物质资源。计划的设计、组织、内容及活动过程的展开，必须以本框架的整体目标为基础。同时基于对儿童学习与发展的理解。其中特别强调了周年计划的重要性，它可以作为教师有意识设计具体教学活动的工具，为家长参与幼儿园教育活动设计提供一个起点，为教育行政部分对幼儿园的监控管理提供一个基础，同时也为学前教育的各相关利益者提供了一个信息来源。而记录则为家长、地方教育管理部门提供了关于儿童学习与发展的相关信息。另外，评价可以鼓励对幼儿园教育目标、内容和任务以及质量的开放讨论。同时也有利于幼儿园调整、更新教育方式。

8. 瑞典

瑞典 2010 年修订的《学前课程》，虽然篇幅只有短短的 20 页，正文内容只有 16 页。但也被认为是一份非常优秀的课程纲要。① 该指南仅有两个基本组成部分：

---

① OECD (2004). *Five Curriculum Outlines*. http://www.oecd.org/education/preschoolandschool/31672150.pdf.

第一部分,学前教育的基本价值观与任务。开篇第一句话就明确指出了民主奠定了学前教育的基础这一价值观念。人生命的不可侵犯性、个体的自由和正直、所有人都具有平等价值、性别平等以及团结弱者等价值观,都应是学前教育积极倡导的。学前教育机构中的每个人都应积极推进对人内在价值的尊重,以及对共同生活环境的爱护。这些价值观体现了学前教育活动的道德伦理性。对他人的关心和体贴,正义和平等,每个人的人权都应该在学前教育活动中得到强调和彰显。儿童通过具体的学习活动经验,来吸收这些道德伦理价值观。

在学前教育的基本任务中则谈到,要为儿童的终身学习奠定基础。基于儿童的整体发展和他们的需要,为其提供愉悦、安全和丰富的学习活动。支持家庭承担幼儿养育职责,促进儿童的发展和成长。学前教育机构应认识到儿童有不同的生活环境这一事实,学前教育机构的任务不仅涉及发展儿童的能力和创造性,而且还要传递文化遗产——它的价值观、传统、历史、语言和知识。瑞典社会的国际化,对人们的文化多样性理解能力提出了要求。学前教育是一个社会文化交汇的地方,这有助于儿童适应日益国际化的社会。而且学前教育也有助于确保来自少数民族群体的儿童与有国外背景的儿童获得支持以发展多元文化认同能力。

第二部分的学前教育目标与指南则明确提出了学前教育的工作定向,以及教师个人和教师团队的工作职责。主要分为七个方面:

(1)规范与价值观。学前教育机构应有意识地、积极地激发儿童发展对社会共同的民主价值观的理解和认可。这包括开放、尊重、团结和责任;理解别人的处境,乐于助人;能够发现、反思和处理道德两难处境;理解所有的人都具有平等的价值,不管其社会背景以及性别、所属种族、宗教或者其他信仰;尊重各种生活方式,关心身边环境。(2)发展与学习。学前教育应有助于发展儿童对自我和周围世界的理解。探究的意识、好奇心以及学习的愿望应构成学前教育活动的基础。儿童的想法、观点有助于形成学习的丰富性。在此基础上,学前教育应努力确保每个儿童在以下各方面获得发展:自我认同感、游戏和学习的能力、自主性和自信心、参与意识、对权利和义务的理解、身体健康、口头语言与书面语言、创新能力、空间概念、数学、社会、科学、技术、文化认同。(3)儿童的影响力。学前教育应在儿童能力许可的范围内,承认儿童能够为他们的行为和所处环境负责,并把他们通过各种不同方式所表达的需要和兴趣作为设计学前教育环境和教育活动的基础,这样做有助于促进儿童对民主的理解。(4)学前教育机构与家庭。应确保学前教育机构与家庭之间紧密而信任的合作关系,确保家长有机会参与学前教育活动并发挥相应的影响。(5)不同类型学前教育机构之间应合作，以确保儿童能有顺利的过渡和衔接。(6)跟进、评估与发展。学前教育的质量应有定期、系统的跟进记录和发展评估。尤其是对儿童的学习与发展情况应该有监控、记录和分析。(7)学前教育机构领导者的职责。确保本机构的运作符合课程纲要规定的目标和任务，对本机构的教学质量负责。

9. 芬兰

《芬兰全国幼儿教育与保育课程纲要》由七部分组成：

第一部分，介绍了本课程纲要的主要目标是：通过引入统一的教育要求，保证学前教育公平、指导学前教育活动内容的发展、促进质量提升，也为了提升学前教育工作者的专业意识、父母的参与以及学前和义务教育的专业合作。

第二部分，概述了什么是学前教育，其中强调了保育、教育和教学的统一，强调了儿童成长、发展与学习的整体性，强调了教师的专业能力。并基于《联合国儿童权利公约》提出了学前教育的基本原则，即和谐的人际关系、安全的成长与学习、有利于游戏开展的健康安全的环境、根据儿童的年龄发展特征理解儿童、给予儿童所需要的专门支持，尊重儿童的文化、语言和宗教信仰。此外还提出了基本的教育目标，即提升个体的健康和幸福、强化儿童对他人的关心和帮助、促进儿童自主性发展。

第三部分，是本指南的核心部分。其中包括教师在自我发展、与儿童的关系、教育活动设计、环境布置等各方面的基本角色；学前教育环境设计的物理、心理和社会三个层面；儿童学习的积极情感；语言在儿童学习与发展中的作用；游戏、身体运动、探究、艺术表现等四种基本的儿童学习和思考方式，以及基于此，教师该如何做，环境该如何布置；六大课程内容领域定向，即数学定向、自然科学定向、历史—社会定向、艺术定向、道德定向、宗教—哲学定向；[①]此外还从教育衔接过渡的角度，对本课程纲要与5—6岁儿童的核心课程纲要之间的衔接性作了说明。

第四部分，专门对学前教育机构和家庭的合作做了说明，指出这种合作意味着家长和教师有明确意识地共同投入到对儿童成长与学习的支持中来，这要求相互之间的信任、尊重与平等。这种合作性伙伴关系建基于对儿童需要、利益和权利的认识基础之上。

---

① 在芬兰的课程纲要，使用"定向(orientation)"一词，意在表明，在学前教育阶段，主要不是向儿童系统地教授这些学科领域的知识点，而是通过这些领域发展儿童对周围世界各类现象的感受方式和思考方式。

第五部分，专门阐述了学前教育中的特殊支持与评估问题。儿童可能在身体、认知、情感和社会性发展领域中需要特殊的支持。这种支持应在正常班级中进行，以使该儿童与其他儿童有正常社会互动的机会。

第六部分，学前教育实施中的若干特定考虑。其中涉及学前教育机构与其他教育、社会、健康、文化体育和其他各类机构组织之间的合作问题，涉及不同语言与文化背景的儿童的学前教育问题。

第七部分，主要对地方教育行政管理部门在全国课程纲要的指导下，发展地方学前课程提出了基本指导。

10. 日本

日本2008年颁定的《幼儿园学习指导要领》，主要由三部分内容组成：

第一部分，一般规定。主要涉及幼儿园教育的基本理念、课程设计等。其中提到学前教育对儿童一生的品格培养起着非常重要的基础作用。幼儿园教育的基本目的是基于儿童特定的年龄特征，通过环境引导儿童发展。为此，教师应鼓励儿童展开自主性活动，在一种情绪稳定的状态中，利用已有经验，展示能力，促进发展；通过游戏为中心的教学全面达成本要领所规定的目标；同时对儿童的个性特征给予积极回应。

第二部分，目标和内容。描述了幼儿园教育的内容领域和相应目标。内容领域主要分为健康、人际关系、环境、语言、表现。在每个领域中都列出了具体的发展目标和表现内容，以及为达到这些目标教师可采用的教学方式方法。其中，健康，指发展儿童的身体与精神健康，培养儿童过健康安全生活的自主性；人际关系，指发展儿童自信，培养儿童与人交流的能力，以相互支持和联系；环境，指培养儿童对环境的好奇心与探究能力，并把这种好奇心和探究能力渗透整合到儿童的日常生活中来。语言，指发展儿童口头表达能力和倾听他人的愿望和态度，培养对语言的理解和基本的表达技巧；表现，发展儿童丰富的情感，以及表现自我的能力，提升在表现自己的经验中的创造性。

第三部分，教学活动设计要考虑的要点，以及课外活动时间的教学安排。其中提到教学活动应考虑设计具体的教学计划，以使每个儿童受到适宜的教育，获得以后发展的必备经验；应根据对儿童发展规律的理解，设计具体的教学目标和内容，同时考虑内容的连续性和变化性；设计适切的环境，同时为儿童的具体活动提供适当的支持，以使他们向着好的方向发展。教育活动的设计应当和儿童发展的各个阶段相适宜，尤其是在幼儿3岁刚入幼儿园时，教师应通过各种活动引导儿童对各种人和事的接触，促进儿童在身体发展和精神发展之间的平衡。应设计学年计划、学期计划、月计划、周计划乃至每天的教学计划,并展开相应的教学活动。教学活动应包括个体、小组和全班不同层面上的活动,并确保能给儿童提供适宜的帮助,以确保每个儿童的兴趣和愿望得到满足。教师的角色应是儿童的理解者和合作者,并针对相应的学习活动展开教学,使儿童获得发展所需的知识经验。保持和家庭、社区的联系与合作,使儿童在幼儿园的生活与在家庭和社区的生活保持连续性。此外,幼儿园教学还应考虑为将来儿童升入小学的学习生活打下良好的基础。

三、课程纲要政策文本的结构性质

从以上对十个主要国家(地区)学前课程纲要具体内容的梗概性介绍中,可以看出,由于各个国家(地区)的社会文化传统与社会现实发展要求的差异,以及各自学前教育自身发展现状的不同,各国(地区)课程纲要虽然在基本的内容架构上都包括了引入性的导言、基本的课程理念与原则、主要的学习领域与目标、相应的课程与教学实施方式等等,但在具体的内容组织形式上,差别非常大。比如,有些内容要素,像评价问题,在英格兰 2012 年的课程纲要中是一个重点内容,但在澳大利亚 2009 年的课程纲要中甚至根本就没有专门提及;再比如,对于学前课程纲要的核心内容——学习领域,不同国家(地区)的划分角度也不尽相同,有些国家(地区)更多地从儿童发展的角度来划分,而有些国家(地区)更多地从学科知识领域的角度来划分。

但是另一方面,超越这些诸多的差异,我们仍然可以从各国(地区)学前课程纲要的文本结构性质上发现一些共同的发展趋势。此处我们将借鉴英国新教育社会学者 B. 伯恩斯坦(Basil Bernstein)的思想,对这一问题做进一步分析。

(一) 分类与框架:来自伯恩斯坦的思想

伯恩斯坦曾提出用“分类(classification)”和“框架(framework)”这两个概念来对课程结构作出分析。

分类,是指不同课程内容之间区分性的清晰程度。“这里的分类并不涉及分类的对象,而是指内容之间的联系。分类涉及内容之间差异的性质。分类强的地方,各种内容常常通过清晰的边界而彼此泾渭分明。而分类弱的地方,由于内容之间的界限比较模糊,所以各种内容之间的独立性也比较弱。因此,分类涉及内容之间界限的清晰程度。"①

框架,或者翻译为构架,是指教学过程中,传递内容与非传递内容之间边界的清晰程度。在构架强的地方,传递内容与非传递内容之间存在一条鲜明的边界;而在构架弱的地方,则是一条模糊的边界。这种构架涉及教师和学生面对教学关系环境中教学和学习内容的控制,他们可以有选择范围。构架强则意味着选择小,而构架弱则意味着教师和学生有比较大的选择范围。② "在强架构下,可能被传授的内容与可能未被传授的内容之间的界限明显,学生对所应接近的知识只能被动地接受,无论是在内容、方法还是在时机上都具有较少的发言权和控制权,而教师则具有绝对的控制权。架构弱则两类内容之间的界限模糊,学生的控制权则明显增强,教师的控制权则趋于下降。也就是说,架构的强与弱不仅决定着教学过程中所传授知识的性质、种类及选择、组织、进度的控制程度,而且决定着教师与学生的角色、地位与权力。"③

(二) 强框架与弱框架:课程纲要政策文本的结构性质

借用上述伯恩斯坦的"框架"概念,来考察各国(地区)学前课程纲要,如果我们把由强到弱作为一个连续体来看待的话,那么不同国家(地区)的学前课程纲要,作为规范其课程发展实践的指导框架,在性质上也可以体现出不同程度的强弱之分。

1. 强框架性质的学前课程纲要与弱框架性质的学前课程纲要

强框架性质的课程纲要,往往比较刚性,其所规定的内容与要求相对比较具体,有较为明确的教学指导要求,同时儿童学习与发展的结果标准化,比较明确和细化。而且对学前教育机构在课程纲要所规定学习结果的达成度上也有明确要求。其优点是具体明确、可操作性强。而缺点也非常明显,统一的标准很难照顾到具体教学实践的情境性,缺乏灵活性,为学前教育机构和教师的课程与教学实践的创造发挥所提供的空间不大,许多规定要求是教师必须遵照执行的。学习结果的标准化规定也往往会桎梏儿童的发展。

弱框架性质的课程纲要,则往往比较有弹性,其所规定的课程内容与要求相对比

---

① 麦克·F·D·扬主编. 谢维和、朱旭东译. 知识与控制——教育社会学新探. 上海:华东师范大学出版社,2002,p64.

② 同上。

③ 黄忠敬著,袁振国指导. 知识·权力·控制——基础教育课程文化研究. 华东师范大学 2002 年博士学位论文.

较宽泛，有对学习结果的要求，但并没有达到标准化的程度。对教师的教学指导也往往是建议性的，而非规定性的。其优点是实施起来比较灵活，能顾及到教学实践的情境性，为教育机构和教师在实践中的创造性发挥提供了较大空间。但同样有一定的缺点，由于这种课程纲要的实施对教师的专业素质要求比较高，因此如果教师的专业素质跟不上，则往往很难落实课程纲要中所提出的理念和目标。

学前课程纲要的强框架性质和弱框架性质之间的区别，除了表现在对儿童学习与发展目标或结果，以及对教师教学方法规定的详细性程度上外，在有些国家(地区)的学前课程纲要中，还表现在对纲要的执行度的规定上。作为指导本国或地区学前课程实践的政策文件，课程纲要是作为一种政策法规，要求所有的学前教育机构都必须强制性执行，还是仅作为一种政策性的参考指引，由地方政府或学前教育机构参照执行，不同的国家(地区)往往有不同表现。

如澳大利亚2009年的幼儿学习框架就指出本框架为学前教育工作者促进儿童的学习提供了广泛的指导。它为教育者的课程决策提供指导，帮助他们规划、实施和质量评估，同时也为各个地方和各种学前教育机构的具体课程实施奠定了基础(这里的学前教育机构包括了日托、临时托管、家庭日托、土著儿童学前机构、游戏中心、幼儿园和学前班、早期干预机构)。但是该框架不是被强制执行的，而是可以补充或替代各州或自治领的框架。而到底采用哪一种方式才是恰当的，则由各州自己决定。可见，澳大利亚的这一学习框架，体现了一种弱执行要求。

而马来西亚的全国学前课程标准则与上述澳大利亚的幼儿学习框架恰恰相反，2002年的教育法(修订)规定所有的幼儿园，无论公立还是私立，必须遵循教育部2003年制定的《全国学前课程》。任何私立学前教育机构想开设《全国学前课程》所规定之外的课程，都必须得到教育部的同意。2010年1月，《全国学前课程标准》代替了2003年的《全国学前课程》。同样规定，全国学前课程标准目前是强制性(mandatory)课程。如果和教育法的第22条规定有违反，幼儿园可能被罚款RM10,000令吉(RM，Ringgit Malaysia，马来西亚货币名称)，或者被逮捕入狱，或者两者并罚。①

2. *相关学前课程纲要例举*

从对目前各国(地区)课程纲要的文本比较来看，虽然有像美国这样的例子，在近

① Association of Professional Early Childhood Educators, Malaysia (2010). *Workshop on Effective Implementation of National Preschool Curriculum Standards*. http://www.mapece.org/web_documents/broNPCS%20johore.pdf.

些年来各州纷纷颁定了标准化取向的学习标准或者课程纲要，这些课程政策文本有走向强框架的发展趋势。但是，就目前来看，大部分国家(地区)的学前课程纲要，仍然是明显的弱框架性质，而且也没有明显的迹象显示有转向强框架的趋势。

如加拿大不列颠哥伦比亚省 2008 年的《早期学习框架》中就明确提到：本框架充分认识到没有一种预设好的教学方式可以提前放在那儿供教师用来促进儿童各方面的学习发展。许多因素，包括儿童的背景、气质类型、个性特点、能力水平、教师、语言、文化传统、宗教等等，都会对教学实践产生影响。因此，在本部分中，我们只列出了每一个学习领域中的关键学习目标，用于引导教师的教学实践，另外就是，罗列了一些反思性问题，以指导教师为儿童的发展提供积极支持，促进儿童良好发展。①

这在澳大利亚和新西兰的课程纲要中也有充分地体现。在这两份课程纲要中，都是先提出来每个学习与发展领域中基本的目标，然后或者以例子的形式，列举出若干教师在实践中为实现这些目标的具体做法，以供教师参考，或者以问题的形式，让教师思考促进这些目标达成的具体教学实践做法。

芬兰的《全国幼儿教育与保育课程纲要》也基本属于这一弱框架性质。其所规定的数学定向、自然科学定向、历史—社会定向、艺术定向、道德定向、宗教—哲学定向六大课程内容领域，之所以被称为是“内容定向(content orientation)”，意在表明主要不是让儿童去学习这些领域中的学科知识内容，而是引导儿童初步形成探究周围世界这些领域中各种现象的能力和方法，因为这其中的每一个领域都有其特定的思维方式、表达方式。②

对于这种弱框架性质的课程纲要或者说课程框架，我们可以用下面三个隐喻来描述：

第一个隐喻是，课程框架就像一个透镜，为认识儿童和学前教育事业提供了一种视角，为理解学前教育实践并确保其有意义提供了一种取向；

第二个隐喻是，课程框架就像一个筛子，透过它，教师过滤他们对教学实践的反思性思考；

第三个隐喻是，课程框架还像房子的设计，房子的设计会给出一些基本的规定：如

---

① British Columbia. Ministry of Education, ect (2008). *British Columbia Early Learning Framework*. p17. http://www.bced.gov.bc.ca/early_learning/early_learning_framework.htm.

② Stakes (2004). *National Curriculum Guidelines on Early Childhood Education and Care in Finland*. p24. http://www.thl.fi/thl-client/pdfs/267671cb-0ec0-4039-b97b-7ac6ce6b9c10.

房子的地理位置、形状、基本的尺寸、房间的大小，等等，但再详细的设计，也不可能完全反映出房子建造好之后的全貌，课程框架也是如此，它具体规定并详细阐述了学前教育实践的主要价值观和基本概念，但同时也努力促进多样化、创新性和独特性，它不是强制和限制，不规定同质化、单一性的教学实践，而是为课程与教学的多样化提供充分的空间，它也不是教师照着做的教条，而是为教师理解怎样教和为什么这样教提供一种思考方式。

(三) 强分类与弱分类：课程内容领域的结构性质

前文是将学前课程纲要作为一个整体文本来分析，此处则对课程纲要的核心组成部分——课程内容领域的结构性质，略作分析。

课程内容领域，在有些国家（地区）的学前课程纲要中也常被称作为学习内容领域。纵观目前我们所掌握的文本资料，基本上所有的学前课程纲要在课程领域上都属于弱分类的性质。虽然不同国家（地区）所划分出的内容领域数量不一，有的国家（地区）划分为七个，有的则划分为四个，而且这些内容领域的名称及概念内涵，各国（地区）学前课程纲要之间也不尽相同。但是，在许多国家的课程纲要中，都明确地阐明了这样一个观点，即各内容领域之间是相互联系、互有交叉的。它们之间的划分并非截然对立。这种对不同课程内容领域之间结构关系的定位，有利于推动儿童的整体性发展，有利于实施主题性教学。

如在加拿大不列颠哥伦比亚省 2008 年颁定的《早期学习框架》中，在列出了健康与归属、探究与创造、语言与读写、社会责任与多样化四大学习领域后。随即明确指出："需要说明的非常重要的一点乃是，这些学习领域是相互联系的：在一个领域中的学习可能会支持其他三个领域的学习。也因此，在每个领域中所列出的学习目标，相互之间会有交叠，也会相互促进。"①

挪威 2006 年的《幼儿园课程内容与任务框架计划》中，划分了交流、语言和文本，身体、运动与健康，自然、环境和技术，道德、宗教和哲学，地方社区和社会，数学、空间和形状等六个学习领域，并且明确指出：每个学习领域都很宽泛，涵盖了一系列的学习活动，而且每个学习领域都很少单独呈现。在主题活动和一日生活中，往往几个学习

---

① British Columbia Ministry of Education, ect (2008). *British Columbia Early Learning Framework*. p17. http://www.bced.gov.bc.ca/early_learning/early_learning_framework.htm.

领域的学习活动都会涉及。而且在儿童的游戏与日常活动中的交往活动，也有大量自发的交流，这些交流会涉及各学习领域的内容。①

澳大利亚昆士兰州2006年颁定的《早期教育课程纲要》(*Early Years Curriculum Guidelines*)中划分了社会学与个体学习、健康与身体发展、语言学与交流、早期数学理解以及积极学习过程等五大领域。也明确指出：各学习领域之间是相互联系的，儿童在一个学习领域中发展起来的能力与倾向经常会在儿童学习其他领域时用到。虽然在纲要中各领域的内容是分开描述的，但大部分的学习经验都是统整了五大学习领域或其中几个学习领域。②

各国(地区)学前课程纲要的文本结构，除了以上在形式结构和内容结构上的不同特点外，还表现在所覆盖的儿童年龄与学段之间的差异。这一点，将在下一章中具体展开分析。

---

① Ministry of Education and Research (2006). *Framework Plan for the Content and Tasks of Kindergartens*. p5. http://www.regjeringen.no/en/archive/Stoltenbergs-2nd-Government/Ministry-of-Education-and-Research/Lover _ og _ regler/reglement/2006/framework-plan-for-the-content-and-tasks.html?id=278626.

② Queesland Studies Authority (2006). *Early Years Curriculum Guidelines*. p52. http://www.education.qld.gov.au/strategic/advice/earlychildhood/cp/preschool.html

第三章

一体化的学前课程设计

一、一体化学前课程设计的国际趋势

当前不同国家(地区)的学前课程纲要，都不同程度地关注到了课程在托幼之间的连续性、幼小之间的衔接性，关注到了保育和教育之间的整合，体现出了较为明显的一体化课程设计趋势。

这一趋势基本上可以分为两大类：第一类即垂直方向上的课程一体化，包括了托幼一体化、幼小一体化，这是基于对儿童年龄发展序列连续性的考虑；第二类即水平方向上的课程一体化，主要指保教一体化，这一点情况相对复杂一些。保教一体化在有些国家(地区)主要表现为0—3岁儿童的保育服务和3岁以后的教育活动之间的整合，和托幼一体化是一回事，但在有些国家(地区)，如日本和韩国，儿童保育和幼儿园教育是一种并行的二元管理体制，因此，在这种情况下的保教一体化，就不是托幼一体化所能等同的了，它主要是两个并行管理体制下的两种学前教育活动之间水平方向上的整合。

(一) 垂直方向上的课程一体化

垂直方向上的课程一体化，即在学前课程的设计上，不再仅仅局限在3—6岁的年龄阶段，而是向前推至儿童出生之时，向后延至小学低年级，把0—6岁或0—8岁儿童甚至更大年龄跨度儿童的学习与发展考虑进来，作整体性设计。这种整体性设计体现在：或者设计一个统一的课程纲要，或者对学前教育机构与小学之间的衔接给予考虑。

这种一体化的学前课程设计，在不同国家(地区)的学前课程纲要中具体表现并不完全相同，比如，有些国家(地区)会把0—6岁儿童的学习和发展作为一个整体在课程纲要中进行统一设计，而有些国家(地区)的学前课程纲要则主要是指向1—6岁儿童的学习与发展。还有些国家(地区)用一份课程纲要就覆盖了0—10岁甚至0—18岁儿童的学习与发展。

下面,我们将根据不同国家(地区)的学前课程纲要在这一方向上一体化设计的两个基本方面:托幼一体化和幼小一体化,做一概括性分析。

1. 托幼一体化:把0—3岁儿童的学习与发展纳入课程设计视野

以前,学前课程纲要往往主要关注3—6岁儿童的学习与发展,3岁以前的儿童基本上只是保育的对象,并不给予太多的教育考虑,更很少考虑要为这一年龄段儿童提供结构化学习的课程纲要,认为结构化的学习活动可能并不利于3岁以前儿童的自由发展。但是,当前不少有影响力的研究发现已对过去这样的做法提出了挑战,使得为3岁以前儿童的学习与发展提供结构化的课程纲要成为一个日渐明朗的趋势。(见图3.1)

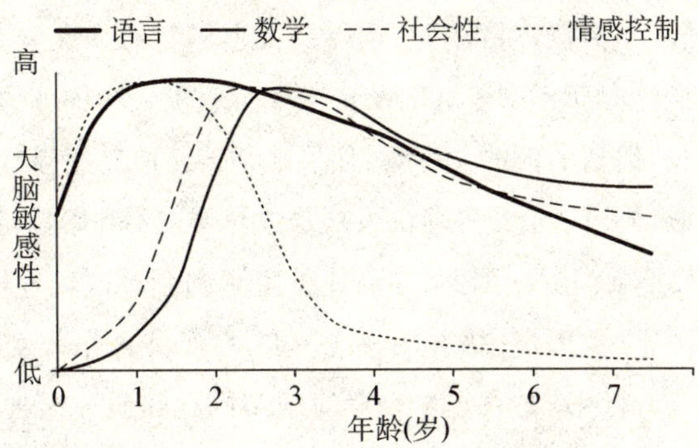

图3.1　大脑早期发展的关键期[①]

对此,经济合作与发展组织(OECD)于2001年发布的对其12个组织成员国学前教育政策的比较研究报告中,已有较为明确的分析:在儿童出生之后,学习就开始发生了,成人就可以给予支持以促进儿童的学习了。这一点在1990年泰国宗滴恩召开的联合国全民教育大会中已得到确认。以前主要被视为只是身体保育的儿童早期阶段,现在已被承认是个体生命发展历程中大脑、认知和社会性发展的关键时期。因此,这一阶段逐步成为教育的关注点,虽然这种教育主要是从更为宽泛的意义上来说的。人们已渐渐认识到儿童出生之时,就开始进入了终身学习的基础阶段。因此,这一阶段

① OECD (2012). *Starting Strong Ⅲ: A Quality Toolbox for Early Childhood Education and Care*. p90 http://www.oecd.org/edu/preschoolandschool/startingstrongiii-aqualitytoolboxforearlychildhoodeducationandcare.htm.

儿童的学前教育如何组织和展开就成了一个重要的教育政策议题，尤其是一些研究表明低质量的学前教育服务，实际上对儿童来说是一种伤害，使得这一政策议题变得更为迫切。[①] 现在，离经济合作与发展组织发表这一研究报告已经有十多年了，在这十多年的时间里，许多国家（地区）或颁定或修订了学前课程纲要，这些课程纲要表明这一个十多年前的政策议题在今天的许多国家（地区）都已成为现实。如挪威、瑞典、芬兰、新西兰、澳大利亚这些国家都直接把0—6岁或1—6岁儿童的学习与发展放在了一起进行整体性的课程设计。其中，芬兰的《全国幼儿教育与保育课程纲要》就明确指出保育、教育的有效整合可以提升儿童积极的自我意象、表达和交往技巧、思维的发展。

2. 幼小一体化：把学前教育和小学教学之间的过渡衔接纳入课程设计视野

幼小一体化课程设计主要是指把幼儿教育和小学教育两个学段的课程放在一起统筹考虑，突出两者之间在课程上的连续性和整体性。从学前教育向小学教育的过渡，也即我们常说的幼小衔接，对很多儿童都是人生早期的一次重大挑战。这是个体在还没有多少人生经验时所不得不面对的一次人生危机。从积极的角度看，它可以激发儿童的发展与成长，但从消极的角度看，如果这一转换过渡过程过于急速和生硬，又没有足够的教育关心，则可能会给儿童的发展与成长带来不利影响，甚至这种不利影响在很长一段时间内都不会消除。因此，如何让儿童顺利渡过这场危机，在不少国家（地区）的学前课程纲要中也给予了积极关注。这一点，在经济合作与发展组织（OECD）于2001年发布的对其12个组织成员国学前教育政策的比较研究报告中同样也有提到，其中明确指出，除了把学前课程纲要的关注范围拓展至3岁以前的儿童，一些国家（地区）中还特别注意到了学前教育和小学教育之间衔接，以保障儿童学习的连续性。[②]

如比利时的法语文化区[③]按照儿童的年龄划分了三个学习圈（cycles of learning），即三个基本的学习阶段。其中前两个学习阶段分别涵盖了从2.5—5岁和5—7岁两个年龄段，之所以如此划分，目的就是强调学前教育和小学之间在课程与教学上的结构性联系，并使教师能够更好地调整他们的教学方法，以适应儿童发展的节奏，确保所有的儿童都能获得融入社会所需的基本能力，以及接受更高一级小学教育所需的基本

① OECD (2001). *Starting Strong: Early Childhood Education and Care*. p114. http://www.oecd.org/newsroom/early childhood education and care.htm.

② 同上。

③ 在比利时，有三大文化区，即南部说法语的法语文化区（French community）、东部说德语的德语文化区（Germany community）和北部说弗拉芒语（荷兰语的一种方言，书写基本相同，但发音差异很大）的弗拉芒文化区（Flemish community）。

能力。

法国母育学校的做法也和比利时的这一做法比较相似。在法国，也是将5—6岁儿童的学习与发展和小学一二年级的课程进行统一的设计，作为一个相对完整的“学习圈”。教师可以从母育学校的最后一年级一直教到小学二年级。在这一个学习圈统一体中，有相同的教育价值取向和课程理念，有共同的课程学习领域。

在澳大利亚的一些州和自治领也发展了相关的课程政策，以提高儿童在学前教育与小学教育之间的过渡衔接。如南澳大利亚州就出台了覆盖0—12岁儿童教育的课程文件，并把早期教育划分为0—3岁、3—5岁、5—8岁三个阶段，其目的就是要建立一个无缝对接的课程体系乃至整个教育服务体系，在这份文件中，过渡衔接和一体化是两个关键性的概念。

在瑞典，学前课程纲要和义务教育课程纲要以及高中的课程纲要，都特别注意到了在知识观以及儿童学习观上的联系性，以为儿童终身学习的头二十年提供教育上的连续性。这几份课程纲要有着共同的课程理念价值取向：民主、人生命的神圣不可侵犯、个人的自由、正直、人人平等、性别平等、团结弱势群体、爱护环境。

芬兰于2000年专门为6—7岁学前班儿童的学习与发展颁定了《学前教育核心课程》，作为儿童从学前教育最后一年的学习走向小学第一年之间过渡的一个桥梁。

德国各州的新课程方案也都关注到了幼儿园和小学之间在课程与教学上的过渡与衔接，提到有必要在幼儿园和基础教育之间进一步增强教育环境和教学方式上的一致性。更引人注目的是德国的黑森洲，该州的课程纲要对0—10岁儿童学习与发展进行整体性设计，确立了这一年龄段所有儿童都适合的共同课程目标，这些目标包括：坚强的儿童，有交流能力和使用媒体能力的儿童，作为有创造性和想象力的儿童，作为主动的学习者、探究者和发现者的儿童，有责任感的儿童。通过这样的课程纲要，以消除中间不同学段之间的过渡与转换，增加课程的一体性。

（二）水平方向上的课程一体化

这主要是指在有些国家儿童保育和教育二元管理体制情况下，保育活动和教育活动之间的统整。如在韩国，一直以来其学前教育的发展反映了典型的二元体制[①]，即

① Meesook Kim & Jung Na (2003). *Early Childhood Care and Education in Korea: National Policies and Practices*. http://211.167.103.142/1Q2W3E4R5T6Y7U8I9O0P1Z2X3C4V5B/www.unescobkk.org/fileadmin/user_upload/appeal/ECCE/reports_and_publications/ECCE_in_Korea_-_report__July2003_.pdf.

以0—5岁儿童保育为主的日托中心和以3—5岁儿童教育为主的幼儿园是分开的，分别由健康与福利部和教育、科学与技术部负责。日托中心有健康福利部颁定的儿童保育课程标准，而幼儿园也有教育部颁定的全国性课程纲要。2011年7月这种分立的二元制开始发生转变，健康与福利部和教育、科学与技术部共同合作颁定了针对5岁儿童学习与发展的课程纲要“Nuri Curriculum”，①从而把这一年龄段儿童的教育和保育整合在了一起，2012年7月，两个部又进一步拓展合作力度，共同颁布了针对3岁和4岁儿童学习与发展课程纲要“Nuri Curriculum”，从而使3—5岁儿童的保育与教育走向了一体化，整合以前由健康福利部和教育部各自独立发展的学前保育课程与学前课程，让这一年龄段的幼儿都享有同样的高质量课程，并促进教育公平。“这反映了韩国政府向不同学前教育机构的儿童提供更加连续一致的学习与发展经验的努力”。②

二、学前课程纲要所覆盖的年龄范围

学前课程的一体化设计，首先表现在课程纲要对儿童年龄的覆盖上。因此，接下来我们所要分析比较的是，不同国家（地区）的学前课程纲要在所覆盖儿童年龄上的差异。由于各国（地区）的社会文化传统以及现实背景各异，因此在所颁布的课程纲要中，相互之间在儿童年龄的段限上，差异很大。有的只针对3—6岁儿童的学前教育，有的则覆盖了0—6岁的儿童，还有的是3—18岁一体化设计。经济合作与发展组织根据学前课程纲要的覆盖年龄划分了两种基本模式：一种为分裂式（“split” system），在一些国家中，由于幼儿保育与教育是由不同的主管部门负责的，因此，3—6岁幼儿的教育课程纲要和0—3岁幼儿的保育指南是分开的。或者如在日本，有3—6岁幼儿的教育课程纲要，同时并行的有0—6岁幼儿的保育指南。韩国在2011年之前也是类似情况。另外一种模式为整合式（“integrated” system），或者0—6岁、或者0—10岁、

---

① Yonhap News (2011). “*Nuri Curriculum for 5-years-olds*” *is Selected as the Title for Common Curriculum*. https://www.kicce.re.kr/eng/bbs/bbs_V.jsp? menu_id=040101&DB=whatsnew02&no_=25748&sch_type=&keyword=&page_num=9.
根据韩国健康与福利部的解释，“Nuri”为韩语音译词，意为“整个世界”，而“Nuri curriculum”的意思则是在政府坚定的支持下，幼儿园可以成为儿童建构自己对未来的希望和梦想的地方。

② Taguma, Miho, et al. (2012). “*Where Does Korea Stand Compared to Other Countries?*”. In Quality Matters in Early Childhood Education and Care: Korea 2012, OECD Publishing. http://dx.doi.org/10.1787/9789264175648-6-en.

甚或一直到18岁儿童的教育课程纲要通盘考虑设计，这在澳大利亚、新西兰、北欧一些国家都有体现。[①] 下面我们将根据所收集到的政策文本文献，结合经济发展与合作组织(OECD)的最新研究成果，对这一问题做一分析比较。

表3.1 不同国家(地区)学前课程纲要所覆盖年龄范围比较

图例：

浅灰色	幼儿保育指南
深灰色	学前教育课程指南

国家(地区) \ 年龄	0	1	2	3	4	5	6	7	8
澳大利亚	归属、生活、成长：澳大利亚学前学习框架								
加拿大(不列颠哥伦比亚)	不列颠早期学习框架					全日制幼儿园教育指南			
加拿大(马尼托巴)			早期回报：马尼托巴早期学习与儿童保育课程框架						
加拿大(爱德华王子岛)	早期学习框架								
加拿大(新不伦瑞克)	早期学习与幼儿保育课程								
加拿大(安大略)					每个儿童，每个教育机会：学前课程与教学				
加拿大(安大略)	早期学习：为了今天的每一个儿童								
丹麦	学前课程								
芬兰	芬兰全国幼儿教育与保育课程纲要						芬兰学前教育核心课程		

① OECD (2012). *International Comparison*: *Curriculum Framework and Content*. http://www. www. oecd. org/edu/earlychildhood/toolbox.

续 表

国家(地区) \ 年龄	0	1	2	3	4	5	6	7	8
法国			2.5 岁　母育学校全国课程						
爱尔兰	学习之旅:学前课程框架								
日本				幼儿园学习指导要领					
	全国日托中心课程								
韩国				Nuri 课程					
墨西哥	幼儿保育课程			学前课程					
新西兰	编席子:学前课程								
挪威	幼儿园课程内容与任务框架计划								
瑞典		学前课程 2010 修订版							
英国(英格兰)	学前基础阶段法定框架								
英国(苏格兰)	出生前到 3 岁:积极的发展结果			追求优异的课程					直到 18 岁
美国(乔治亚州)			乔治亚幼儿教育内容标准						
美国(马萨诸塞州)				学前学习经验指导纲要					
美国(北卡罗莱纳州)				北卡早期学习标准和指导策略					
印度	幼儿教育课程框架								
马来西亚					全国学前课程标准				
中国香港			学前课程指引						
希腊					跨主题课程框架大纲设计				

进一步简化上表内容,以突出学前课程纲要所覆盖年龄范围的特点,可以用下面

的示意图来表示。[①]

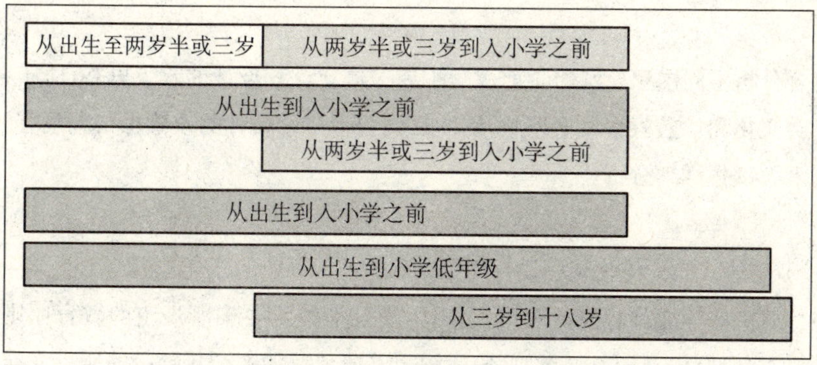

图 3.2　学前课程纲要年龄所覆盖范围示意图

从上面的表图中，我们可以清楚地看出，在所列出的 25 个国家（地区）的学前课程纲要中，绝大部分都把 3 岁以前儿童的学习与发展考虑进来了，体现出非常明显的托幼一体化课程设计的趋势。而在另一个年龄段，即学前教育和小学乃至中学课程之间的连续性，在上表中，我们可以明显看出来的是英国苏格兰课程纲要对 3—18 岁儿童学习与发展的整体性设计，这份课程纲要是 2004 年苏格兰政府整合了此前分别为 3—5 岁儿童和 5—14 岁儿童制定的课程纲要基础上所重新设计的。还有一些国家（地区）的课程纲要，所涵盖的儿童年龄跨度比较大，如南澳大利亚州的课程文件《课程、标准与责任》就涵盖了 0—12 岁儿童的教育。另外，还有不少国家（地区）学前课程纲要在处理学前教育和小学教育之间连续性的思路上，并没有在年龄段上做一体化设计，因此在上表的年龄结构中无法显示出来。但这些学前课程纲要在内容设计上却自觉考虑到了和小学课程的衔接性。如在美国，目前五十个州和一个哥伦比亚特区都有了本州的早期学习与发展标准，这些课程文件所覆盖的儿童年龄段基本上都是 3—5 岁，另有 24 个州目前已经制定了或正在制定支持 0—3 岁儿童学习与发展的标准框架。这些框架都通过参照 K—12 的共同核心课程标准，确保了儿童在学前教育阶段所学技能和对他们以后入学前班、小学一年级乃至更高年级的学业期望之间的连续性。

① Deborah Roseveare (2011). *Encouraging Quality in Early Childhood Education and Care*. http://meyda.education.gov.il/files/KishreiChutz/RoseveareECECIsraelAccessionSeminar.ppt.

三、一体化学前课程设计的不同政策思路

综合分析不同国家（地区）学前课程纲要一体化课程设计的政策思路，由于各自具体的社会文化和学前教育发展现状，因此在课程一体化设计的政策思路上也有较大的差异。下面试作详细分析。

（一）整体式的一体化课程设计思路

整体式的一体化课程设计思路，表现为学前课程纲要中所规定的教育原则、课程内容和学习领域，以及学习结果，普遍适用于其所覆盖的整个年龄段的所有儿童，如从出生到 6 岁的所有儿童，并没有对其中所涉及的相对独立年龄段，如 0—3 岁和 3—6 岁年龄段儿童的学习与发展作进一步分阶段细化规定。这一设计思路虽然没有否认 0—6 岁儿童学习与发展的异质性，但很明显，它更强调所覆盖年龄段儿童的共性，基本上是把这一年龄段儿童作为一个整体来看待。这在不少国家（地区）的学前课程纲要中都有体现。

1. 澳大利亚

澳大利亚 2009 年颁定的全国课程框架《归属、存在、成长——澳大利亚幼儿学习框架》，涵盖了 0—5 岁儿童的学习与发展，在该框架的开篇第一段就明确指出，该课程文件的目标就是拓展和丰富儿童从出生到 5 岁以及在向小学过渡过程中的学习经验。而在教学实践中，教师应注意保证儿童学习经验的连贯性，以使儿童能成功地实现不同学习环境之间的过渡和衔接。为此，在该学习框架中，专门对教师的教学实践提出了“学习上的连贯性和平稳过渡”的要求[①]：

> 儿童会把在其家庭和社区中的生活方式、归属感以及成长方式等带到学前教育机构环境中来，教师的教学实践应建立在儿童的这些经验基础之上，以帮助所有的孩子在学前教育机构环境中有一种安全感、自信心和包容心，帮助他们在生活和学习上体验到一种连续感和一贯性。

---

① Australian Government Department of Education, Employment and Workplace (2009). *Belong, Being & Becoming: The Early Years Learnig Framework for Australia*. p16. http://www.decd.sa.gov.au/barossa/pages/Barossa/37011/?reFlag=1.

过渡，包括了从家庭到学前教育机构之间的过渡、不同学前教育机构之间的过渡、学前教育机构和小学之间的过渡。这些过渡和转换，为儿童的学习与发展提供了机遇和挑战。不同的环境，不同的时空，有各自不同的行为做事的要求和期望，有各自不同的教育目标。而如果教师的教育实践能建立在儿童已有的和当前的学习与生活经验基础上，则有助于他们在新的环境中有一种安全感和自信心，有一种和自己所熟悉的人、地方、事情以及理解方式等之间的联系感。儿童、家庭和教师对儿童能成功地实现从一个学习生活环境向另一个学习生活环境的过渡和转换，都起着重要作用。

通过和家庭共同努力，教师可以促进儿童在过渡与转换的准备过程中发挥自己积极主动性。教师可以帮助儿童理解这种过渡，理解他们将要进入的新学习环境的常规，并且使儿童在这种转换过程能够感到轻松一些。

教师也可以帮助儿童一起交流他们身份的变化，尤其是当他们要进入小学的时候。当儿童要进入小学新环境时，学前教师和小学的教师有义务分享关于每个孩子所掌握知识技能的信息，这样就可以把他们在小学中的学习建立在他们以前学习经验的基础上。两类教师的合作可以有力推进儿童从学前教育向小学教育的成功过渡。

但是另一方面，在该框架中的核心部分“学习结果”中，却并没有根据儿童的年龄心理发展水平划分出不同发展阶段的学习结果。其所开列的五大学习结果是为了反映0—5岁所有儿童学习与发展的整体性和复杂性。每个学习结果下面所列示的两到五个不等的要点，是和0—5岁所有年龄儿童相关的。对每个儿童的长处和能力的了解，可有助于教师进行专业判断，以确保所有的儿童都能参与到与这些学习结果相关的课程活动中来，并使他们的学习达到最优化。

如在第一条学习结果“儿童有强烈的认同感”中，有四个要点：儿童感到安全和被支持；儿童发展起他们初步的自主性、相互依赖性、心理弹性和能力感；儿童发展起自信的自我认同感；儿童学会关心、移情和尊重别人。以其中的第一个要点为例，只要儿童表现出以下一些类似行为，就被认为是他们已经形成了安全感和被支持感。这些行为包括：儿童和一位教师建立起依恋关系，并继续扩展到其他更多的熟悉老师；能够有效地利用日常常规，顺利地完成一日生活中不同活动之间的转换；有一种归属感并能有相应的反应；能够交流他们对舒适和帮助的需要；能够和其他的儿童、和教师建立并维持尊重、信任的关系；在和他人的交往中能坦诚地表达他们的感受和想法；能对他人的想法和建议给予积极反馈；能够和信任的老师发起互动和交流；能够在游戏中和他人一起自信地探究周围的环境；能够发起和参与游戏；能够在角色游戏中探索各种不同身份。而教师如果能像下面这些做法一样，就可以促进儿童在以上一些方面的学习：认可并敏锐地回应儿童的各种行为或情绪线索和征兆；积极回应儿童想发起互动和谈话的意愿；通过和儿童一致友好的关系，来支持儿童的安全依恋发展；当儿童从熟悉的环境进入不熟悉的环境中时，教师给予支持；把对儿童的养护和教育方式建立在文化适宜性基础上；在儿童表达自己的想法和情感时，教师及时给予情感支持；教师要认识到儿童的一些诸如低落、害怕和不开心等消极情绪，可能需要有足够的时间来解决；以积极的态度认可每个儿童的独特性；教师要花时间和每个儿童进行互动和交流。①

因此，澳大利亚的学习框架所反映出的是一种典型的整体式一体化课程设计的政策思路。这种整体式的设计，为0—5岁儿童的学前课程发展，提供了一个包容度很大的架构，为教师的课程实践留有非常大的自由空间，但同时也对教师的专业素养提出了较高要求。在这样一个指导框架下，教师必须要凭借自己扎实的专业能力，才能在教育活动实践中根据具体的情况，设计出符合特定年龄段儿童发展特点的教育活动。

2. 瑞典

在学前课程的一体化设计上，瑞典与澳大利亚非常类似，也属于整体式的一体化设计思路。瑞典2011年颁定的全国课程纲要《学前课程2010修订版》，涵盖了1—5岁儿童的学习与发展，其中所提出学前教育基本价值观、学前教育的各基本教育工作主要目标和任务，都是面向1—5岁的所有儿童，而没有根据年龄段做进一步划分。

比如，在“规则与价值观”这一学前教育的基本工作领域，就指出学前教育是积极而有意识地影响和刺激儿童的发展，使他们理解和接纳瑞典社会所共享的民主价值观。因此，在这一个目标下，学前教育应努力确保每个儿童都有开放、尊重、团结和负责的品质；确保儿童逐渐发展起对别人处境的理解，并乐于帮助他人；培养儿童发现、反思和澄清自己在道德两难中的处境；使儿童领悟到所有的人都具有平等的价值，不管他的社会出身背景如何，也不管他的性别、种族、宗教或身体功能性障碍等；尊重各种形式的生活，关心周围的环境。

---

① Australian Government Department of Education, Employment and Workplace (2009). *Belong, Being & Becoming: The Early Years Learnig Framework for Australia*. p21. http://www.decd.sa.gov.au/barossa/pages/Barossa/37011/?reFlag=1.

接着，该课程纲要列出了为实现这一目标，学前教育的教师指导要点。包括：确保每个儿童的需要得到尊重和满足，确保他们能体验到自己的内在价值；教师有责任营造民主化的班级工作氛围，让每个儿童都能积极参与进来；为儿童参与班级工作制定具体规则。

再比如，儿童的"发展与学习"这一领域，应该说是一个受儿童年龄心理发展特点影响较大的一个领域。但在瑞典的这份课程纲要中，并没有对 1—5 岁的儿童作分年龄段的规定，而只是列出了 22 个具体的发展与学习目标。其中一些目标包括：发展儿童的自我认同感和安全感；发展他们在游戏和学习上的兴趣和能力；根据他们自己的能力水平发展他们的自主性和自信心；发展他们对自己所属文化的参与意识，对其他文化的感受和尊重意识；发展他们单独活动和小组活动的能力、处理冲突和理解权利义务的能力，以及遵守公共规则的义务；发展他们的运动能力、协调能力、自我身体意识以及对维持身体健康的重要性的理解；发展他们对空间、形状、位置、方向、数量、顺序、数概念以及测量、时间和变化等的理解能力；发展他们对科学和自然界中各种关系的认识，获得关于动植物、简单的化学过程和物理现象的知识。引导他们对口头语言、词汇、概念的使用，发展他们使用词汇及其他相关材料做游戏的能力，激发他们表达自己的想法、提出问题、展开争论和相互交流；发展他们对书面语言的兴趣和对符号及其交流功能的理解。[①]

把瑞典的这份学前课程政策和澳大利亚的学习框架做个比较，我们会发现，这两份课程文件在一体化课程设计思路上的整体化取向，在实现方式上，基本上是以理念导向为主的，即通过一套基本而宽泛的课程理念来指导课程实践的发展。即使是在儿童学习与发展的目标上，也不以儿童必须要实现的菜单式的、标准化的目标陈述为主，而主要是以例证式的、指引式的陈述为主。这为教师在学前课程上的创造性和自由提供了较大框架，但要保证高质量的课程实践，对教师的专业素养要求也比较高。

3. 英格兰

英格兰 2012 年 9 月份刚刚开始推行的《学前基础阶段法定框架》，基本上也反映了整体式的一体化课程设计思路。这份课程文件是对 2008 年《学前基础阶段法定框

---

① Skolverket (2011). *Curriculum for the Preschool Lpfö 98 Revised 2010*. http://www.skolverket.se/polopoly_fs/1.163849!Menu/article/attachment/L0%C3%A4roplan_f%C3%B6rskolan_eng_tillg_webb.pdf.

架》的进一步压缩修订，它整合了此前 0—3 岁幼儿教养方案和 3—5 岁幼儿基础阶段课程纲要。在这份课程方案中，提出了四条教育原则：每个儿童都是独特的个体；儿童通过积极的师幼关系逐渐走向独立；在有利的环境中，儿童会获得更好的学习与发展；儿童的学习与发展有各自不同的方式和速度。同时也列出了七大学习发展领域，即交流与语言、身体发展、个性社会性与情感发展、早期读写、数学、理解周围世界、艺术表现和设计。对于这七大学习领域，都有相应的学习目标，但是这些目标不是分年龄阶段设计的，而是在儿童结束学前教育时所应达到的。因此，该课程纲要中所提出的这些原则和学习发展领域适合为 0—5 岁整个年龄段儿童进行的课程设计。

但与前面所提到的澳大利亚和瑞典的两份课程文件相比，英格兰这份课程文件整体式的一体化课程设计倾向稍显弱一些，它对不同年龄段所侧重开展的教育活动有些许的关注：

> “教师必须要考虑每个儿童的发展阶段、需要和兴趣，并利用这些信息来设计富有挑战性和有趣的学习活动。教年龄比较小的婴幼儿的教师，应主要把学习活动的重点放在交流与语言、身体发展、个性社会性与情感发展等三个最基本的学习领域，这是儿童能在后面四个特定学习领域中获得学习成功的基础。儿童在这三个学习领域中的基本能力，是他们进行有效学习所必需的基础，也有利于以后的入学准备。随着儿童年龄的增长，在这三个基本学习领域中成为一个更自信、有能力的学习者时，教育活动的开展可以逐渐过渡到所有学习领域都兼顾到……
>
> 教师应在儿童发起的学习活动和教师设计的学习活动之间保持相对平衡。随着儿童的长大，在他们的发展允许的情况下，教学活动应逐渐转向教师发起的活动上来，以帮助他们将来更好地适应正式的教学活动。①

除此之外，该框架还对不同年龄段的师幼比做了规定。作为课程实施的外在条件保证，师幼比对课程实施的质量影响非常大，因此，在该框架中规定，2 岁以下的幼儿，师幼比应为 1∶3；对于 2 岁的幼儿，师幼比应为 1∶4；对于 3 岁以上的幼儿，根据学前教育机构的不同，师幼比在 1∶3—1∶8 之间。这些规定都体现了英格兰的这份课程

① Department for Education (2012). *Statutory Framework for the Early Years Foundation Stage*. p6. http://www.education.gov.uk/publications/standard/publicationDetail/Page1/DFE-00023-2012.

文件在提供统一指导的同时，也关注到了儿童的年龄发展问题。但是这几处点到为止的指导，并没有实质性地改变该课程框架在一体化课程设计思路上的整体主义取向。

（二）分段式的一体化课程设计思路

分段式的一体化课程设计，主要是指以一份课程纲要来涵盖某一年龄段儿童的学习与发展，如0—6岁或3—10岁，其中的教育原则、学习领域或者课程内容领域，是适合该课程纲要所覆盖年龄段的所有儿童，但在诸如学习与发展目标或课程标准上、教师具体的教学指导方法上，往往会进一步细化，按儿童的相对独立的年龄发展阶段特点做出发展适宜性的课程规定和要求。它一方面突出了托幼或幼小课程的整体性和一体化，另一方面也照顾到了不同年龄段儿童的发展需求和特点，是力图把两方面结合起来的一种表现。

1. 新西兰

新西兰1996年颁定的《编席子：学前课程》的导言，就明确了本课程纲要包括了儿童从出生到入小学之前这一年龄段的保育和教育。这一年龄覆盖面在新西兰尚属首次，被认为是反映了终身学习的理念。同时也是对新西兰家庭需要变化的反映。在过去，新西兰的学前教育一般只提供短期服务项目，但是随着社会经济的发展，妇女参加工作的比例开始大大地提高，但她们的孩子还很年幼，面临着参加工作和照看孩子之间的矛盾。因此，本课程纲要把短期性的儿童保育和教育活动整合在一起，以提供更加全面的全日制服务。同时，以前的学前课程主要关注的年龄段是在3岁和4岁，而本课程纲要则把婴幼儿的早期教育服务也纳入了进来，这在新西兰也是一种新做法。这不仅是有利于有婴幼儿的母亲们参加工作，更有利于满足这一年龄段儿童的特殊发展需要，有利于他们获得更好地发展。

一方面，该课程纲要指出了学前课程一体化设计的必要性。儿童在0—8岁期间的发展需要和能力表现与他们在以后年龄段的发展需要和能力表现之间有很大差异，因此，学前教育的课程应该能反映出这一年龄阶段儿童发展的特殊性，体现出与下一学段课程相区别的特点。它应强调儿童与成人以及其他儿童之间的积极互动和回应，成人也应对儿童的发展和不断变化的能力给予积极回应。

另一方面，在强调上述0—6岁学前课程一体化的同时，该指南也指出学前课程应认识到不同儿童之间在发展的速率和时机上差异很大，他们学习新事物、适应新环境的能力也各不相同。每个儿童都有其自己的学习方式，学前课程应建立在儿童当前的发展需要、优势和兴趣基础之上，允许他们自己做出选择，鼓励他们对自己的学习负责任。

基于此，该课程纲要把0—6岁这一年龄段又划分出了三个相对独立的年龄段，即0—18个月的婴儿（infant）、1—3岁的幼儿（toddler）、2.5岁—入小学之前的儿童（young child）。这三个年龄段的儿童有着相对不同又各自鲜明的发展需要和特点。三个年龄段两两之间有半岁的交叠，这也反映出该课程纲要认识到了在年龄段之间，儿童的发展并不是像跳台阶一样，从一个阶段一下就到了另一个阶段，而是一个逐渐成长、逐渐过渡、由量变到质变的过程。对这三个年龄段，该课程纲要分别给予了阐释并提出了相应的关键性课程要求。如对于1—3岁的幼儿：

> 这一时期幼儿的行为和发展开始趋向多样化，而且相比其他年龄段，他们的行为和发展往往会出现反复和不稳定。这一时期的幼儿会逐渐发展起一种自我意识和独立性，但仍然需要从他们所依恋的成人那里获得情感支持。他们对独立、获得知识的渴求，以及他们对自己日常生活控制能力的逐步提高，经常和他们仍需要依赖成人照顾形成冲突。这一时期的幼儿在身体、社会性、推理能力、语言等方面的发展非常迅速，但他们仍需要在生活实践中锻炼和运用。对于日常的规矩和常规，他们经常会既抵制，又会觉得在有规律的常规中会有章可循，因此会觉得比较放松。这些左右摇摆的矛盾状态，常常会导致各种各样冲突的情绪、想法和行为，这也对家长和教师的教育智慧和技巧带来了挑战。
>
> 这一时期幼儿的具体特点列举如下：一般都精力充沛，比较好动；通过对因果关系的了解，对周围世界的控制能力逐步提高；心有余而力不足，有各种想法和愿望，但他们语言和身体活动能力还没发展到自如实现他们想法的程度；他们具有积极主动性和强烈好奇心，是有能力的学习者，对周围的事物有自己的理解；他们的情绪情感经常比较高涨，并且经常很难预测；他们喜欢有各种机会去探索和尝试创造；有时会比较冲动，缺乏自我控制；他们更关注当下，而很少考虑未来；他们在各种社会性互动中，通过观察模仿进行学习；他们的学习是通过运用整个身体的参与而展开的，是在做的过程而不是仅仅通过别人的讲解来学习的。
>
> 基于以上特定的年龄阶段特点，本课程纲要提出了对这一时期幼儿学习与发展的关键性课程要求。这一时期的幼儿有独特而鲜明的发展需要和特征，但在教育实践中，他们往往身陷在特为年龄更小的婴儿所设计的教育安排和为年龄再大

一些的儿童所设计的更具独立性和任务性的课程活动之间，而没有更适合他们的课程活动设计。这种过低或过高的课程活动设计及由此设定的对他们发展的期望，往往会使这些幼儿要么感到沉闷、厌烦，要么感到受挫而沮丧。因此，专门设计符合他们发展特点的课程活动，就显得非常必要。这样的课程活动应是：一个安全的环境，其中所展开的教育活动，既能够给幼儿带来挑战，同时各种事情的发生又是幼儿可预测的；各种独立探索和活动的机会；采用灵活的教学态度，以包容这一时期幼儿的一些自发性活动或一时兴起的行为；教师要注意鼓励幼儿的认知和语言发展；教师应能预见到，并理解和接受这一时期幼儿发展中的一些不稳定性，并给予积极回应。①

对其他两个年龄段儿童的发展特点和关键性课程要求，也类似上述这样一种方式，当然，具体内容是针对各自年龄段儿童发展特点的。这些阐释，实际上反映的是该课程纲要所藉由建立其上的具体的儿童观，及基本的课程设计要求。其中很多观点对我们今天的学前课程实践都有很大的启发意义，如这一时期幼儿的发展是不稳定的，发展中常有前后摇摆、甚至倒退现象，这提醒我们，虽然从总体上看儿童的发展是上升的，但在具体的年龄段上，却也并不是一直向前的线性发展。另外，如何对待这一时期在教育活动中幼儿常出现的一时兴起的自发行为乃至违反规定的行为，教师是否应有一定的容忍度，如何采取更具灵活性的教学态度和智慧，既给幼儿以一定的自由空间和释放空间，又保证教学要求和规矩的严肃性，值得我们深思。

基于以上对各年龄段儿童的基本认识和相应的课程要求，新西兰的课程纲要进一步在各学习领域中，分年龄阶段，例举了教师如何做才有利于帮助儿童实现本学习领域中的发展目标。如对于健康领域，其中第一个目标是儿童的健康得到保护，所涉及的儿童发展结果为：逐渐理解他们的身体以及是如何发挥功能的；掌握如何保护自己健康的相关知识；在吃饭、喝水、食物的准备、如厕、休息、睡觉、洗刷、穿衣等方面，有一定的自理能力；对饮食、睡眠和大小便有积极的态度。为能够在教育活动中，有效实现这些发展目标，该课程纲要例举的相关教学经验包括：

① Ministry of Education (1996). *Te Whàriki*: *Early Childhood Curriculum*. pp. 23 - 24. http://211.167.103.140/1Q2W3E4R5T6Y7U8I9O0P1Z2X3C4V5B/www.educate.ece.govt.nz/~/media/Educate/Files/Reference%20Downloads/whariki.pdf.

对于0—18个月的婴儿，成人应留意观察他们在情绪低落、饥饿、疲劳等方面的信号，并给予及时回应；特别注意卫生问题；成人根据每个婴儿的节奏，有规律地进行喂食和睡眠的安排；由婴儿熟悉的成人来营造比较放松的喂食、如厕和换尿布的常规，并使婴儿逐渐熟悉起来；以一种平和和关心的方式，和婴儿进行互动。

对于1—3岁的幼儿，成人应以一种支持性的方式和态度，对待幼儿的大小便训练，建立一套幼儿不感到匆忙紧张的常规，并使儿童熟悉起来；睡眠的常规应是灵活的、平和舒缓的和积极的；给幼儿提供的食物类型尽量地多样化；鼓励幼儿自己洗手和进食；成人要特别留意并尊重幼儿想交流他们高兴的情绪或不舒服的感觉。

对于2.5岁——入学之前的儿童，提供舒适的空间和机会以供儿童休息和睡觉，并且常规有一定的灵活性；给儿童充分的时间来练习他们在进食、喝水、大小便、休息、洗手和穿衣等方面的自理能力；在儿童吃饭时，熟悉的食物和不熟悉的食物之间保持一种平衡；儿童的大小便有时仍需要成人的帮助，成人应以一种不会引起儿童羞愧和窘迫的方式给予帮助。①

2. 爱尔兰

与新西兰的《编席子：学前课程》非常类似，爱尔兰2009年颁定的《学习之旅：学前课程框架》也是在一体化的课程架构下，根据儿童的年龄发展特点，按照0—18个月的婴儿(babies)、12个月—3岁的幼儿(toddler)、2.5岁—6岁的儿童(young child)进行了分段式的设计，体现出了统一与分段相结合的特点。

在作为该课程框架的四个组成文件之一的《原则与主题》中，明确表达了为0—6岁儿童学习与发展进行一体化课程设计的政策思路，指出本课程纲要是为0—6岁儿童的学习与发展而制定的，其中为教师所提供的相关指导信息，有助于他们设计有趣的和挑战性的学习经验，从而促进这一年龄段所有儿童都以一种有能力的、自信的学习者而获得成长和发展。它描述了知识、技能、态度、价值观、个性和理解能力等多样类型的学习，这对0—6岁儿童的发展都是非常重要的，并且提供了通过互动、游戏、评

---

① Ministry of Education (1996). *Te Whàriki: Early Childhood Curriculum*. p49. http://211.167.103.140/1Q2W3E4R5T6Y7U8I9O0P1Z2X3C4V5B/www.educate.ece.govt.nz/~/media/Educate/Files/Reference%20Downloads/whariki.pdf.

估、家园伙伴关系建立等方式以促进儿童学习的课程实施指导。

在本课程框架中提出了适合0—6岁所有儿童的四大学习与发展领域，即幸福健康、认同与归属、交流、探究与思考，每个领域下面有四个目标，每个目标下面又有六个细化的子目标。从而构成四大领域24个学习与发展目标的课程内容体系。这些目标并没有严格地按照儿童的年龄发展阶段进行划分，而仅仅是指出了其中的一些目标可能更适合年龄稍大一些的儿童。

但是在教师向儿童提供什么样的学习经验以及如何指导才能促进儿童实现所规定的学习与发展目标方面，本课程框架则按照0—18个月的婴儿(babies)、12个月—3岁的幼儿(toddler)、2.5岁—6岁的儿童(young child)三个阶段，进行了分阶段地例举和阐释。比如，对于"探究与思考"这一学习发展领域，在0—18岁的婴儿阶段，教师应为这些婴儿提供以下一些学习机会和经验：

> 教师应在游戏和探究活动中，推进和婴儿之间温和又信任的关系。比如：在游戏和通过感官的探究活动中，尽量最大限度地拓展教师与婴儿之间的有意义互动；在互动中，尽量使教师发起的活动与婴儿发起的活动达到平衡，以使互动成为双向的意义交流，婴儿有引导互动方向的机会；使婴儿的注意力关注到特定的事物和人，甚至指向其中的某一具体特征；通过使用诸如惊讶地瞪大眼睛、微笑、鼓掌、描述婴儿所做的事情、把他们的表现展示给其他人看等方式，来鼓励确认婴儿的探索和发现。
>
> 为婴儿提供发展身体技能和空间意识的机会。比如：把一些有吸引力的物体放在离婴儿稍远的地方，鼓励他们移动过去；给婴儿提供表面平滑的物体，比如玩具和家具，使他们可以抓握、保持平衡、或者扶着起来；鼓励婴儿爬行、抬起、滑、走或者攀爬；给婴儿提供玩具和物体，比如球、会发出声音的物体、不同大小的圆筒、各种形状和颜色的盒子，以让婴儿观察和探索。
>
> 提供各种学习机会，让婴儿体验因果关系。比如：通过触摸、摇动、按压、旋转、挤压、扔出去、捡回来等各种方式，帮助婴儿来理解当他们玩各种玩具和日常事物时，会发生什么，这种游戏可以重复多次，直到婴儿厌倦不愿意玩了。提供给婴儿有轮子的物体，鼓励他们以不同的面着地去拉或者推这些物体。
>
> 为婴儿提供感官探索的机会，以帮助他们了解周围世界的规律。比如：创设各种机会，让婴儿体验声音、气味、味道、运动形式、质地、室内外的温度以及视觉

感受,并留意婴儿对这些现象的敏感性;规划一些空间,让婴儿在其中可以自由移动、探索和触摸;提供一些安全自然的物体,比如盛有贝壳、羊毛和木勺等各种物体的框子,让婴儿在玩这些物体时,自由探索。

玩捉迷藏的游戏,帮助婴儿发展客体恒常性的概念(即当物体不在视野中时,它仍然是存在的)。比如:当着婴儿的面,把一个她喜欢的玩具藏在毛巾下面,鼓励婴儿去找到它;和婴儿一起寻找东西。

给所有的婴儿提供游戏和探索的机会。比如:把东西放在他们够得着的地方,鼓励他们去抓;鼓励有视觉障碍的婴儿,探索使用错觉和听觉;鼓励年龄大一些的婴儿的假装游戏,教师参与进去,并给予积极地回应,如用空瓶子假装喝水、用玩具手机假装打电话、用木勺子炒菜做饭等;保证有听力障碍的婴儿能看到所发生的事,能看到正在说话人的脸部;在日常活动中使用数量词,比如穿上两只袜子,喝掉一瓶牛奶,推动四个轮的婴儿车等等。[①]

除了以上对0—18个月婴儿的教学方式的指导,在该课程纲要中接下来还有对12月—3岁、2.5岁—6岁儿童的教育方式的指导。而在另外三个学习与发展领域中,也都是这样一种分阶段的指导方式。从上述引文中,我们可以看出,这些指导方式都是基于此年龄阶段儿童的心理发展特点而提出来的。而且这些指导方式,都非常具体可操作化,主要是以例举的方式呈现,即这些例子不是对教师的硬性规定,不是让教师照着做的教条,而是教师教育实践的一个参照,它们可以被拿来直接运用,也可以作为一个参照性的例子,为教师设计自己的教育实践,提供一个启发和样板。

此外,爱尔兰的课程纲要把游戏作为儿童学习的基本方式之一。对于教师如何在儿童的游戏中定位自己的角色,也是根据不同年龄阶段儿童的发展特点来决定的。比如对于0—18个月的婴儿,成人在游戏中的角色主要被界定为:提供安全的环境和有趣的材料,让婴儿自由地玩,成人要注意解读婴儿的肢体语言并给予反馈,判断婴儿的情绪和行为,并给予支持。对于12个月—3岁的幼儿,教师应引导他们体验多种类型的游戏活动,鼓励他们在游戏中冒险尝试、坚持,随着幼儿的成长,及时变换游戏环境,比如变换游戏材料种类或者改变材料在坡度、弯曲度等方面的难度,同时为幼儿提供

① National Council for Curriculum (2009). *Astear: The Early Childhood Curriculum Framework—Principle and Themes*. p56. http://www.ncca.ie.

同伴和小组游戏的机会。而对于2.5—6岁的儿童，教师则可提供直接的支持，比如向儿童示范如何加入别人的游戏活动，为他们处理游戏过程中的冲突和情绪变化提供帮助，制定游戏方案，并在游戏开始之前、之中、之后和儿童讨论或描述这个方案。从这些针对不同年龄阶段儿童游戏中教师角色的规定中，我们可以看出一些变化，比如教师的角色从提供材料让0—18个月婴儿自由地玩，到鼓励12个月—3岁幼儿的冒险尝试，以及2.5—6岁儿童制定游戏方案并一起讨论。

3. 印度

印度2012年颁定的《幼儿教育课程框架(草案)》，也属于分段式的一体化课程设计思路。它也明确指出该课程纲要是面向0—6岁全体儿童的一份课程文件。其中提到了学前教育的基本目标是发展积极的自我概念；为良好的身体和基本的运动机能打下坚实基础；养成良好的健康生活习惯和基本生活技能；提升口头和非口头的交流技能，流畅、正确和清楚地表达自己的想法和情感；发展五官感知能力和认识技能，为更高层级的思考与推理打下基础；通过引领，使儿童表达、理解、接受和控制自己的情感和感受；掌握本社会文化背景下的价值观、行为方式；通过给儿童提供足够的自我表达、探究、调查和实验的机会，促进其独立性、审美能力和创造性的发展。① 然后，在此基础上，进一步分年龄段，给出了年龄发展适宜性的活动建议。

对于3岁以下的儿童，活动建议是：通过自由游戏和各种师幼互动，关注儿童的健康、营养和早期心理社会刺激。比如，在安全、宽敞和干净的环境中，开展各种适合婴幼儿的游戏、传统的音乐活动、提供各种游戏材料、教师对幼儿的个别化关注和互动、提供各种探索的机会。

对于3—4岁的儿童，除了提供更多自由游戏外，应逐步增加教师设计的游戏。继续提供各种师幼、幼幼之间的互动，以及以个人、小组和班级活动为组织形式的与材料和环境的互动，并加强教师的指导作用。提供听故事、学习节奏、想象游戏、问问题、简单的问题解决、做实验等活动，促进儿童积极的互动学习，发展他们积极的自我概念。

对于4—6岁的儿童，进一步提高教师主导的游戏活动的比例，增加4—5岁儿童的大组活动次数和时间，更加关注5—6岁儿童的入学准备活动。包括阅读准备，比如

---

① Ministry of Women and Child Development Government of India (2012). *Early Childhood Education Curriculum Framework* (*Draft*). pp. 5 - 6. http: www. wcd. nic. in/schemes/ECCE/curriculum_draft_5(1)%20(1)%20(9). pdf.

图片和声音的搭配、增加词汇量、提高口头表达、培养儿童读故事书、图画书的兴趣；书写准备，比如手眼协调能力、书写的兴趣、从左到右的书写习惯；数学准备，发展分类、排序、画图、推理、问题解决、数概念和空间概念等；动作发展的准备，比如通过穿珠子、玩拼图等游戏锻炼精细动作能力，通过跑、跳、平衡等活动锻炼大肌肉动作能力；创造和审美方面的准备，比如通过戏剧、各种文化类活动、郊游等，来发展儿童这些方面的能力。这些活动应考虑儿童个体的相关需要。年龄划分是相对的，教师需要根据儿童的发展水平来进行活动的设计。①

4. 苏格兰

苏格兰 2004 年颁布了 3—18 岁儿童教育的课程纲要《追求优异的课程》(*Curriculum for Excellence*)这是对此前所颁定的 3—5 岁和 5—14 岁儿童教育的课程纲要进行整合的基础上所制定的。它进一步强化了一体化课程设计的政策思路，其目标就是通过为 3—18 岁的儿童提供更加连贯、灵活和丰富的课程经验，促进这一大年龄跨度中的儿童和青少年在态度、知识、能力上的发展，来实现苏格兰教育的根本转换。它对此做了明确说明：

“把课程作为一个整体来理解。通过了解本课程纲要所列出的整套学习经验和结果，教师们就会看到从学前到高中，课程其实是一个整体。那些在某一特定学段进行教育活动的教师就可以看到，在儿童 0—18 岁的学习与发展历程中，他们所做出的贡献处在什么位置上。这样就更有利于教师们规划和设计他们对每个儿童学习与发展的促进作用了，并为儿童在学习与发展的不同阶段间的过渡和衔接提供支持。通过这样的一种做法，教师们就可以确保每个儿童都能经历一个前后连贯的课程学习经验，以达到一个最高可能的学习与发展标准，并为下一阶段的学习做好准备，实现教育的积极可持续性发展。

另外，相对于此前 3—5 岁和 5—14 岁儿童教育的两个课程文件，这份课程框架更加简洁了，去掉了一些细节性的、指定性的课程实施要求。这为教师在教学实践中提供了较大的专业自主空间，以适应不同年龄段儿童学习与发展的实际特

① Ministry of Women and Child Development Government of India (2012). *Early childhood Education Curriculum Framework* (*Draft*). pp. 9 - 11. http: www. wcd. nic. in/schemes/ECCE/curriculum_draft_5 (1)%20(1)%20(9). pdf.

点和需要。①

可见，在苏格兰的这份课程文件中，一体化的课程设计倾向非常明确。但同时因为如此大的年龄跨度，使得它不可能采取整体式的一体化设计思路，毕竟在3—18岁的儿童学习与发展中，存在着较大的年龄心理发展上的差异。因此，分段式的一体化设计思路，成为其必然的选择。这表现在它对各课程领域中学习经验的描述主要采用了分年龄阶段的方式。把0—18岁划分为五个阶段：早期阶段（Early），即3—5岁左右；第一阶段（First），相当于5—9岁左右；第二阶段（Second），相当于9—12岁左右；第三和四阶段（Third and Fourth），相当于12—15岁；高级阶段（Senior Phase），相当于15—18岁。

比如在“宗教和道德”这一学习领域中，有关于基督教的信仰这一学习经验，就是按照五个年龄段依次递进的，在早期阶段是“在我探索基督教的故事、人物形象、音乐和诗歌时，我逐渐熟悉起基督教徒对上帝和耶稣的一些信仰。”在第一阶段是“通过探索圣经故事，我能描述基督教徒对上帝和耶稣的一些信仰。”在第二阶段是“通过探索和反思圣经以及其他的基督教故事，我能通过一些方式向别人表明我理解了这些故事。”在第三阶段是“通过反思基督教的起源，我能解释基督徒关于上帝和耶稣的一些基本信仰。”在第四阶段是“通过思考基督教的基本信仰，我能对此发表合乎逻辑的观点，并能讨论把这些信仰付诸实践的不同方式，会对个人和社会带来什么影响。我能够自信地应对类似的一些关于信仰的问题。”②

但是，另一方面，苏格兰的这份课程纲要与前面我们介绍的新西兰、爱尔兰、印度的课程纲要有一定区别。它不仅强调了各个年龄阶段儿童学习与发展的相对独立性，及由此对教师指导方式的特定要求，而且还注意到了在这些年龄阶段之间，儿童学习与发展的连贯性和交错性。这是它的一个独有特点，体现出了在一体化的课程设计中有分年龄段的课程规定，同时在不同的年龄段之间又照顾到了课程经验相互之间的联系性。

比如，在该课程纲要中有“技术”这一学习领域，其中包括了“以计算机为背景，促

---

① Scottish Executive (2004). *Curriculum for Excellence*. p3. http://211.167.103.148/1Q2W3E4R5T6Y7U8I9O0P1Z2X3C4V5B/www.educationscotland.gov.uk/Images/all_experiences_outcomes_tcm4-539562.pdf.

② Ibid, p219.

进儿童的学习与发展"这一子领域，在这一子领域中儿童的一项学习经验"在玩电子游戏、遥控玩具和电动玩具时，发展起我的问题解决策略、和与人合作的基本能力"，就横跨了早期阶段和第一阶段，是3—5岁和5—9岁儿童所共有的。再比如，在"科学"这一学习领域中，有"地球"这一子领域，其中的一项学习经验也是为早期阶段和第一阶段所共有，即"通过调查水是如何从一种形态转变为另一种形态的，能够将这种调查发现和日常生活经验相联系。"还比如，在"健康"这一学习领域中，有"身体健康"这一子领域，其中的四点学习经验为0—18岁所共有，即了解人的身体，并使用这些知识来维护健康；学习评估和管理风险，保护自己和他人，降低潜在危险；知道并能展示如何保护自己和他人，如何应对各种紧急情况；知道外出旅行的安全知识。①

为什么会有这样一些跨年龄段的学习经验呢？该课程纲要给出的解释是："这是一些需要儿童在新的情境中重新回头再探索的经验，以在一个较长的时间段中不断加深理解。在这些情况下，有效的活动计划和设计是非常必要的，以保证每个儿童都能获得持续的进步。"比如"在'数学'这一学习领域中，儿童对各种数学概念的学习，需要多次不断地重复加强，以保证对这些概念的深入理解。教师可以通过提供一些对该年龄段儿童有挑战性的问题情境，使他们在运用这些概念和技能解决问题的过程中获得发展。尤其是当一种学习经验横跨两个年龄段时，教师的这种做法就更为重要了。"②

（三）对照衔接式的一体化课程设计思路

这一种设计思路主要体现在学前课程和小学课程之间。相对于前两种设计思路，这一设计思路的一体化性质比较弱，它并不是把学前和小学不同年龄段儿童学习与发展放在一起进行整体性的课程设计，而是在保持两个年龄段各自独立的情况下，通过把学前课程中的相关学习领域与小学课程中的内容体系相对照，通过明确幼小衔接中儿童应达到的能力标准，来加强两类课程的内在联系。这为儿童从学前教育到小学教育的过渡提供了方向，同时也为学前教师的教育活动设计与指导提供了更大的可参照背景。

1. 新西兰

这种设计思路在新西兰的《编席子：学前课程》中有充分地体现。在本纲要中的第

---

① Scottish Executive (2004). *Curriculum for Excellence*. p82. http://211.167.103.148/1Q2W3E4R5T6Y7U8I9O0P1Z2X3C4V5B/www.educationscotland.gov.uk/Images/all_experiences_outcomes_tcm4-539562.pdf.

② Ibid, p190.

四部分，专门就是对这份学前课程纲要中所包括的五大学习领域与中小学的“新西兰课程框架”中的基本学习领域和基本能力之间的相互对照，列示了五大学习领域各自与中小学的基本学习领域和基本能力之间的关联性。

（1）和中小学基本学习能力的对照

学前课程中的“幸福健康”这一领域，与中小学课程中的如下一些基本能力有密切联系：交流技能，儿童发展起有效和恰当地表达自己的想法和情绪情感的能力；算术技能，儿童发展起数学概念方面的能力，并且喜欢在日常生活中使用这些概念；信息技能，儿童有信心理解日常常规和安全行为；问题解决能力，儿童有信心负责探究活动并验证想法解决问题；自我管理能力和竞争能力，儿童发展起一种自我价值感，能够负责自己的健康和安全，发展起一些应对冲突、挑战和变化的社会性和合作性技能：儿童能够参与各种类型的社会情境，发展起对他人的关心和信任；身体技能，通过锻炼、卫生、健康饮食等促进儿童健康的发展；学习能力，儿童有信心独立完成一些学习任务，并且即使在有干扰的情况下也能集中注意力。

以上这些在中小学课程纲要中所涉及的学习能力，都分别涉及个体身体健康和内在良好心理情绪，因此都和学前课程中的“幸福健康”有直接的对应关系。

（2）和中小学基本学习领域之间的对照

除以上能力上的对照外，新西兰的学前课程纲要中，还把每个学习领域和中小学课程的基本学习领域，进行了关系对照。

如在学前课程中的“幸福健康（well-being）”这一领域，与中小学课程中七大领域的如下一些方面有着内在联系：语言领域中的“语言上的熟练和自信，能够增强自我价值感，使儿童积极参与并理解周围的世界”；数学领域中的“通过探究数的概念，鼓励儿童的创新、坚持和自信”，科学“培养儿童的好奇心和科学理解”；技术领域中的“解决实践中问题的能力有助于提升自信和幸福感”；社会科学中的“一起活动有助于发展儿童对自己人际交往能力的自信”；艺术领域中的“艺术对儿童的自我表达和自我价值感的发展非常重要”；健康和幸福领域中的“身体的、社会性的、情感的和精神的成长对儿童自信和自我能力感的建立，非常重要。”①

以上这些学习领域中的相关表述，都和儿童积极、良好的个性心理品质有直接联

---

① Ministry of Education (1996). *Te Whàriki: Early Childhood Curriculum*. p94. http://211.167.103.140/1Q2W3E4R5T6Y7U8I9O0P1Z2X3C4V5B/www.educate.ece.govt.nz/～/media/Educate/Files/Reference%20Downloads/whariki.pdf.

系，都能反映出儿童的心理健康和精神健康，因此，都和学前课程中的“幸福健康”领域有对应关系。

(3) 幼小衔接过渡期所需的能力

除了以上两个学段在学习领域之间的对照外，新西兰的课程纲要还在五大学习领域中，专门列示了幼小衔接过渡期，儿童应达到的发展水平。这对学前课程的设计和实施，具有明显的导向作用。

比如，在“幸福健康”领域中就指出，当儿童从学前教育升入小学教育时，应能有效地说出自己在休息、喝水、饮食等方面的需要，独立性能继续发展；应已经具备了许多自我照顾的能力；能够在教师不监督的情况下，自己吃饭和吃点心，并对有利于健康的食物和环境有一定的认识；能够逐步控制自己的情绪反应；能够认识到保护自我安全的重要性；已经具备了帮助自己和别人的一些方法和策略。①

再比如，在“探究”领域则提出了如下一些发展目标要求：儿童有了一定的学习经验，作为下一步继续学习的基础；在角色游戏、方案学习和调查研究中，喜欢并能参与进去，并进行大胆创新性思考；有做选择和决定的经验、有设立自己活动目标的经验、有运用他们自己的主动性的经验；在不同的环境中，能进一步发展自己的运动技能和操作技能；有安全使用各种设备的一些能力；对班级和学校有责任感；能够使用发现、发明、想象、实验和探究等作为学习的方式；运用数学思想和技能解决问题时，能体现出一定的灵活性和创造性；能够对客观事物进行观察、比较、归类；已经有了最初始的积极探索的一些策略；通过观察，认定和描述动物和植物，并在一段时间内观察其中的变化，已经开始对周围的生物世界有了理解和认识；已经有了探究地球及其更大空间特征的初步策略，能够辨别周围的环境及其变化。②

2. 芬兰

和新西兰的这一做法类似，芬兰也注意到了课程在0—5岁的幼儿园和6—7岁的学前班之间的衔接性。其中提到，0—5岁的幼儿园课程内容领域，涵盖了较为宽泛的人类的知识经验和理解。这些内容领域比小学的学科要宽泛。在介于小学和幼儿园之间的学前班，其课程不是学科课程，而是属于综合性的核心课程或者说学科领域。

---

① Ministry of Education (1996). *Te Whàriki: Early Childhood Curriculum*. p47. http://211.167.103.140/1Q2W3E4R5T6Y7U8I9O0P1Z2X3C4V5B/www.educate.ece.govt.nz/~/media/Educate/Files/Reference%20Downloads/whariki.pdf.

② Ibid, p83.

把两类课程相比较，它们之间的连贯性就是非常明显了。其中幼儿园中的数学领域和学前班的数学学科领域课程有明显的联系。而自然科学领域，则与环境自然科学学科领域有联系，同时也和学前班的身体运动发展和健康有关系。历史学科领域，和学前班的语言与互动、道德与哲学、环境与自然研究、健康、艺术和文化等有关系。审美领域，也和语言与互动、艺术与文化等有关联。反过来，审美领域和宗教哲学领域，与学前班的道德与哲学有明显的联系。

综上所述，我们可以看出，在学前课程一体化设计的政策思路下，各国(地区)的具体表现是不一样的。相对来说，整体式的一体化设计思路，整合性最强，但多少显得有些笼统，基本上属于理念导向型，对教师的专业素养要求较高，需要教师根据课程纲要中所提出的基本理念，在不同年龄阶段的课程设计和实施中体现出来。分段式的一体化设计思路，在保证课程一体化的大框架下，照顾到了其中的不同年龄段儿童的发展特点，显得更有针对性，基本上属于目标导向型，对教师来说也比较能抓得着，易于在教学实践中落实。而对照衔接式的一体化设计思路，相对来说，整合性最弱，基本上体现在从学前教育向小学教育的过渡和衔接上，使得学前教育在作为终身学习的一个最初阶段而促进儿童整体发展的同时，也照顾到了儿童的入学准备需求。

第四章

儿童形象的政策建构

学前课程纲要作为为学龄前儿童的学习与发展所颁定的官方正式文件,必然涉及对儿童的理解。如何理解儿童,是制定课程纲要的一个重要逻辑起点,对儿童不同的认识和理解,往往会影响着课程纲要的具体制定,影响着课程纲要如何去构建儿童的学习领域、如何去规范儿童学习的展开方式和过程,以及师幼之间如何互动,等等。从各个国家(地区)所颁定的学前课程纲要中,也可以看出或隐或显的不同的儿童观,可以看出这些政策文本所建构出的不同儿童形象。而这对于处在社会急速转型期的当今中国学前教育意义重大。当今中国,包括社会价值观在内的整个社会的转型,一方面,已使得基于传统社会文化的儿童形象逐渐被解构,受西方教育思想影响的新的儿童形象逐渐得以提倡,但另一方面,传统的儿童形象仍然具有较强的生命力,常常以一种隐而不彰但又无处不在的方式对学前教育实践发挥着作用,而新的儿童形象虽然在教育理念上被倡导,但要想真正能在社会心理上被人们所接纳并确立起来却也并非一蹴而就,在很长一段时间内,两种儿童形象仍将同时并存并将不断发生着互构[①]。因此,比较不同国家的学前课程纲要,有助于我们更加自觉地思考如何从政策层面确立更加合理的儿童形象,进而提升课程政策的社会文化适切性和实效性。

一、儿童形象与学前教育

(一) 儿童形象的社会建构性

儿童形象(the image of child),或者说儿童意象,即成人世界所形成的对儿童的基

① 作为一个社会学概念,互构(mutual-construction)指实务之间的相互建塑和型构的关系。参见郑杭生、杨敏.社会互构论的提出.新华文摘,2003,11.

本理解和认识，它不是固定不变的，而是在不同的历史发展时期、不同的社会文化群体中，乃至不同的人之间，有着非常大的差异，甚至有着本质的不同。这一点，在加拿大新不伦瑞克省的学前课程纲要中就明确指出来了："我们如何理解儿童和他们的学习能力，是深深植根于我们对于童年的集体理解中的。我们相信儿童和童年是什么，是通过社会、经济和文化的透镜得以建构和阐释的。因此，对儿童的期望，在不同的文化之间、不同的地方、不同的时代，是有差别的。"①

在这方面最具里程碑式的研究成果当属法国文化史学家、社会学家菲利普·阿里耶斯(Philippe Ariès, 1914－1984)。1960年出版的法文版《儿童的世纪：家庭生活的社会史》(*L'enfant et la vie familiale sous l'ancien régime*)，1962年被翻译成英文版 *Centuries of Childhood：A Social History of Family Life*，②在欧美世界产生了广泛影响，并掀起了欧美儿童史和家庭史研究的热潮。该书通过对欧洲绘画艺术、儿童服装、碑刻、传记、日记、礼仪手册、法律文书、儿科医生的记录等资料的详细考察，探讨了儿童观念的形成，得出了一个基本命题，即在中世纪的西方世界里没有儿童期的观念，不存在"儿童意识"。"这当然不是指不存在实质上的人的一定的年龄阶段，而是指那个时代不存在与成人区别的一个人的发展阶段，也就是说当时的人们不具有将儿童作为儿童来理解的意识。阿里耶斯以各种文献和图像，从各个角度描绘了这样的过程：伴随着中世纪的共同体的崩毁和近代社会的形成，直到17世纪，社会才形成了'儿童观念'，今天人们所持有的'儿童期'的概念、现代人所具有的成人看待'儿童'的意识才开始产生和发展起来。"③因此，从历史发展的角度说"儿童"这一形象具有社会建构性，并不是说作为生物个体的儿童在以前不存在，是后来建构生成的，这显然是不可能的，这一观点的本意是指，"儿童"作为一个与成人不一样的群体被划分出来，作为一个独特群体被人们所意识到，是近代社会逐渐建构起来的。

对于这一点，当代美国著名的媒体文化研究者和批评家尼尔·波兹曼(Neil Postman, 1931－2003)在其著作《童年的消逝》(*The Disappearance of Childhood*)中，也给予充分地揭示："事实上，如果我们把'儿童'这个词归结为意指一类特殊的人，他

---

① New Brunswick Family and Community Services (2007). *Early Learning and Child Care: English Curriculum Framework for New Brunswick*. p12. http://www.gnb.ca/0000/ECHDPE/curriculum-e.asp.

② Philippe Ariès. Translate from the French by Robert Baldick (1962). *Centuries of Childhood: A Social History of Family Life*. The Division of Random House, New York.

③ 方明生. 从《儿童的世纪》看儿童学研究的课题. 全球教育展望，2009，6.

们的年龄在7岁——比如说——17岁之间,需要特殊形式的抚育和保护,并相信他们在本质上与成人不同,那么,大量的事实可以证明儿童存在还不到400年的历史。的确,如果我们完全用一个普通美国人对'儿童'这个词的理解,那么童年的存在不超过150年。且举个小小例子:庆祝孩子生日的习俗,在18世纪的美国大多是不存在的。而且,事实上,以任何形式准确标注孩子的年龄都是一个相对新的文化习惯,不过200年之久而已。再举个更重要的例子:直到1890年,美国的中学只招收7%的年龄在14到17岁的人口。另外93%的人口,和许多更加年幼的儿童一起从事着成人的劳动。一些儿童更是日出而作,日落而息,这在各大城市比比皆是。"①虽然此处波兹曼所讨论的主要是大龄儿童,但对于低幼儿童,就其社会建构性来说,也并不例外。

(二) 不同的儿童形象与学前教育实践

以上主要是从历史的宏大视角,来说明"儿童"这一形象的社会建构性的。而具体到学前教育领域,儿童形象的社会建构性这一观念也逐渐为人们所接受。恰如联合国教育、科学与文化组织在2010年的一份关于早期教育的政策短评中所指出的:"在近些年,儿童的社会建构性已引起越来越多的关注,这一观点认为我们关于儿童的意象或者说我们对于儿童的理解,是在特定的背景中社会性地建构起来的。并且,不同的建构会形成不同的学前教育政策规定和实践方式。"②有研究者分析了成人社会所建构起来的不同的儿童形象,及其相对应的学前教育实践③,这对开拓我们的思维视野,以理解不同国家(地区)学前课程纲要中所建构起来的儿童形象有一定启发意义:

1. 天真的儿童(the innocent child)

在欧洲,自中世纪后期,儿童天真无邪的形象开始为人们所确立。在菲利普·阿里耶斯(Philippe Ariès)看来,福禄贝尔的"幼儿园(kindergarten)——幼儿的花园"隐喻充分体现了这一点,这一隐喻把儿童视为种子,具有天生而来的"自然的善(natural goodness)",需要在他们成长为成人的过程给予呵护和培育。此外像1989年联合国《儿童权利公约》等类似的文件,往往也是从这一角度出发的,指出在指向儿童的所有

---

① [美]尼尔·波兹曼. 童年的消逝. 吴燕莛译. 桂林:广西师范大学出版社,2004,1.

② UNESCO (2010). *UNESCO Policy Brief on Early Childhood: What is Your Image of the Child?* http://211. 154. 83. 47/1Q2W3E4R5T6Y7U8I9O0P1Z2X3C4V5B/www. waece. org/contenidoingles/notas/47eng. pdf.

③ Reesa Sorin (2005). Changing Images of Childhood: Reconceptualising Early Childhood Practice. *International Journal of Transition in Childhood*, 1.

行动中，都要考虑“儿童利益最大化”的原则。

在学前教育领域中，基于这一儿童形象的实践做法常常可以看到。比如，不让儿童接触广告媒体中有关暴力、死亡、性的画面。在儿童的游戏、读物中，常常是清除掉了生活中不好的一面，而呈现给儿童美好生活的一面。基于这一儿童形象的学前教育实践是有风险的，它可能会把儿童看成是脆弱的、依赖的、无能的、有待成人去塑造的。虽然儿童确实需要保护，但有时这也可能成为控制儿童、不给其行使自己权利的机会的借口。

2. 坏儿童(the evil child)

在这种形象下，儿童被看成是坏的、恶的，需要用严厉的惩罚来去除掉这种恶，以使其长成为负责任的成人。在历史上，这种儿童形象的建构曾使得杀婴现象有了其合理性基础，而后使得严厉的体罚成为必要的管教手段。

在学前教育实践中，它往往会导致教师把那些被认为是调皮捣蛋的坏孩子从集体中孤立出来，单独坐在旁边某个地方的位置上。儿童能否再回到集体中来，要看他是否认识到了自己的不好行为，并保证要做符合老师期望的好行为。

3. 小大人(the miniature adult)

儿童的小大人形象，把儿童看成是和成人一样的，童年也不被认为是人生中的一个独特阶段。在古希腊和古罗马，儿童奴隶和他们的成人父母一起完成同样的劳动，忍受同样艰苦的环境。根据一些艺术作品中所显示的有关儿童的画面，在中世纪，儿童有和成人一样的行为，在工业革命早期，儿童经常要在矿地和工厂等艰苦条件下工作很长时间。

在学前教育领域，这样的儿童形象建构，会导致成人期望儿童坐在凳子上长时间听课、通过教授非游戏活动的方式让儿童获取知识，甚至可能不在意教室里儿童座椅、书架高低尺寸与儿童身高的适应性。

4. 受训练者(the adult-in-training)

这种儿童形象暗含着儿童期只是为未来成人生活做准备的思想，在这一阶段他们要通过一些系列教导、训练去发展成人社会所需要的技能和态度，直到最后能够承担起在工作中和社会生活秩序中所应承担的角色，直到他们在能力发展之梯上，一级一级向上达到像个成年人一样的行为时。

这一对儿童形象的建构，虽然没有忽视童年期的存在，但仅仅把它看成是通往更大发展成绩的一个小阶段，所看重的主要是其工具价值，而忽略了其本体价值。它往往是和学业成绩测验联系在一起的，是和课外学业辅导联系在一起的，通过游戏而学习也不被作为首选的学习方式。

5. 作为被消费对象的儿童(the child as commodity)

在当今这个消费社会中，儿童也难逃被消费的命运。比如一幅年幼儿童坐在花盆里的照片、儿童选美大赛、一些娱乐性电视节目通过提出各种问题让儿童回答以博得观众笑声的做法，等等，在这些情境下，儿童成了为成人观众所消费的对象。把儿童的形象印在贺卡、日历上，以博取成年人的情感，这也是把儿童作为一种消费对象的做法。更有甚至，在一些杂志或者娱乐节目中，把儿童打扮得颇为性感，尤其是用非常妩媚的发型、夸张的服饰、首饰来打扮女童，等等。在这些情况下，儿童利益最大化的原则已经丧失，儿童沦为成人实现自身利益的工具。

虽然这些现象在学前教育领域中并不是太常见，但是在一些诸如学期末或重大节庆表演活动中，儿童被盛装打扮进行表演，被训练要记住自己的站位或者他们要唱但又不理解的一些歌词，而这些表演只不过是为了博取成人观众的愉悦，或者为给老师和排练者带来某种好处或嘉奖。

6. 能动的儿童(the agentic child)

这是一种相对较新的儿童形象，是随着瑞吉欧教育运动(Reggio Emilia Movement)流行起来的，并为许多教育实践者所践行。它是对无知、无能儿童形象观的背离，儿童被看成是在他们的学习和生活中有着充分能动性的个体，他们和成年人一起建构着他们的童年生活，成年人作为合作学习者通过与儿童的对话协商、挑战、指导等促进儿童的学习与发展。童年本身应该是儿童的一种有意义生活，而非仅仅为未来做准备。

在这一儿童形象观下，课程是教师与儿童合作共同建构而成的，教师基于儿童的生活经验、学习方式等对儿童的学习与发展做出指导，他们在对话讨论中达成对问题的理解。教师对儿童语言、想法、兴趣以及他们之间的谈话讨论的观察和记录，是发现儿童能动性所在的重要指标。而基于档案袋的评价、与儿童一起讨论其学习、同伴之间互评等方式，也可以激发儿童的能动性。因此，把儿童看成是能动的个体，而非知识贫乏没有能力的个体，是迈向真正体现儿童是学习与发展主体性的第一步。

二、两种学前课程政策取向下的儿童形象

经济合作与发展组织(OECD)在2006年发布的研究报告《强力开端Ⅱ：早期教育

与保育》(*Starting Strong Ⅱ: Early Childhood Education and Care*)中,通过对其各成员国学前教育发展状况的考察,概括总结了两种学前课程传统,即"入学准备传统(readiness for school tradition)"和"社会教育传统(the social pedagogy tradition)"。[①]这两种课程传统体现在课程政策的制定上,则为两种政策取向。

(一)"入学准备"课程政策取向及其儿童形象

这种课程政策取向,在法国和一些英语国家中有明显地体现。在这些国家或州政府层面上的学前课程政策中,倾向于关注认识发展、早期读写和早期数学。并开列了儿童学习与发展需要达成的各种详细目标,这些目标多属于认知领域中的目标,以为在全国范围内测评他们的学业发展状况提供依据。这些国家(地区)会经常对儿童的学习结果进行评价,有时也可能会运用标准化测验,外在的教学督导检查也会经常开展。这类课程政策背后的一个基本动因是对经济发展和劳动力市场的考虑,因为读写、数学和技术的熟练性被看成是现代经济社会中教育不可或缺的因素。

在这种课程框架模式中,一方面,在培养目标上,儿童被视为是可以塑造、可以改造的个体,教育是对未来社会的投资,因为儿童可以成为有生产技术和相关知识的高效率工人,可以成为顺从的、有良好行为的社会公民。

另一方面,在具体的课程实施过程中,儿童往往被视为是正式的学习者,就像小学生一样,要参与正规的教学活动。教师发起的教授性的教学活动往往是主要的活动形式,教师在这样的活动中展开知识的传递和训练。室内是基本的学习空间,室外是休息的地方,儿童发起的游戏活动往往不被积极提倡。

(二)"社会教育"课程政策取向及其儿童形象

这一课程政策取向在北欧和中欧国家体现最为明显。它超越了学前教育为小学做准备的做法,而是追求更宽泛的儿童的社会性发展目标。比如在瑞典的国家学前课程纲要中,就特别强调儿童的民主意识的发展。一般而言,在这一课程政策取向下,国家的学前课程纲要并不是一种标准化的或规定非常详细的指南,而主要是为地方教育部门和学前教育机构提供一些关于学前教育的价值取向、目标、过程等方面的宽泛的

---

① OECD (2006). *Starting Strong Ⅱ: Early Childhood Education and Care*. pp. 136-141. http://www.oecd.org/edu/preschoolandschool/startingstrongiiearlychildhoodeducationandcare.htm.

指导框架。比如，在挪威 2006 年的《幼儿园课程内容与任务框架计划》中，就提出了一种整体性的学习概念，它强调通过非正式的学习过程，来发展儿童的基本能力，而不主张在一个规定的上课时间内向儿童教授特定的结构性学科知识。这种基本能力（basic competence）主要是指非常宽泛的社会互动能力、语言与交流能力。此外环境及其保护也是重要的活动主题。在强调儿童的母语发展的同时，也引导他们接触跨文化的语言交流经验。在对儿童的评估上，也主张采用多样化的评估手段。

在这一课程政策取向下，儿童被视为一个整体、一个权利主体，他们的自主性、健康幸福和兴趣得到尊重，他们是自己学习与发展的主人，他们有着自己天生的学习和探究方式。他们是自己班级和幼儿园中的重要一员，对自己的班级群体发挥着一定的影响力。这一课程政策取向相信儿童的学习能力以及儿童探究世界获得知识的内在动机。它主张儿童中心，鼓励师生之间、生生之间的相互交往，重视儿童在学前教育机构中的生活质量。强调儿童的学习是通过交往互动、游戏活动和教育者适时的支架式介入得以发生。室内室外具有同等的教育学价值。儿童每天可以花三四个小时在户外活动。

以上两种课程政策取向似乎是截然对立的，但对于不同的国家而言，其学前课程纲要的性质，往往会落在这两个极端之间的某一个地方。如果用下面这个连续体（图 4.1）表示，其一端代表“社会教育”的取向，另一端代表“入学准备”的取向，那么不同国家的课程纲要就会落在这个连续体的某个位置上，或者靠近左端，或者靠近右端。

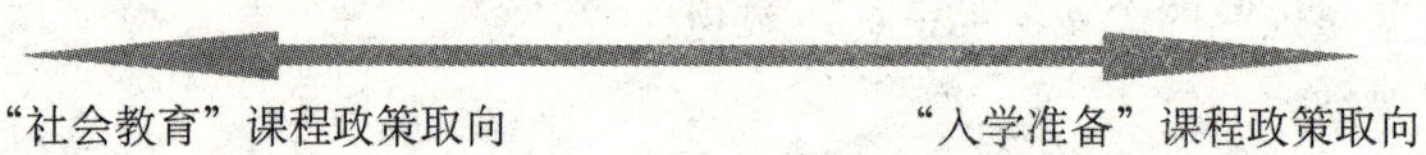

图 4.1　两种课程政策取向

根据 2003 年的联合国教科文组织 E－9 国家的开罗报告[①]，目前包括中国、埃及、巴西、印度、墨西哥等在内的 9 个世界上人口最多的发展中国家的学前课程纲要，普遍

① E－9：孟加拉国、巴西、中国、埃及、印度、印度尼西亚、墨西哥、尼日利亚、巴基斯坦等九个发展中人口大国，简称为 E－9，E 代表教育，9 代表国家数。这九个国家的人口占世界人口 50%以上，文盲人口占世界的 72%。1993 年，联合国教科文组织将九个文盲率最高、人口最多的国家（简称“E－9”）列为“特别优先对象”，并在印度首都新德里举行了“九个人口大国全民教育高峰会议”。此后，联合国教科文组织每隔两年都要举行一次“E－9 会议”。2003 年 12 月，E－9 会议的主题是关于学前教育的话题。

都强调儿童的整体发展——认识的、情感的、社会的、身体的，强调对儿童的鼓励和尊重等。因此，在上面“入学准备”学前课程政策取向和“社会教育”学前课程政策取向的两个极端中，E－9国家很明显是靠近“社会教育”取向这一端的。但是，另一方面，在包括中国在内的E－9大部分国家中，现实的学前教育实践还是比较强调对读写算基本技能的掌握的。①

三、学前课程纲要建构的儿童形象

以上从宏观的角度，概括了两种不同课程政策取向下的儿童形象。但具体到各个不同国家（地区）的学前课程纲要中所建构起来的儿童形象，又有多种表现。恰如有研究者所指出的："我们对儿童和童年的意像是深深扎根在特定的历史、文化、地域、经济和政治的背景之中的，深深扎根在特定社会规范和价值观体系之中的。虽然，儿童期是一个生物学事实，但是人们对童年的理解方式却是具有社会文化决定性的。因此，在这个意义上，官方为学前教育阶段的儿童所颁定的课程纲要，体现了特定社会文化背景下的儿童观和这一社会文化背景下为儿童学习所制定的结构性计划之间的相互作用。因此，官方颁定的课程纲要作为儿童发展的一个蓝图，是具有文化相关性的。一种教育经验在一个地方可能是被认可和被官方批准的，但如果脱离了这一地区的背景它可能就是不合适的。但在很多时候，我们往往很难意识到这种情境性的重要性。而跨文化比较研究却往往会使这些问题清晰化，使我们对所熟悉的事物产生一种陌生感（make the familiar strange），阐明我们在习以为常的日常生活世界中视为理所当然的那些做法和理念，进而揭示出那些基础性的前提假设和认识论传统。"②

下面，我们将根据各个国家（地区）学前课程纲要具体内容的国际比较，概括出当前各国（地区）课程政策所建构的儿童形象。但需要明确的一点是，“虽然，儿童形象的社会建构性始终存在并且发挥着影响，但在课程政策制定上，这些形象通常是隐含的，

---

① Section for Early Childhood and Inclusion Education Division of Basic Education, Education Sector, UNESCO (2003). *Early Childhood Care and Education in E－9 Countries: Status and Outlook*. http://unesdoc.unesco.org/images/0013/001354/135471e.pdf.

② Pamela Oberhuemer (2005). International Perspectives on Early Childhood Curricula. *International Journal of Early Childhood*, 37(1).

因此也是不加明确讨论的。”[①]因此，本文基于各国（地区）学前课程纲要的具体内容对其加以抽象概括。

（一）儿童：作为社会文化性存在

1. 理解儿童的心理学视角

美国文化学家怀特曾指出：“每个儿童都降生于先于他而存在的文化环境中，当他来到世界，文化就统治了他，随着他的成长，文化赋予他语言、习俗、信仰、工具等等。总之，是文化向他提供作为人类一员的行为方式和内容。[②] 但是在学前教育领域，一直以来，占主流地位的是从心理学的视角来理解儿童。心理学对儿童年龄发展心理特点的深入研究，为学前教育实践提供了可操作性很强的理论基础。

比如，对学前儿童社会教育年龄阶段目标的划分，就充分体现了这一点。“（1）小班社会教育目标包括：引导幼儿初步了解自己身体主要部位的主要特征和功能，初步懂得自我保护；引导幼儿知道自己是幼儿园的小朋友，初步萌发幼儿的独立性和最基本的自我控制能力；引导幼儿逐步熟悉集体生活环境，认识集体中的同伴与成人，初步了解他们与自己的关系，使幼儿初步适应集体生活；使幼儿保持愉快的情绪，不好哭、不怕生，愿意与他人交往，鼓励幼儿积极参与集体生活；……（2）中班社会教育目标包括：使幼儿能初步认识自己与他人的异同；使幼儿能初步了解自己与他人的情绪，初步懂得同情和关心他人；萌发幼儿最基本的自我控制能力，引导幼儿初步懂得不损害同伴；引导幼儿初步了解周围主要的社会机构、设施，初步知道它们与人们生活的关系，萌发幼儿最初的爱家乡的情感；……（3）大班社会教育目标包括：使幼儿初步了解自己的成长及成人为此付出的劳动，激发幼儿爱父母和老师及其他长辈的情感；引导幼儿初步学会控制自己的情绪和行为，初步学会紧急情况下的应变办法；引导幼儿了解自己所在的集体，初步懂得应对集体做有益的事，培养幼儿初步的集体荣誉感和责任感；引导幼儿主动、准确地使用礼貌用语，能以恰当的方式与他人交往，和同伴友好相处；……”[③]

---

① UNESCO (2010). *UNESCO Policy Brief on Early Childhood: What is Your Image of the Child?* http://211.154.83.47/1Q2W3E4R5T6Y7U8I9O0P1Z2X3C4V5B/www.waece.org/contenidoingles/notas/47eng.pdf.

② ［美］怀特. 曹锦清，杨雪芳等译. 文化科学. 杭州：浙江人民出版社，1988，6.

③ 张明红编著. 学前儿童社会教育. 上海：华东师范大学出版社，2008，97.

可见，这种基于儿童年龄发展心理所做出的目标划分，具有非常清晰的阶段性，对于实践一线的教师来说，也比较好把握，便于在教育实践中操作。这一心理学的视角，在美国的《发展适宜性教育》(*Developmentally Appropriate Practice in Early Childhood Programs*)中有着充分的体现。虽然发展适宜性教育只是民间机构颁布的学前教育指南，而非官方的政策文件，但其对美国幼儿教育课程的影响却非常巨大，因此，其看待儿童的视角比较有代表性。而这种视角主要就是心理学的视角。它认为"认识儿童在每一年龄发展阶段的关键性特征是非常重要的，这种了解有助于我们决定哪些经验对儿童的发展与学习是最有用的。"这一点是发展适宜性教育所应考虑的核心之一。

但从整体上看，这种基于心理学视角对儿童的理解，以及在此基础上的课程实践，并非是完美的，一些学者也指出了其中的缺陷。美国著名学前教育专家斯波代克在总结了20世纪中期美国课程改革失败的经验时，指出，"其实，我们根本不清楚我们为儿童所提供的教育活动与儿童发展之间的联系是什么，却总是从儿童发展理论中去寻找课程的来源"、"课程应该超越儿童发展，……教师不仅要跟随儿童的需要和兴趣，还要选择那些应该培养的兴趣，并使儿童产生兴趣。"他认为，"关于儿童发展的知识只是一个工具，它可以被用来分析课程，也许会有助于使教学活动次序化，使儿童获得对世界的有意义的理解。但是，'发展适宜性教育'与'教育适宜性教育'是不同的概念。"[①]布鲁纳也曾对自己的亲身经历和20世纪50年代末60年代初的课程改革运动的失败发表过意见，他说："离开了社会背景，课程争论的意义也就暗然失色了。"[②]因为"不顾教育过程的政治、经济和社会文化来论述教育理论的心理学家和教育家，是自甘浅薄的，势必在社会上和教室里受到蔑视。"[③]同样，对于儿童的理解也不例外，不加思考地把发展心理学的理论直接拿来用于对学前教育领域中儿童的理解，可能会比较方便，但也有可能会遮蔽了儿童作为一个有着意义体验的人的其他面相。

2. 转换理解儿童的视角

德国存在主义大师雅斯贝尔斯(Karl Jaspers)曾说："一切存在都是被阐释的存在。"[④]美国哲学家赫舍尔(A. J. Heschel)也曾说："最高的问题不是存在，而是对存在

① 转引自朱家雄. 幼儿园课程理论与实践. 上海：华东师范大学出版社，2012，120.

② [美]布鲁纳著. 邵瑞珍译. 布鲁纳教育论著选. 北京：人民教育出版社，1989，7.

③ 同上，92.

④ [德]卡尔·雅斯贝尔斯. 尼采——其人其说. 鲁路译. 北京：社会科学文献出版社，2001，307.

的关切。"[①]虽然这两位哲人的话都是在讲存在与存在的意义问题，却由此引发了笔者更进一步地思考和追问："我们到底应该从什么角度或者视角去阐释、去理解儿童?"之所以会作出这样一个追问，是基于这样一个前提性认识：不同的视角会形成不同的视阈，因而也会得出有时甚至是截然不同的对儿童的理解。前面我们已经提到了成人对儿童林林总总的理解。而这些不同的理解及在此基础上所建构起来的儿童形象，会对学前教育实践带来不同的影响，更会对儿童的发展带来不同的影响。

其实，不仅仅是在学前教育领域对儿童的理解上，在整个自然科学研究和人文社会科学研究中，在人类的整个实践中，背后往往都潜藏着一些"先定假设"。这些"先定假设"或者是来自人们的某种信念、或者是来自某种已有生活经验、或者是来自某一理论学说。对于这一点，当代哲学的许多研究都已有充分地说明。

如，海德格尔(Martin Heidegger)在《存在与时间》一书中就曾指出："把某某东西作为某某东西加以阐释，这在本质上是通过先有、先见和先把握来起作用的。阐释从来就不是对某个先行给定的东西所作的无前提的把握。"[②]再如，历史主义科学哲学家汉森(R. N. Hanson)也曾提出过"观察渗透理论"(theory-loaded)的著名论断，认为一切观察都是不可靠的，都不是孤立的和纯洁的，而是受到观察者各自理论观点和理论背景的"污染"，人们不是根据观察决定理论，而是根据理论指导观察。[③] 而伽达默尔(Hans-Georg Gadamer)则对这种"前见"更是给予了充分的论证，认为这不仅是不可避免的，而且也是合理的。

因此，这些所谓的"先定假设"、"先见"或者"前见"，正如伽达默尔所指出的一样，它决定了从某个立足点出发所能看到的一切。它决定了哪些现象可能会进入我们的视野，哪些现象可能会受到我们的特别关注，并把这些现象从自在的世界中抽离出来，形成特定的问题域，进而在它们之间寻求某种因果性的关联。而其他被过滤掉的现象则被当作非本质的、意外的或偶然的因素，甚至被当作是"非事实"的幻象。打一个通俗的比喻，这恰如在一间黑暗的屋子里提一盏灯，要照亮屋子里的满堆着的杂物一样，我们提灯所站的位置，不仅决定了屋子里杂物的哪个侧面会纳入到我们的视野，而且

① [美]A. J. 赫舍尔. 人是谁. 隗仁莲译. 贵阳：贵州人民出版社，1994，83.

② 转引自[德]伽达默尔著. 洪汉鼎译. 真理与方法——哲学诠释学的基本特征. 上海：上海译文出版社，1999，译者序言，6.

③ 参见[美]N. R. 汉森. 发现的模式. 邢新力译. 北京：中国国际广播出版社，1988，22.

甚至决定了哪些杂物将会进入我们的视野而成为我们观察的对象。①

从这个意义上说，虽然我们不否认儿童作为现实存在的客观性，但成人对它的概念化却是带着各种不同的"前见"。从某个视角出发对儿童所做出的理解，所建构起来的儿童形象，可能只让我们看到儿童的一个侧面，或者说强调了儿童学习和成长的一个侧面，一个成人从某一视角出发所认为重要的侧面。但是，这个侧面也可能会忽略儿童作为一个整体性的人的其他侧面。基于一种视角对儿童的理解，在照亮了儿童某一侧面的同时，可能会不可避免地把儿童的其他侧面作"边缘化"、"灰暗化"处理。因此，在学前教育领域，非常有必要自觉地反思：我们是从什么视角出发来建构对儿童的理解的？这种理解和建构对儿童来说又意味着什么？是否还有其他的视角可对儿童形成新的理解？等等。如此，才可能使学前教育提升到一个更加自觉化的层面上，更好地促进儿童有意义地生活。

3. 儿童的社会文化性

在考察各国（地区）的学前课程纲要中，我们发现有些课程纲要已经跳出心理学的视角，转而从社会文化的视角来构建对儿童的理解，并作为课程纲要制定的一个重要基础。这体现在以下两个方面：

（1）还原儿童的社会文化本性，把儿童作为一个追求意义感受的生活主体而不仅仅是要完成发展任务的一个认知主体来看待

这在澳大利亚2009年的《归属、生活、成长：澳大利亚学前学习框架》和新西兰的《编席子：学前课程》等全国性的课程纲要中有较为充分地体现。这两个课程纲要都彰显出了理解儿童的这样一种新的努力，其整个课程纲要的构架都是以此为出发点展开的。

在澳大利亚的学前学习框架中，明确指出"本框架的基础是对以归属、存在和成长为特征的儿童生活的理解。在出生之前，儿童就和他所在的家庭、社会、地域文化联系在了一起。他们最早的发展和学习都是在这些范畴中展开的，尤其是家庭。儿童在参与日常生活实践活动中，发展起兴趣，建构起他们关于自身的认识与认同，形成对世界的理解。"②这充分显示出澳大利亚学前学习框架的逻辑起点主要不是儿童的年龄心理发展特征，而是基于社会文化视角，把儿童放在其社会文化生活中来理解，并以此作

① [美]孙隆基. 中国文化的深层结构. 桂林：广西师范大学出版社，2004，2—3.

② Australian Government Department of Education, Employment and Workplace (2009). *Belong, Being & Becoming: The Early Years Learnig Framework for Australia*. p7. http://www.decd.sa.gov.au/barossa/pages/Barossa/37011/?reFlag=1.

为学习框架的基础。而在接下来对儿童生活的三点具体特征的描述中，更是把儿童作为一种社会文化性存在的形象揭示得一览无余：

> "归属(belong)：归属体验是个体存在的重要组成部分。儿童首先归属于一个家庭、一个文化群体、一个地区和更大范围的社会。'归属'这一概念揭示了儿童与他人之间的互相依存性，强调了在界定自我过程中关系的重要作用。在童年乃至整个人生，关系对个体归属感的建立起着非常重要作用。归属是儿童个体存在和成长过程中的核心，因为它使儿童建构形成我是谁和我能成为谁。
>
> 生活(being)：童年时代是儿童是其所是地生存、探究和理解世界的一段时期。'生存'这一概念揭示出了儿童生活此时此地当下的价值。在这段时间儿童认识自我、建构并维持着与他人的关系、体验着生活的乐趣和复杂性，迎接着各种日常生活挑战。因此，童年不仅仅在于为将来作准备的工具性价值，更在于当下所具有的本体价值。
>
> 成长(becoming)：儿童的个性、知识、理解、能力、技能和关系都会随着年龄的变化而改变。他们在各种不同的事件和环境中被塑造。'成长'这一概念反映了童年时代随着幼儿的学习和生长所发生的快速和重要的变化过程。正如一句名言所说'如果你一直搞种植，那么你就会成为一个园丁'，这一概念所强调的是要学会积极投入地参与到群体生活中去。"①

从以上的三点描述中，可以看出，在澳大利亚的这个学习框架中，儿童已不再是被孤零零拎出来的抽象个体，它是把儿童还原到他本来所在的生活处境中去建构对他的理解的，在这个生活处境中儿童体验着归属感和意义感，并获得自身成长。此处，该文件使用"becoming"而非已经黏附了太多心理学色彩的"development"，来表达儿童的成长变化，这是否是有意回避心理学的视角而凸现社会文化的视角，我们没有看到相关资料，不得而知，但从这段文字描述中，我们可以明显感受到儿童的发展和成长就内在于他的生活中，两者是一体的，而非二分的。

(2) 关照儿童的社会文化来源，把儿童作为一个有着具体社会文化背景的个体来

---

① Australian Government Department of Education, Employment and Workplace (2009). *Belong, Being & Becoming: The Early Years Learnig Framework for Australia*. p7. http://www.decd.sa.gov.au/barossa/pages/Barossa/37011/? reFlag = 1.

看待。

在我们幼儿园的日常教育实践中，虽然每天早上迎来的小朋友都是类似的年龄，同样的可爱，但是我们知道其实这些小朋友中的每个人都有着和其他人不一样的家庭背景乃至社会文化背景。这些踏进幼儿园大门的每个小朋友的背后都不是真空空间，而是有着丰富各异的具体社会文化背景，这些背景其实就构成了他之所以是张三、她之所以是李四的内在规定性之一。而且这些背景经验对他们学习与发展的影响，可能并不亚于他们的年龄心理发展特点所带来的影响。因此，在课程政策层面上，非常自觉地意识到儿童是来自不一样的家庭社会文化背景，并提供相应的政策规范，是非常重要的。假如让我们评判两幅描绘关于小朋友上幼儿园的图画，其中一幅描绘的是一个小朋友背着书包高高兴兴地来到幼儿园门口，而另一幅则不仅有小朋友入幼儿园的场景，而且还有反映他身份的一些社会文化背景信息，那么这后一幅画其实就是目前不少国家(地区)的学前课程纲要所力图描述的儿童形象了。

比如，新西兰的《编席子：学前课程》，就是非常有代表性的一个例子。新西兰(New Zealand)在当地土著居民毛利人(Maori)的语言中称为"白云之乡(Aotearoa)"。早在1000多年前，毛利人乘坐远航独木舟(waka hourua)从西太平洋出发离开自己的家乡哈瓦基(Hawaiki)来到此地繁衍生息。现在，毛利人虽然只占新西兰总人口的14%，但其语言和文化却对新西兰的生活有着重要的影响。因此，在新西兰的这份全国学前课程纲要中，充分考虑到了毛利人儿童的社会文化背景。在这份由四个部分组成的文件中，第二部分就是完全用毛利语写就的，专门针对使用毛利语的母语幼儿园(nga Kohanga Reo)和其他类型的毛利语幼儿园的课程给予政策指导。

而挪威2006年最新的《幼儿园课程内容与任务框架计划》则明确指出："在挪威的社会组成中，除了人口占多数的民族外，还有土著居民萨米人①，以及其他一些少数民族和有移民背景的人口。随着地区流动和国际化趋势的增强，挪威社会与以前相比更加多元化。挪威人现在有更多的生活方式。这种在社会的、道德的、文化的、宗教的、语言的、经济的多元差异，也就意味着进入幼儿园的儿童的多元化。因此文化的多样性应在幼儿园中反映出来，幼儿园应基于儿童的文化背景给他们提供学习与发展的

① 萨米人Sámi，欧洲北极地区最大的一个原住民族，主要分居在挪威、瑞典、芬兰和俄罗斯等四个国家。其中在挪威，萨米人居住的地区占挪威国土的40%。萨米人有着自己丰富的民族文化，讲7种不同的方言，目前挪威仍约有8%的萨米人以养殖驯鹿为生。因此，有时也把萨米人称为是驯鹿民族。

支持。”[①]尤其是对于萨米儿童来说，“挪威有义务保护萨米儿童及其家长的利益。不管生活在挪威什么地方，萨米儿童都需要得到帮助，以保存和发展他们的语言和文化。在萨米地区为萨米儿童开设的幼儿园应能够反映萨米人社会的活力和多样性，应该通过使用萨米语言、学习萨米文化和生活方式等来提升萨米儿童的自我认同性。萨米人的育儿文化的重要方面应在幼儿园一日生活中得以保留。”[②]

如果说，上面所引两个国家的指南略显特例，所反映的主要是对土著居民儿童社会文化来源背景的强调。那么下面一段澳大利亚2009年的学习框架中所提出的“尊重多样性”的教学原则则从普遍意义上较好地反映了对儿童社会文化背景的关照和强调：

> “生活、存在和认知的方式是多种多样的。儿童一出生就会归属于某一种文化背景，而这种文化不仅体现在行为实践方式的传统上、文化遗产和关于祖先的知识上，而且也渗透在每个家庭和社区的经验体系、价值观和信仰上。尊重多样化意味着在课程框架内，重视和反映每个儿童所在的家庭的行为实践方式、价值观念和信仰。教育者尊重每个儿童所在的家庭的历史、文化、语言、传统、育儿方式和所选择的生活方式。他们尊重儿童的不同能力和禀赋，尊重不同家庭生活之间的差异性。
>
> 教育者要认识到多样化有助于使我们这个社会更加具有丰富性，它为多样化的认识方式提供了合理性基础。对澳大利亚来说，尊重多样性也包括增进对土著和海岛居民认知方式与生活方式的理解。
>
> 当学前教育者对儿童所在家庭和社区的多样性给予充分尊重，并对这些儿童抱持着积极高期望时，就会极大地激起他们的学习动机，强化他们作为一个有能力学习者的自我概念。教育者所做出的课程决策，应能够支持所有儿童都有权利拥有自己的文化传统、文化认同以及自己的能力和值得认可的优势和强项，应能够反映家庭和儿童生活的多样性。
>
> 学前教育者要认真思考由多样化所带来的机会和两难问题，并能准备采取行

---

① Ministry of Education and Research (2006). *Framework Plan for the Content and Tasks of Kindergartens*. p5. http://www.regjeringen.no/en/archive/Stoltenbergs-2nd-Government/Ministry-of-Education-and-Research/Lover _ og _ regler/reglement/2006/framework plan for the content-and-tasks.html? id=278626.

② Ibid.

动补救由于不公平所造成的问题。要为儿童提供各种机会以帮助他们相互了解彼此的相似性和差异性，以及相互依赖性，并学习如何和谐地共同生活在一起。[①]

很明显，从以上澳大利亚学习框架的这一教学原则可以看出，它所谓的“尊重多样性”，已经超出了儿童的能力、兴趣，乃至气质性格特点等心理学层面上的多样性，而更多地是从社会文化的角度来理解儿童的多样性的。

(二) 儿童:作为关系性存在

马克思把人的本质概括为一切社会关系的总和，揭示出了人作为一种关系性存在的基本规定性。对此，有学者也指出:“人就其本质而言是一种关系性的存在。在人的诸种关系中最重要的是人与人的关系。人一生下来就处在人与人的关系之中，某一个人的出生就意味一种新的人与人关系的产生；人的生成与发展无论是肉体或精神都表明为一种关系的生成与发展，每个人都由他人获得自己的生命，他的生物基因是从人类遗传中获得的，这些遗传基因都经历了无数代祖先生活的考验，可以说在他精血中蕴含着的是整个类的精血；人后天所获得的一切更不用说是人与人关系的产品。每个个人所具有的一切都是以这样或那样的方式与他人和社会发生联系，产生相互作用而获得的，而每个个体也都是以其特有的方式作用于他人，作用于社会。可以说，人片刻也不可能走出人与人的关系，即使在他独处、独思之际，人凭藉语言而思，而语言是人与人交流的产物，因此，独思中的人也必在人与人关系之中。不仅如此，构成他所思的欲望、意志、情绪、心理、思维等等，它们既源自自身，同样也来自他人，来自社会。为此，即使是从个人主观性出发的存在主义者萨特也不能不说:‘那个直接从我思中找到自己的人，也发现所有别的人，并且发现他们是自己存在的条件。’每个自我的存在也只有通过他人的存在而呈现并得到确证。海德格尔在论证‘此在’(人的存在)时也强调‘此在’就是‘在世界中存在’，而这种存在在本质上是与他人共在的。非关系性存在的人是事实和经验中不存在的，在人学的理论中也难以立足，难以作出充分论证的。”[②]

---

① Australian Government Department of Education, Employment and Workplace (2009). *Belong, Being & Becoming: The Early Years Learnig Framework for Australia*. p13. http://www.decd.sa.gov.au/barossa/pages/Barossa/37011/?reFlag=1.

② 鲁洁.关系中的人:当代道德教育的一种人学探寻.教育研究，2002，1.

上述从基本理论上对人本质的概括虽然对儿童的世界和学前教育来说，略显抽象一些，但却给我们思考学前教育中儿童形象的建构问题提供了方向和启发。沿着这个方向让我们来梳理一下不同国家(地区)学前课程纲要是如何对儿童作为一种关系性存在做出理解和建构的。

1. 在关系中，儿童的学习与发展得以有效发生

根据社会建构主义的观点，个体是在和他人的相互作用之中，来建构自己的认识和知识的。其与传统的认知心理学和皮亚杰的认知发展理论的不同之处就在于，认为个体的学习与发展不是在封闭的个体系统之中实现的，而是在人与人之间的关系系统中发生的。这在一些国家(地区)的课程纲要中有较为充分地体现。如新西兰1996年的《编席子:学前课程》提出了四条教育原则，其中一条就是"关系"。

> "儿童的学习是在与人和物的回应性、相互性的关系中发生的。这种互动关系为儿童提供了一个丰富的社会世界，以供儿童去了解和认识；这种互动关系也为儿童提供了各种学习机会，通过这些机会他们可以与成人和其他儿童一起尝试他们的想法。因此，儿童想合作的愿望，一起的尝试，以及通过合作所取得的成绩应该得到教师的认可和肯定。
>
> 为了帮助儿童发现并理解他们周围的世界，教师在处理与儿童的关系要注意做到:(1)充分地了解儿童，以为师生之间的交流关系提供相互理解的基础。(2)教师应为儿童的学习努力提供"支架"，即一些相关的支持，视儿童学习进展的需要，这些支持可以逐步撤除或者有所变化。(3)提供适宜的、有趣的游戏材料，儿童可以加以操作。(4)提供积极的互动机会，发挥儿童影响和改变周围环境的能力。(5)有各种成人与儿童之间的互动机会。
>
> 这些互动关系中，教师也可以为儿童的创造性学习和思维设置一些挑战，以帮助儿童拓展他们的想法和行动方式，同时教师要保持敏锐的观察，以获得对儿童的了解，并在此基础上做出合理判断，及时介入儿童的活动中并给予支持。"①

从上述引文中，我们可以看出，在新西兰的这份课程纲要中，对于关系的理解，更

① Ministry of Education (1996). *Te Whàriki: Early Childhood Curriculum*. p43. http://211.167.103.140/1Q2W3E4R5T6Y7U8I9O0P1Z2X3C4V5B/www.educate.ece.govt.nz/~/media/Educate/Files/Reference%20Downloads/whariki.pdf.

多地吸收了社会建构主义的思想，尤其是其中对于“支架（scaffolding）”这一概念的引入，更凸显了教师所给予儿童的支持。

2. 在关系中，儿童的生活得以展开

与上一点相比，此处所谓的儿童的生活在关系中展开，更具有基础性，它更体现出儿童作为一种关系性存在的内在特征。这在一些国家（地区）的课程纲要中也有体现。如澳大利亚的新南威尔士州 2005 年颁定的学前课程框架《关系性实践》，从其题目中就可看出它对“关系”的充分重视。它直接把这种关系称为是“生活提升（life enhancing）”型关系：

> 学前教育服务的目标是促进关系提升，这种关系应能有助于儿童感受到一种归属感；把自己视为对他人有建设性贡献的人；把自己视为一个有价值的、独特的、有能力的人；能够对他人关心和尊重；乐于交流，乐于合作以产生新的想法，共同进步。为实现这些目标，学前教育中的关系应是一种促进生活提升而非生活减损型的关系。”①

而在澳大利亚的 2009 年的学习框架中，共提出了五点教育原则，其中第一点原则就是“安全、尊重和互惠关系”。在这条原则中，具体阐释到：

> 教育者应积极调整自己以与儿童的想法和情感相协调，支持儿童幸福感的发展。在儿童的学习过程中，应积极与儿童互动。
>
> 研究显示幼儿既是很脆弱的，但同时又是很有能力的。他们最先在家庭中建立起和父母的依恋关系，建立起和他人的信任关系，这为他们的学习和对外部世界的探索提供了安全基础。
>
> 通过一种日益拓展的信任关系网，幼儿发展起一种自信，感受到一种受尊重感和价值感，在此基础上，他们逐渐学会理解和尊重别人的情感，逐渐学会积极地和他人进行互动。
>
> 因此，对于教育者来说，如果能非常重视和幼儿建立一种积极的关系，并能提

---

① NSW Department of Community Services (2005). *NSW Curriculum Framework for Children's Services: The Practice of Relationships*. p17. http://www.community.nsw.gov.au/docswr/_assets/main/documents/childcare_framework.pdf.

供一贯性的情感支持，甚至能把这种关系和支持放在首要位置，那么就能够促进幼儿与人积极互动技能的发展，就能够促进幼儿在与人交往时所需要的理解能力的发展。这同时也有助于幼儿增强他们对别人的责任，领会他们作为学习者和他人之间的相互依赖与合作的关系，学会重视合作与团队协作。①

通过这段具体的阐释，我们可以看出，在澳大利亚的学习框架中，其中一个重要方面，是把儿童放在关系之中来理解的。在这种关系中，儿童是一个真正的主体，一个整体性的生活主体，而不仅仅是一个单面的学习主体，是一个真正的具有独立人格的主体，他们需要成人给予尊重。同时在这种关系中，他们还是一个真正的社会性主体，要学会理解和尊重别人。而这种关系，从根本上讲，不是一种功利性的，不是为达到某一外在目的而实施的，其本身就是儿童与教师之间、儿童与儿童之间一种本真生活的展开过程，其中安全、尊重、信任、关爱、理解等等是这种关系的根本特征。这种关系，在德国精神科学教育学中有较为透彻的阐述。德国精神科学教育学的代表人物诺尔(Herman Nohl)指出："教育的基础是成熟之人与成长中之人之间的情感性的关系，而且，这种关系是为了儿童的自身的目的，即走向他的生活和形式。"对诺尔来说，这种以爱、信任和尊重为特征的教育关系，是教育工作的自身基础，因为不是所教，而是这种关系本身才是教育最为深沉的内容和最终的条件。因此，教育者必须与青少年建立起一种无条件的精神联系，而且，只有当不断按照儿童的发展来调整这种教育关系，考虑到儿童的获取认可的意志，促进其自主，这种精神联系才能保持下来。他指出，教育工作的最终秘密就是正确的教育关系，也就是把教育者和儿童联系起来的创造性的关系。在诺尔看来，教育关系是针对儿童建立起来的，教育行动不是源于外在目的或目标，而是主要指向儿童……对于学生来说，与教育者的关系不是达到一定目的的手段，而是一种其本身就有意义的生命体验。②

(三) 儿童：作为权利主体

儿童作为权利主体是1989年联合国大会通过的《儿童权利公约》中的基本理念，

---

① Australian Government Department of Education, Employment and Workplace (2009). *Belong, Being & Becoming: The Early Years Learnig Framework for Australia*. p12. http://www.decd.sa.gov.au/barossa/pages/Barossa/37011/? reFlag=1.

② 彭正梅. 重回教育之爱：德国精神科学教育学视野中教育关系论研究. 全球教育展望，2010，5.

该公约的第 12 条明确指出“缔约国应确保有主见和有能力的儿童有权对影响到其本人的一切事项自由发表自己的意见，对儿童的意见应按照其年龄和成熟程度给以适当的看待。”这应该也是一个以人为本的民主社会在对待儿童问题上所必然要具备的特征。不少国家(地区)的课程纲要中，都以此为基础。

1. 儿童的参与权

挪威于 2003 年把《儿童权利公约》整合到挪威的法律之中。其中在《幼儿园法案》中明确指出，儿童在幼儿园中有权利表达他们对幼儿园一日活动的看法和观点；应该经常给儿童提供机会以参与计划和评估幼儿园的教学活动；儿童的看法和观点应得到应有的考虑和重视。在官方和各种组织所采取的所有与儿童有关的行动中，儿童利益最大化应是最基本的考虑。在 2006 年颁布的《幼儿园课程内容与任务框架计划》中也提出了儿童的参与权问题：

> “儿童有权对幼儿园中涉及他们生活的所有方面发表看法并施加影响。参与的程度和权利取决于儿童的年龄和能力水平。在幼儿园中，儿童应能体验到一种归属感和集体感，并能感受到在许多事情上他们可以自主决定，可以表达他们的意图。
>
> 儿童可以通过体态语言和口头语言来表达自己的观点和感受。最年幼的幼儿通常通过身体姿势、模仿和其他形式的感情流露来表达自己。……幼儿园的运作必须建基在儿童表达自我的特有方式上。教师必须要倾听并试着解释儿童口头表达和体态语言，必须善于观察他们的行为，留意儿童在他们的艺术活动中所表达的意思。……儿童自由表达的权利应得到充分保障，他们的参与权应是幼儿园工作中不可缺少的部分。为能认真对待儿童的参与权，儿童和教师之间以及教师和父母之间要能保持良好的交流和沟通。
>
> 儿童参与权的落实还需要幼儿园能提供一定的时间和空间以保证能听取他们的意见并和他们进行交流。教育活动的组织和计划就应以这种方式为儿童的参与设计提供一定的时间和空间。这可以鼓励儿童对他们在幼儿园中的生活发挥主动影响力。”①

---

① Ministry of Education and Research (2006). *Framework Plan for the Content and Tasks of Kindergartens*. p9. http://www.regjeringen.no/en/archive/Stoltenbergs-2nd-Government/Ministry-of-Education-and-Research/Lover.

可见，在挪威的这份课程文件中，不仅确认了儿童作为权利主体在事关自己学习与发展的教育活动上的参与权，而且还提到了保证这一权利实现的基本条件。从教育学的角度来看，这种参与权具有重要的教育价值：

首先，从工具价值上看，保障学前教育利益当事人——儿童有适当的参与权、给他们发表意见的充分机会、并倾听了他们的声音，一个最明显的价值就是为学前教育活动的设计和实施提供了重要的知识资源和证据支持，使其更能贴近幼儿的真实需求，更有针对性和实效性。在教育改革实践中存在着一种普遍现象："我们谈教育改革以及在改革中各方要通力合作相互配合，但这些合作和配合往往都是成人之间的事。作为教育活动主要利益相关者的儿童，却很少有发表他们自己意见的机会。"①"儿童几乎都不是被看作是专家性知识的拥有者，即使是他们所拥有的有关自身活动的经验知识，由于他们自身发展的不成熟性，也被看成是低于成人专家的知识体系而被排除在外的。"②因此有研究者强烈建议："我们必须把儿童视为重要的社会文化的参与者和行动者，他们的视角、观点和感受是社会政策行动的真正有效依据。"③

其次，从本体价值上看，把儿童视为权利主体，保障他们的参与权，还有更深层的内在本体价值。在我们的学前教育实践中，以儿童为本的教育理念常常被理解为"为了儿童的教育(education for children)"，这一理解并非一定是真正的以儿童为本的教育理念，它往往会带来在"为儿童好"的借口下以成人的视角来剪裁儿童生活的危险。真正的以儿童为本的教育理念应该是"基于儿童的教育(children-based education)，即基于儿童的视角来设计教育活动，教育活动中应考虑到儿童自己的想法、感受和认知特点。这恰如有学者所指出的"知识经济、信息化社会的到来推动着个别化教育的进程，这是全球的不可阻挡的变革。随着《儿童权利公约》日益深入人心，基础教育的焦点越来越集中在如何实现儿童的权利上。联合国儿童基金会教育顾问吉姆·欧文撰文指出，过去对儿童的支持'侧重于提供机会，而较少注重质量和可持续性'。过去是'从需要着眼的方针'，而现在是'从权利着眼的方针'，二者的区别首推：前者中'儿童是被动的接受者'，后者中'儿童是积极的参与者'。在意大利瑞吉欧，幼教工作者已经

① Cannella, G. S. (1999). The Scientific Discourse of Education: Predetermining the Lives of Others—Foucault, Education and Children. *Contemporary Issues in Early Childhood*, 1(1).

② 同上。

③ Woodhead, M. & Faulkner, D. (2000). Subjects, Objects or Participants? Dilemmas of Psychological Research with Children. In: P. Christensen & A. James (Eds). *Research with Children: Perspectives and Practices*. New York: Falmer Press, pp. 9 - 35.

认识到并完成了这一转变。他们认为儿童的权利应该被认识而不仅仅只是关注他们的需要。教育的作用是'针对儿童去做'(doing to children),而不是'给儿童做'(doing for children)"①

而保障儿童的参与权恰恰可以实现以上所说的转变。倾听儿童的声音,为他们的表达提供合法的、价值认可的话语空间,可以让儿童体验到一种充分的受尊重感,即成人对他们的感受、意见以及他们表达这些感受和意见的方式的尊重;体验到一种能力感,即他们有参与解决与自己有切身关系的相关问题的能力;体验到一种责任意识和权利意识,即他们有责任也有权利来对关涉自己的事务做出思考和应对。所有这些都是个体生命自觉意识的基本体现。这种"生命的自觉意识是人的精神世界能量可达到的一种高级水平。它不仅使人在与外部世界沟通、实践中具有主动性,而且对自我的发展具有主动性。一个具有生命自觉的人,无论在对外部世界的作用中还是对自我发展的构建中,都是一个主动的人。"②因此,倾听儿童的声音,本身就有利于激发儿童的主体性,发展他们初步的自我反思的意识和能力,在反思中使他们实质性地参与到教育活动中;本身就具有教育性,可以发展起儿童的自尊感、责任感和权利感等品质。

2. 儿童作为公民的权利

如果说在上面所提到的主要是从幼儿园教育活动的层面来界定儿童的参与权的,那么还有一些国家(地区)的学前课程纲要则是从儿童作为一名公民所应该具有的权利和责任来对儿童做出理解。

如在澳大利亚的新南威尔士州,2005 年颁定的学前课程框架《关系性实践》中,特别明确了该框架的理念基础,其中一条即把儿童的形象界定为有权利和责任的公民:

> "作为公民的儿童,也就意味着儿童有相应的权利和责任。本课程框架强调儿童有权利被尊重为一个完整的人,有权利被尊重为师生互动中平等的一方。视儿童为公民,也就意味着学前教育的重要目标之一,应是培养儿童对待他人时的积极态度,能够尊重和关心他人和周围的世界。换句话说,学前教育机构是帮助

① 教育部基础教育司组织编写.《幼儿园教育指导纲要(试行)》解读. 南京:江苏教育出版社,2002,50.

② 叶澜."新基础教育"论——关于当代中国学校变革的探究与认识. 北京:教育科学出版社,2006,250.

儿童积极发展对待自我、他人与自然界的责任的地方。[1]

与新南威尔士州的课程框架相似，爱尔兰2009年颁定的学前课程纲要也提到了儿童作为公民的形象(children as citizens)：

> 儿童是有权利和责任的公民。他们的意见值得倾听，他们有权利参与到对他们有影响的决定制定中。他们有权利通过这样的方式来经历民主。他们也有责任尊重和帮助他人，爱护周围的环境。[2]

然后以儿童的口吻具体讲出了希望教师所要做到的：

> 请记住我也是一名公民。请帮助我了解我的权利和责任。当您和我交往的时候，请在公平、正义和尊重等问题上为我做出榜样；请注意为我创设的环境，应有利于让我感到自信和舒适，我可以有机会分享我的经验、故事、想法和感受。在民主方面请为我做出榜样，让我参与对一些教学活动的决定和设计，并和其他人进行反思；在事关我的一些事情上，我会有自己的观点和想法，请提供机会让我能和你一起分享，并帮我了解和尊重其他人不同的观点和想法。当我在以不同的方式进行交流时，请注意观察并解读我的面部表情、身体动作、笑和哭等；我有权利被保护免受伤害，请确认我没有被忽视，没有受到安全的威胁，如果有，请报告给相关的负责人。[3]

从儿童作为公民的形象出发，爱尔兰的课程纲要既强调儿童作为公民的基本权利，又具体到在幼儿园的日常教学活动实践中如何体现和落实儿童的这些基本权利。

---

① NSW Department of Community Services (2005). *NSW Curriculum Framework for Children's Services: The Practice of Relationships*. p17. http://www.community.nsw.gov.au/docswr/_assets/main/documents/childcare_framework.pdf.

② National Council for Curriculum (2009). *Astear: The Early Childhood Curriculum Framework—Principle and Themes*. p9. http://www.ncca.ie.

③ Ibid.

(四) 儿童:作为积极主动的学习主体

1. 把儿童视为是积极主动的学习主体,是当前各国(地区)学前课程纲要的一个基本趋势

有研究者通过对意大利的瑞吉欧课程(Reggio Emilla)、新西兰的国家学前课程(Te Whāriki)、比利时的体验教育课程(Experiential Education)、美国的高瞻课程(High/Scope)、瑞典的国家学前课程(the Swedish National Curriculum for Preschool/Lpfö 98)等五种世界知名的学前课程模式的比较研究发现,其中一个共同的特征就是把儿童视为是能够发起交流互动、对周围世界充满探究兴趣的积极主动的学习主体。①

早在20世纪90年代前期,意大利瑞吉欧课程方案就从社会建构主义的视角出发,对儿童的形象问题进行了自觉地探讨,其代表人物马拉古兹(Loris Malaguzzi)就明确指出的:教师关于儿童的形象,就是他们教学的起点。② 在瑞吉欧的课程方案中儿童被认定是富有的(the rich child),这种富有当然并不是从物质占有的角度来讲的,而是说儿童所具有的发展潜力、学习的能力和积极主动性,以及他们和成人与其他儿童之间的互动。这一对儿童形象的建构,和把儿童视为是什么都不懂的、被动的、依赖性的、按着成人预设好的道路而进行发展的传统形象,是截然相反的。"富有的儿童"是积极主动的学习者,从出生之时就在寻求对周围世界意义的理解;是知识、认同、文化价值观的合作创造者,在和父母、教师等重要他人以及其他儿童之间的交往互动中,构建起自己的认知和价值观体系。他们有着一百种语言,有着展现、交流和表达自己想法的各种方式,包括数学的、科学的语言、音乐歌唱舞蹈等艺术的语言等等。

这种对儿童积极主动形象的建构,在很多国家(地区)的学前课程纲要中,都有非常鲜明的表述。如澳大利亚的新南威尔士州2005年颁定的学前课程框架《关系性实践》,就明确指出,该课程框架所建构的儿童形象是有其优势、力量、权利、能力的个体,是有其复杂性和发展可能性的个体,是富有策略的(resourceful)个体。"儿童,不管有多么年幼,都是一个有着许多技能和能力的人,是一个有着思想和情感感受的人,对于

---

① Pramling Samuelsson, Sonja Sheridan and Pia Williams(2006). Five Preschool Curricula-comparative Perspective. *International Journal of Early Childhood*, 38(1).

② Loris Malaguzzi (1993). Your Image of the Child: Where Teaching Begins. http://211.154.83.41:83/1Q2W3E4R5T6Y7U8I9O0P1Z2X3C4V5B/www.reggioalliance.org/downloads/malaguzzi:ccie:1994.pdf.

他们自己的学习，他们是有能力的、积极主动的。他们和周围的其他人一起，来建构他们的经验和知识体系，以及对周围世界的理解。”①

英格兰2012年颁定的《学前基础阶段法定框架》，提出了四条学前教育指导原则，其中第一条就是“每个儿童都是独特的个体，他们不断地在学习，他们是有心理弹性的，是有能力和自信的。”②加拿大新不伦瑞克省的课程纲要中也提到，儿童是有着好奇心的学习者，他们乐于交流，积极地建构着自己对周围世界的理解，并在和他人的交往互动中，不断地调整重构着自己的理解。③

2. 儿童作为积极主动学习者的形象，对课程与教学的启示

以上政策层面上对儿童作为积极主动学习主体的定位，应了相关理论研究的结论。当代认知心理学以及儿童朴素理论(Naive Theory)的研究已充分表明，如果从宽泛的意义上来理解“理论”这一概念的话，儿童其实都是“理论的创造者”。他们会从自己的日常生活经验中，发展出自己对周围世界及其运行方式的解释，创造出符合他们自己理解方式的理论。他们经常在生活和学习中提出自己“天真朴素的理论”，这些朴素天真的理论包括了儿童关于周围世界中物理、心理、生物等各方面现象的认识和理解，而且这种认识和理解并不是零散的。儿童在各领域内部是相互联系地使用一系列概念，并由此解释、预测周围的各种现象。因此，在教学中，教师要摒弃的是“贫穷的儿童”观——认为儿童是什么都不懂、知识贫乏的个体，而需要确立起“丰富的儿童观”——儿童有对外部事物独到的理解和认识，并在教学过程中，为儿童个体经验的表达开辟适当的空间。让我们来看下面一则教学案例：

> 教室里，孩子们正在用蜡笔作画。今天老师给他们布置的任务是用自己手中的笔，画出他们自己心目中的妈妈。和大多数5岁的孩子一样，他们中许多人正画着简单的人物图形。

---

① NSW Department of Community Services (2005). *NSW Curriculum Framework for Children's Services: The Practice of Relationships*. p21. http://www.community.nsw.gov.au/docswr/_assets/main/documents/childcare_framework.pdf.

② Department for Education (2012). *Statutory Framework for the Early Years Foundation Stage*. p3. https://www.education.gov.uk/publications/standard/publicationDetail/Page1/DFE-00023-2012.

③ New Brunswick Family and Community Services (2007). *Early Learning and Child Care: English Curriculum Framework for New Brunswick*. p12. http://www.gnb.ca/0000/ECHDPE/curriculum-e.asp.

这样 或者这样

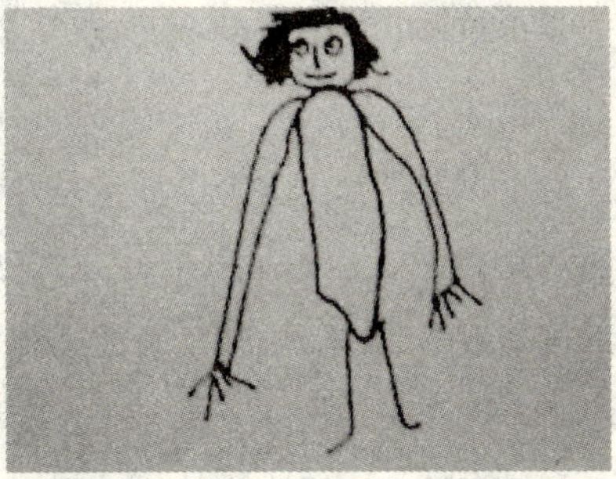

忽然我发现一个孩子画成了这样：

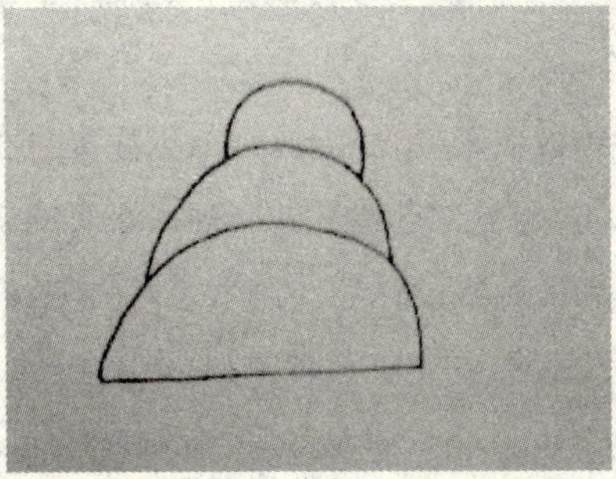

"一个园顶建筑物？"我暗自纳闷。"莉拉，能跟我说说你这是画的什么吗？"我走近这个孩子问道。

"这是我妈妈。"莉拉骄傲的说。

"啊，"我感到有些惊讶，"真是个奇妙的妈妈啊。"

直到几个星期后，莉拉的妈妈来学校访问时，一个偶然的事情，才又让我重新记起这幅画。那天，当我们交谈时，我一不小心，突然手中的铅笔掉到了地上，于是弯腰去捡。当我要站起来时，抬头从下仰视莉拉的妈妈，我看见了一个腹部肥大的丰满的太太。这让我一下子想到了莉拉的画，这时我所看到的这个妈妈的形象，恰是莉拉所画的。莉拉真是一个观察力很强的孩子，她画出了从她的角度所看到的妈妈的形象。这次，由于一幅画和一根偶然掉在地上的铅笔，使我受益匪浅，原来从下往上看世界的确非常奇特。①

---

① Elaine Pear Cohen, Ruth Straus Gainer. *Art: Another Language for Learning* (third edition). Heinemann, 361 Hanover Street, Portsmouth, NH. 1995, 108.

“教学即创造新知”[①]、“教学即精彩观念的诞生”[②]，在这个案例中，我们不得不惊讶于儿童观察感受世界的独特视角，他们对周围世界有自己独特的认识视角和理解方式。当教师给予她（他）们表达的机会和空间时，她（他）们完全可能会展示给我们一个别样的精彩世界。而这个世界就是她（他）们真实体验到的鲜活的世界，是她（他）们生动的意义感受。无疑，莉拉是幸运的，她遇到了一位好老师，这位老师没有把莉拉的作品看成是不听话、捣乱、胡乱画的表现，没有用预设的绘画技能方法要求去框限剪裁她的绘画表达。而莉拉这一精彩观念的诞生，还主要是因为她作为儿童的身体高度与成人的身体高度差异所产生的。推而广之，如果我们的教学实践再进一步，不仅接纳儿童从自身生理视角所获得的经验感受，更为儿童表达从自身年龄心理水平和个性特点出发对自己周围世界所得出的理解、观念提供空间的话，那么我们的教学将会更加精彩、生动和温润。

承认儿童在学习中的积极主动性，也为课程的创生提供了可能。课程创生是课程实施所追求的理想境界，是教师教学创造性的表现。众所周知，课程研究领域曾把“课程”比喻为“跑道”，视课程为设计好的计划、方案，之后又把“课程”比喻为“奔跑”，突出了课程实施的动态生成性。而在当代课程理论研究中，借鉴后结构主义的思想，有研究者提出了“课程即地下茎（rhizome）”的隐喻[③]，即在课程的实施过程中，课程就像地下块茎一样，是分叉生长的，而非栽种的，是不规则生长的，而非计划周密、有意栽植的[④]。根据这个隐喻，课程就像马铃薯这样的地下茎，它有许许多多的芽眼儿，这每一个芽眼儿都代表着一种生长的可能，当我们把一个马铃薯埋到地下时，它会从四面八方、从你意想不到的地方长出芽儿来。而课程也是这样，由于教室中的儿童都是活生生的人，他们每个人都有自己不同的生活背景、生活经历，不同的思维方式、看问题的角度、所关注兴趣点，等等。这些因素必然会不可避免地渗透进课程的展开、实施过程中，并会引起许多事先无法预期、无法设计的事件发生，而这些事件往往会打破预先设计好的课程设计思路，并形成若干缺口，这些缺口就像马铃薯的芽

---

① 张华. 试论教学中的知识问题. 全球教育展望，2008，11.

② [美]爱莉诺·达克沃斯. 精彩观念的诞生——达克沃斯教学论文集，张华等译. 北京：高等教育出版社，2005，3.

③ Marcus Bussey (2003). Causal Layered Pedagogy: Rethinking Curricula Practice. *Journal of Futures Studies*, 3.

④ 欧用生. 课程实施的叙说研究. 载钟启泉、崔允漷主编. 第八届两岸三地课程专家论坛论文集（会议材料，未正式出版）. 2006，168.

眼儿一样，使课程有了新的发展可能。而教师如果能尊重并耐心地倾听儿童的经验表达，并能及时地、灵活地对课程设计做出调整，使教学活动沿着其中某个有价值的缺口发展下去，那么师生就可能会创生出更加精彩、更加符合儿童当下认知兴趣的学习主题。

第五章

学前游戏的政策理解

在我们所收集到的二十多个国家(地区)的学前课程纲要中,几乎都不约而同地对学前教育领域中幼儿游戏在幼儿学习和发展中的价值给予了充分肯定和积极提倡,诸如"基于游戏的活动(play-based activity)"、"基于游戏的学习(play-based learning)"、"通过游戏进行学习(learning through play)"、"基于游戏的取向(play-based approach)"等等提法,在各国(地区)的学前课程纲要中频频出现。但是,何谓游戏?其本质内涵是什么?对这些基本问题的回答,在各国(地区)学前课程纲要的文件表述中却或明或隐地体现出不同的政策理解取向。

一、从课程政策层面切入对学前教育游戏研究的可能价值

自从1989年6月我国国家教育委员会颁定《幼儿园工作规程(试行)》以来,"以游戏为基本活动"便以一种合法性的理念开始在政策层面上得以确立,并成为幼儿园教育活动的基本指导原则,我国幼儿园长期以来的以结构化的学科教学为基本活动的现状开始转变。此后,在1996年3月由国家教育委员会颁定的《幼儿园工作规程》,以及2001年7月由国家教育部颁定的《幼儿园教育指导纲要(试行)》①,进一步认可了这一理念。2004年7月上海市出台《上海市学前课程纲要(试行稿)》,作为一个地方性课程文件,更是把游戏和生活、运动、学习并列在一起作为课程内容的四大板块之一。

① 1998年3月,全国人大九届一次会议通过了《关于国务院机构改革方案的决定》,中华人民共和国国家教育委员会改名为中华人民共和国教育部。

在政策的推动下，近些年我国学前教育领域关于游戏问题的研究，可谓是观点异彩纷呈，视角丰富多样，研究者从不同的角度探讨了诸如游戏的本质、游戏的价值、游戏的类型、游戏的特征、游戏与教学、游戏与幼儿发展、游戏活动的实施与指导等等各个方面的问题，视角涉及教育学、哲学、心理学、社会学、文化学等多个领域。这些研究对深化我们关于游戏的理论认识和推进幼儿园游戏实践具有重要的价值。但另一方面，我们也可以发现关于幼儿园游戏问题的相关研究，似乎少有从学前课程政策层面的深入探讨。学前课程政策是直接影响一个国家或地区学前教育实践的决定性因素，因此缺少对学前课程政策关照的单纯理论性研究，可能不利于我们对游戏问题的全面理解。这恰如有学者所言："我们已经拥有许多游戏理论，这些理论的确有助于我们从特定角度来认识生活中的游戏现象。但是，如果我们封闭地、教条地使用这些理论，就可能阻碍我们用更朴素自然、更真实的眼光来看问题。"①笔者认为，从课程政策层面切入对游戏的研究是走出这一理论研究困境的可能道路，这主要是由课程政策的基本特性所决定的。

美国学者科斯特和沃克(Kirst & Walker)将"课程政策"定义为："儿童在学校里通常会被要求学习某种学科，或被禁止学习什么，被鼓励去探索什么问题，回避什么，提供机会学习什么现象，避免形成什么意义。当这些要求追求一致并持续不断地被实行的时候，我们把这些清楚或不清楚的行动指南称为课程政策。"②而具体到学前课程政策，则是一定时期某个国家或地区政府所推行的指导学前课程与教学实践的方针，是国家、政府对学前课程发展的正式要求和规定。其基本特性表现在：首先，就作用而言，它具有主导性，它是一个国家或地区教育行政部门对学前教育实践进行引导、调控和管理的主要指导思想和依据，直接左右着教育实践的发展方向。其次，就实施方式而言，它具有强制性，学前课程政策往往是政府以文件、纲要等形式发布，通过教育行政力量加以推行，是相关学前教育机构必须参照执行的。再次，就地位而言，从法理学角度看学前课程政策具有合法性，它是为政府所认可和倡导的，并加以制度化和规范化的，体现了统治阶级在培养人才方面的价值取向，体现了国家的意志。

具体就本章我们所要讨论的幼儿园儿童游戏这一主题而言，虽然各种相关的理论研究及其所体现出的观点、理念、取向、实施模式等等方面各不相同，但是国家政府所

---

① 许卓娅. 用历史生态的眼光看我国幼儿园游戏的理论与实践. 幼儿教育，2005，4.

② 转引自吕立杰. 国家课程设计过程研究——以我国基础教育"新课程"设计为例. 北京：教育科学出版社，2008，16.

颁布的学前课程政策中对游戏的定位和理解，却是体现了某一时期学前课程实践中为制度化所认可和推行的游戏观和游戏模式，它往往是包括学前教育专家在内的政策制定者在综合考量本国或本地区学前教育历史传统、实践诉求、理论研究以及别国经验等等因素的基础上，所做出的一个现实选择和定位。因此，与理论研究所倡导的理念具有应然性与超越性等特点相比，课程政策所体现的理念更多地具有现实性特点，是把握某一国家或地区现实教育实践的一条有价值的途径。

基于以上认识，本章我们根据所掌握的二十几个国家(地区)学前课程纲要的政策文本，就学前教育游戏的本质、价值以及实施中的基本理论问题展开政策层面上的比较分析，概括归纳出以下三对关于游戏的政策理解取向，并藉此思考我国学前教育游戏发展中所面临的基本问题。

二、游戏:作为儿童的一种学习方式与作为儿童的一种存在方式

游戏到底是儿童的一种学习方式(the way of learning)还是儿童一种存在方式(the way of being)?抑或游戏既是儿童的一种学习方式也是儿童的一种存在方式?游戏作为一种学习方式，主要意味着在工具价值层面上，游戏是被作为使儿童达到某一或某些学习与发展目标的手段、途径和方法。而作为一种存在方式，则意味着在更为基础的本体价值层面上，游戏是儿童之所以为儿童的一种规定性，是儿童存在于这个世上他(她)表达、感知、行为的一种基本方式。对于这一问题，无论是明确的政策解答，还是暗含的政策倾向，往往都可能会直接关涉到幼儿园教学实践、游戏价值的实现和儿童的生存状态中①。

(一) 作为儿童学习方式的游戏

学前教育机构是促进儿童学习与发展的地方，因此，把游戏作为儿童的一种学习方式，在课程政策层面上突出强调游戏对促进儿童学习与发展的价值，以实现教育培养人的目标，是在情理之中的，也是符合儿童发展规律的。这在我们所掌握的各国(地区)的学前课程纲要中均有不同程度地体现。

---

① 此处所谓的生存状态，不仅仅是指儿童作为一个有生命的个体，在饮食、安全等基本的生命存活意义上的生存状态(survival state)，更是指儿童作为一个有着意义感受的人，在日常生活体验、内在心理感受等深层的精神体验层面上的生存状态(the state of being)。

如在瑞典2010年颁定的最新版全国学前课程纲要中就有类似表达:游戏对幼儿的发展和学习具有重要意义。在学前教育活动中,教师应始终保持着一种明确的意识,即以游戏这一方式来促进每个幼儿的发展和学习。[①] 这是一种相对比较概括性的表述,并没有指出游戏这一学习方式可以促进幼儿哪些方面的发展。

而苏格兰1999年颁定的《3—5岁幼儿课程框架》对游戏的表述则显得更为具体,其中就指出游戏是这一年龄阶段的核心学习方式,是一种非常有效的学习方式,它可以为幼儿提供如下各种机会:理解真实生活情景、发展自我和他人意识、探究和实验、提高学习的积极性、总结和验证结论、发展自信、用不同的方式表达自己的想法和情感、学会和别人合作、发展想象力、建立关系、练习技能、巩固旧知、挑战新知。同时指出,虽然这一阶段游戏是一种主要的学习方式,许多幼儿也能在一起玩很长一段时间,但是成人的指导和支持仍然是非常必要的,他们需要成人鼓励和帮助他们学会如何在游戏中和别人交往。[②] 这一段政策陈述让我们具体感受到游戏这一学习方式在促进幼儿发展上的全面性,从幼儿知识技能,到情感态度价值观,再到自我概念社会性的发展似乎游戏都可以发挥作用。

除了上述以直接描述的方式来说明游戏这一学习方式的价值外,有些国家(地区)的课程纲要中还以对比的方式加以说明。如加拿大不列颠哥伦比亚州2008年颁定的《早期学习框架》就有类似表达:大多数幼儿的早期学习是以游戏的方式发生的。在游戏中,幼儿表达、探究、整合、拓展他们已获得的关于周围世界的形象、声音、气味、质地等知识,关于语言和文化的词汇、标志、符号和习惯等知识,关于他们自己和别人的思想、情感、想法和感受的知识。在由幼儿自己或者和其他幼儿一起创设并展开探究的游戏情景中,幼儿会把各种东西放在一起并进行各种尝试。在游戏中,幼儿会表征并改变周围的事物,为其他幼儿和成人提供了一个理解他们想法和认识的窗口,同时也为成人以新的方式理解这个世界提供了启发。游戏这种学习方式对幼儿的身体健康和智力发展非常重要,其中许多方面都是那种仅仅关注狭窄的前学业技能(pre-academic skills)的教学活动(如学习从1到10的数数和学习字母)所无法实现的。例

---

① Skolverket (2010). *Curriculum for the Preschool Lpfö 98, Revised 2010*. p6. http://211.167.103.141:82/1Q2W3E4R5T6Y7U8I9O0P1Z2X3C4V5B/www.skolverket.se/polopoly_fs/1.163844!/Menu/article/attachment/L%C3%A4roplan%20f%C3%B6rskolan_eng_tillg_webb.pdf.

② Scottish Consultative Council on the Curriculum (First published 1999, Reprinted 2004). *A Curriculum Framework for Children 3 to 5*. p3. http://www.ltscotland.org.uk/earlyyears/images/CF3to5_tcm4-115469.pdf.

如，当幼儿玩积木、沙子和水的时候，就会发展他们初步的学习数理逻辑思考能力、推理能力和解决问题的认知能力等。[①] 这段政策表述，不仅表明了游戏对儿童学习与发展的价值，而且还在比较之下，使得指向知识技能学习的直接教学相形见绌。

在冰岛 2011 年最新颁定的《冰岛全国学前课程纲要》中也指出：游戏是儿童最重要的学习方式。它给儿童学习和理解周围的环境、表达自己想法经验和情绪情感、发展和其他儿童的社会关系提供了可能。当儿童一起游戏时，他们就形成了社会性群体并会创造出他们自己的文化。当他们表达自己的想法并不得不同时理解别人的观点时，这实际上就是他们在参与民主性的活动。在游戏中，儿童能够发展并验证自己的想法，同时获得新的理解和知识。在游戏中，儿童会产生问题并以自己的方式进行解决。在游戏中，儿童的认识和艺术能力得以发展。在游戏中，儿童需要使用语言、运动、社会交往和情感联系等，从而使这些方面在应用中得到发展。在游戏中，儿童的创造性和学习并获得知识的愿望会得到激发。[②] 在这段政策表述中，除了提到和其他国家（地区）学前课程纲要中相似的游戏的各种价值，还把游戏提升到了一个更高的层次——把游戏与民主生活联系在了一起。

此外，在澳大利亚昆士兰州 2006 年颁定的《早期教育课程纲要》中也有类似的政策表达，其中提到：在早期教育阶段，游戏的目的就是支持儿童的学习与发展。通过游戏，儿童发展思维和问题解决策略。在游戏中，他们使用并拓展着自己的口头语言，学习识字和数数计算，探究各种符号表征方式，发展想象和创新能力。在游戏中获得的各种经验有助于儿童建构形成一个成功和负责的学习者的自我概念。在游戏中，儿童能够通过自己的各种感官进行学习，并和自己的已有知识经验发生联系，练习并掌握新学习的知识技能，提高注意力，在充满愉悦的、没有威胁感的背景中冒险尝试。[③]

以上这些相似的政策表述基本上都是从游戏对儿童学习与发展价值的角度，来强调游戏这一学习方式的重要性的。它可以促进儿童认知、情感、社会性、创造性、问题

---

① British Columbia. Ministry of Education ，ect (2008). *British Columbia Early Learning Framework*. p12. http://www.bced.gov.bc.ca/early_learning/early_learning_framework.htm.

② Ministry of Education，Science and Culture (2011). *The Icelandic National Curriculum Guide For Preschools*. p37. http://211.167.103.140:81/1Q2W3E4R5T6Y7U8I9O0P1Z2X3C4V5B/brunnur.stjr.is/mrn/utgafuskra/utgafa.nsf/xsp/.ibmmodres/domino/OpenAttachment/mrn/utgafuskra/utgafa.nsf/CA2C880C51C8CE0D00257A230058FCA5/Attachment/adskr_leiksk_ens_2012.pdf.

③ Queensland Studies Authority (2006). *Early Years Curriculum Guidelines*. p26. http://education.qld.gov.au/strategic/advice/earlychildhood/cp/preschool.html.

解决能力、身体运动等各个方面的发展，可以为成人观察了解儿童提供一个平台和窗口，甚至和儿童将来参与民主社会生活的品质发展有一定关系。当然，这种学习方式的发生，是在一种宽泛意义上展开的，其中既可能是儿童在游戏中无意识的学习，也可能是儿童在游戏中通过教师引导的有意识学习，还可能是儿童在游戏中无成人引导下的有意识学习。

（二）作为儿童存在方式的游戏

上述他国政策表述中所罗列的关于游戏这一学习方式的种种价值，和目前我国学前教育领域中对游戏价值的理解非常相似。的确，作为一种学习方式的游戏有促进儿童上述各方面发展的内在功能，但是，如果在政策层面上一味地如此强调，或者仅彰显游戏作为学习方式的这一方面，而忽视甚至没有意识到在更为根本的层次上游戏还是幼儿的一种存在方式，没有自觉地将前者建立在后者的基础上，那么在学前教育的课程实践中就很有可能使游戏发生异化，从作为幼儿的一种自由自觉自然的活动，变成幼儿为完成某一预设的学习和发展目标而不得不去做的活动，也就是我们常说的“幼儿被游戏”，游戏异化为幼儿存在的对立物。这类似于马克思所提出的劳动的异化。相信看过美国电影表演大师查理·卓别林主演的《摩登时代(Modern Times)》的人对劳动异化给人带来的摧残会有深刻印象。当然学前教育领域里的游戏异化远没有那么严重和赤裸裸，但当我们看到“常常在老师组织的游戏活动结束后，孩子兴奋地说：‘现在我们可以玩啦！’”的时候，[①]我们仍然能够感受到游戏异化的存在。

1. “眩晕游戏”给我们的启发：基于一个政策个案的分析

那么如何才能恢复游戏作为儿童的一种存在方式，并消除游戏的异化现象呢？也许加拿大新不伦瑞克省2007年出台的《早期学习与幼儿保育课程纲要》中对游戏的政策理解对我们思考这一问题有一定的启发意义。在这一纲要中，特别提到了一类游戏：

> “眩晕游戏(Dizzy Play)：儿童有时会突然爆发一种大声的、吵闹的游戏，就好像他们的身体里有什么东西要喷发出来一样。在这种游戏中儿童会特别的兴奋，而且它好像有传染性，其他儿童也会跟着加入进来，他们在分享笑声的同时形成

① 上海市中小学(幼儿园)课程改革委员会. 上海市学前课程纲要解读. 上海：上海教育出版社，2005，113.

了一个喧闹的群体。儿童喜欢快速地在原地旋转身体，直到他们头脑发晕而不能站立。他们会没有任何来由地一起大笑，叽里呱啦地胡言乱语，说着毫无意义的话，相互之间毫无逻辑规则地交流。他们甚至会把短裤脱下来套到头上，把夹克脱下来穿在腿上，并给其他小朋友做着各种搞笑的表演。他们陶醉在自己能把世界搞个底朝天的力量之中，并且乐观地相信自己能够把这个被搞乱的世界再复原过来。"①

看到这样的表述竟然会出现在一个州的政策文件中，让我们禁不住地惊讶！这样一段描述，不就是我们幼儿园老师常常说的小孩子的"发疯"现象吗？这确实是一种令许多老师头大的吵闹，如果让我们非要像加拿大这个州出台该纲要的政策制定者一样，把它看成是一种"游戏"的话，那么也只能称之为"发疯游戏"了，这种游戏在我们很多人看来是一种毫无教育意义的无聊儿戏。除了会把一个有序的班级集体环境搞乱之外，似乎再没有什么能够让人看得出的积极效果了。

但是，让我们对这一课程纲要感到更为惊讶的是，它竟然把这种儿童的"发疯游戏"定位为和"想象与创造"、"有趣的探索与问题解决"并列在一起的学前教育游戏三个目标之一。而且还对这种游戏做了非常认真的学理上的分类，第一类是"出格的游戏(Being on the edge)，包括儿童做些粗野的故意摔倒的游戏、体验令他们兴奋的身体能量释放的游戏、玩打乱和恢复秩序的游戏"，第二类是"分享搞笑带来的快乐，包括故意胡说胡闹、扮成小丑引人关注、身体动作或装饰上的搞怪。"②

对于此类游戏，教师应该如何应对？在该指南接下来的表述中，继续讲到："教师要认可和接纳这种游戏，并要充分认识到它给儿童所带来的价值，这种价值体现在儿童身体能量的释放、自我力量感的感受、对纯兴奋情绪的表达。同时它也要求教师的宽容和容忍，因为这是一种非常吵闹看似毫无意义的活动。当然，教师在相信儿童有从这种脱离常态的游戏中恢复正常的弹性能力外，也必须要确保当儿童把自己的身体推到极限时的安全性。因此，教师要反思：你是如何评价

① New Brunswick Family and Community Services (2007). *Early Learning and Child Care: English Curriculum Framework for New Brunswick*. p29. http://www.gnb.ca/0000/ECHDPE/curriculum-e.asp.

② Ibid.

这种吵闹的'眩晕游戏'的？又是如何做出反应的？你感到舒服的声音水平在什么高度，它是如何影响你对儿童这种吵闹游戏的许可的？想想儿童兴奋的忘乎所以的那些时候，比如从小山坡上滑下来时、光着脚胡乱跳舞时、或者一起大声唱歌唱到你肝儿颤的时候。"

那么以上这段加拿大新不伦瑞克省的课程政策表述到底带给我们什么启发呢？很明显，在这段表述中，几乎没有营造出一种"游戏有这样的价值有那样的价值"的语境，让我们看到的就是一种儿童非常本真的游戏活动，有点吵闹、有点发疯、有点出格、有点看似毫无意义的游戏状态。作为教育者，我们可能不大会从这段表述中陷入对游戏产生高期望的泥潭，它给我们带来的是看待儿童游戏的平常心。充分认识游戏对儿童的学习与发展价值是非常必要的，但是如果形成过高的期望，过于执着、过于心切，如果没有意识到在游戏对儿童学习与发展发生促进价值之外，还有更宽泛的看似不太有明显的教育价值的游戏地带，那么游戏就有被异化而走向儿童对立面的危险。

因此，这段加拿大新不伦瑞克省的课程政策表述带给我们的启发就是：作为指导学前课程发展的政策，课程纲要不仅要从儿童学习与发展的教育视角来界定游戏，更要从儿童本真生活的视角来界定游戏，并力图使二者保持一种平衡。如此，游戏才可能成为儿童的一种存在方式，而以此为基础的作为学习方式的游戏才不至于被扭曲异化。作为儿童的一种存在形式，"游戏，是儿童生活和儿童文化的一个自然而重要的组成部分，并不仅仅意味着'玩'，甚至也不仅仅是儿童用以理解他生活于其中的世界的手段，它实际上是儿童存在的一种形式，是儿童生存的一种状态。""对于儿童来说，游戏本身就是一种生活，是一种区别于日常生活的生活。"①

2. 强价值实现的游戏与弱价值实现的游戏

其实，对于上述问题，已有学者从不同侧面做过探讨。如以活动的本体特征为依据，对本体性游戏和手段性游戏的划分。所谓的本体性游戏是指："幼儿按自己的需要自发开展的游戏，其活动的本体是游戏，其中有潜在的、可能的教育因素，我们可以称之为本体性游戏。它以游戏本身为目的，无游戏之外的目的，是一种幼儿用自己已有的经验进行表现的活动，也是幼儿以已有知识为基础的力所能及地探索和创造。这种活动是重过程轻结果，是一种非功利的活动，因此没有来自外部的压力。"所谓的手段

---

① 刘晓东. 儿童教育新论. 南京：江苏教育出版社，1999.

性游戏是指:“教师根据教学的目标组织的游戏,其活动的本体是教育活动,其中有游戏的体验,有游戏般的乐趣,这种本体并非游戏,但却体现了游戏特征的教育活动,我们可以称之为手段性游戏。它是以游戏为手段,服务于特定的教育目的和任务,客观上具有一定的功利性。这种活动的进程有事先设计好的程序,有对手段和目的、过程与结果的考虑,只是幼儿年龄小,不能过早承受压力和紧张,所以必须淡化实现目标的意识,不要求过于注重结果,更不要求统一的结果,以求一种寓教于乐的境界。”①

对于这一分类,我们想进一步说明的是,在体现游戏作为儿童存在方式的本体性游戏中,其实还包括了强价值实现的游戏和弱价值实现的游戏。所谓强价值实现的游戏,是指那些能够较有效促进儿童发展,实现游戏的教育价值的游戏,如积木拼搭游戏、角色扮演游戏等等,这些游戏往往是为学前教育实践所认可并积极推行的。而弱价值实现的游戏,则是指那些看似没有多少教育价值,对儿童的学习与发展促进不明显的游戏,如上面提到“眩晕游戏”和“发疯游戏”等等。在我国比较强调集体规则、规矩和秩序的学前教育实践传统下,此类游戏往往被视为是一种“捣乱”行为而被排斥在幼儿园教学之外。但其实,这种游戏在儿童生活中大量存在,并且儿童对此常乐此不疲。因此,恢复游戏作为儿童的一种存在形式,有必要像加拿大新不伦瑞克州的课程纲要那样,在政策层面上认可儿童的这一类游戏,不去强加什么功利性的教育诉求,只为还原儿童的本真生活。这在不少其他国家(地区)的学前课程纲要中也或多或少有类似表述:

如在爱尔兰2009年颁定的学前课程纲要中就明确提到:游戏可以是安静的,也可以是吵闹的;可以是凌乱的,也可以有序的;可以是有趣的,也可以是严肃的;可以是费力的,也可以是轻松的。也可以有各种理由,有时是探究和学习新的事物,有时是为了巩固和练习已学习知识和技能。有时儿童游戏仅仅是为了好玩。在游戏中,他们把自己对情境、事件、经验和期望的解释带入游戏中来。②

与爱尔兰这种在行为表现层面上的列举方式不同,挪威2006年的《幼儿园课程内容与任务框架计划》,则是从一个更为上位的视角,直接表达出了游戏与儿童之间的本真关系:游戏是儿童的一种基本生活方式和学习方式,儿童通过它得以表达自己。游戏是儿童文化的一个重要组成部分,它能够折射出儿童生长其中的近身微观环境和一

---

① 华爱华. 学前教育改革启示录. 上海:上海社会科学院出版社,2009,100.

② National Council for Curriculum (2009). *Aistear: The Early Childhood Curriculum Framework, Guidelines for good Practice*. p53. http://www.ncca.ie.

般的社会环境。"①这也符合联合国1989年颁布的《儿童权利公约》精神，在本公约的31条中明确提出：缔约国确认儿童有权享有休息和闲暇，从事与儿童年龄相宜的游戏和娱乐活动，以及自由参加文化生活和艺术活动。

综上所述，我们认为，游戏既是儿童的一种学习方式，更是儿童的一种存在方式，两者互为表里，前者只有建基于后者之上，才有可能更好地实现其教育价值，让儿童在游戏中既获得发展，也能体会到快乐与意义。

三、游戏：作为儿童自发自主的活动与作为教师精心设计的活动

前面我们主要基于各国（地区）学前课程政策文本，从游戏的根本属性这一基础层面作了分析。此处，将从幼儿游戏活动的展开与实施这一行为组织层面展开讨论。两者之间有交叉，但并不完全相同。比如，作为一种学习方式的游戏活动，有可能是幼儿自发自主的活动，也可能是教师精心设计（well-planed）的活动。同样，作为儿童存在方式的游戏活动，是否就一定要排斥教师的教育目的性引导，也值得探讨。

（一）作为儿童自发自主活动的游戏

1. 政策界定下的游戏作为儿童自发自主活动

这一政策取向的游戏观在不少国家（地区）的学前课程纲要中都有体现。如印度2012年的学前课程框架中提到：游戏对促进儿童健康发展非常重要。儿童自发的游戏为他们探究、尝试、操作、问题解决提供了各种机会，这些对儿童建构对知识的理解都很重要。游戏还有助于儿童表征能力的发展。② 这是印度第一个全国性的学前课程纲要中对游戏的政策定位。

而在日本，把游戏作为儿童自发自主活动的政策定位，则具有较长的政策连续性。1989年日本颁布的《幼儿教育纲要》及其文部省编辑的解读性文本《幼儿园教育指导

---

① Ministry of Education and Research (2006). *Framework Plan for the Content and Tasks of Kindergartens*. p15. http://www. regjeringen. no/en/archive/Stoltenbergs-2nd-Government/Ministry-of-Education-and-Research/Lover_og_regler/reglement/2006/framework-plan-for-the-content-and-tasks. html? id=278626.

② Ministry of Women and Child Development Government of India (2011). *Early Childhood Education Curriculum Framework (Draft)*. p6. http://wcd. nic. in/schemes/ECCE/curriclum_draft_5[1]%20(1)%20(9). pdf.

书》中对游戏也做了这样的解释：这个时期的游戏与成人社会中的那种与工作和学习相对而言的游戏是不同的。它指幼儿带着兴趣、自主地积极地作用于环境、动脑动手、创造和展开活动的整个动态过程。① 此后，在2001年颁布的《全国幼儿园课程标准》中延续了这一观点，指出课程的实施主要围绕游戏活动展开，认为游戏是幼儿的一种自愿活动，可以为儿童身心平衡发展打下坚实基础。② 2008年最新修订的《幼儿园学习指导要领》继续使用了这一政策表述。

何谓真正自发自主的游戏？它有什么具体表现？2003年冰岛的《国家学前课程纲要》中给出了解释：自由、自发的游戏是幼儿的一种表达方式和快乐源泉。自发的游戏活动区别于其他行为活动之处在于创造性，在于幼儿自己掌控着它。那么什么才是真正自发的游戏呢？冰岛的课程纲要指出：真正自发的游戏，幼儿必须是独立自主的，能够自己下决定；幼儿自己掌控游戏进程，根据自己的经验和想象来开展游戏；幼儿下决定，自己想办法解决问题；幼儿是精力集中、忘我的；没有外在规则的约束。③ 2011年修订的课程纲要，也有相似的政策表述：对儿童来说，游戏是自发和自然的。儿童的游戏是他们依着自己的自由意志和主张展开进行的。

其实这一政策取向的游戏观在前苏联颁布的《学前教育构想草案》(1989年)中也有明确表达。"这一课程纲要在对前苏联传统的教学—训导模式中的游戏作出反思和批判时指出：那种游戏仅仅被作为获取大纲要求所规定的知识的'补充'教学手段。教师常常像组织作业那样领导幼儿游戏，包括确定有教育价值的题目，指定每个参加者的角色和地位，规定游戏动作。评价它们正确与否。结果是幼儿园的游戏走了样，俨然成了面向全体的作业或外部强加的活动。因此，必须使游戏从成人自上而加的题目和规定的动作中解放出来。这样，幼儿才有可能掌握比较复杂的游戏语言——游戏的一般展开方式，如假定的动作、角色的相互作用、创造性地设计情节等等，这将大大增加幼儿创造性地实现自己构想的自由。因此，作为幼儿园基本教学形式的游戏，应该是儿童充满兴趣的、自主展开的活动，而不是强加的作业。"④其实，这是20世纪80年末90年代初，前苏联教育界走出凯洛夫教育学体系，对知识本位与学科本位课程与教

---

① 参见沈晓敏.外国幼儿教育纲要对我国的启示.学前教育研究，1998，4.

② Ministry of Education, Science and Culture (2001). *National Curriculum Standards for Kindergartens*. p2. http://www.mext.go.jp/english/news/2001/04/010401.htm.

③ The Minister of Education, Science and Culture (2003). *National Curriculum Guide for Pre-schools*. http://docs.google.com/viewer.

④ 参见沈晓敏.外国幼儿教育纲要对我国的启示.学前教育研究，1998，4.

学的一种反叛。“那种把儿童理解为被教师操纵的客体的教育学已失去了存在的空间，知识加纪律，通过十分单调的技术过程培养守纪律的社会参与者的教育，是一种技术主义取向的教育，只能造成教育的目中无人和功利主义。因此，必须回归本原的教育学——自由教育学，对教育实践而言，就是要建立一种人文性的教育环境，为人在文化空间和历史空间内获得人自己的形象创造条件。”①1988 年全苏国民教育工作者代表大会通过的《关于改革普通教育的构想》中，就指出了苏联教育长期存在着“学校脱离社会、学生疏远学校、教师疏远学生”的弊病，并提出要使抹杀个性的教育转向人道主义的教育。而此后俄罗斯的课程改革正是沿着这一路径发展下去的。很显然，在学前教育领域，推进幼儿自发自主的游戏活动，可以实现这种人本主义的教育诉求。

在我国上海市 2004 年颁定的《学前课程纲要（试行稿）》中，游戏活动也是被界定为一种基于 0—6 岁儿童内在需要的自发自主性活动。有研究者将这种游戏的特征概括为以下六点：“不受外在目标控制，是一种内在动机性的活动；游戏者自主，是一种选择自由度很高的活动；表现已有的经验，是一种力所能及的活动；注重过程体验，是一种不在意结果如何的活动；假想的、非正式的，是一种不受评价制约的活动；体验积极情感，是一种充满安全感、胜任感、成就感的活动。”②

由上可见，这样一种取向的游戏观所强调的是幼儿在游戏中的主体性，幼儿参与游戏活动是出于内在的动机，是完全主动自愿的。游戏过程中幼儿也可以根据自己的想法或通过与伙伴之间的协商，来改变游戏的进程和活动方式，修订游戏规则。恰如荷兰学者胡伊青加所言：“一切游戏都是一种自愿的活动，遵照命令的游戏已不再是游戏，它至多是游戏的强制性模仿。”③

2. 自发自主游戏中教师的角色

当然，这一政策取向下的游戏观，并不意味着对幼儿游戏的放任自流。作为教育者的教师仍然承担着重要的角色。

恰如冰岛 2003 年的《国家学前课程纲要》所指出的，在这一过程中，教师是跟随幼儿的游戏，并对幼儿的身体和心理需要保持密切关注，并在适当的时候回答幼儿提出的问题，给幼儿以活动动机的激发。教师的在场和适时介入会使幼儿投入游戏活动的

---

① ［俄］H. E. 鲍列夫斯卡亚策划，朱小蔓等主编. 20—21 世纪之交中俄教育改革比较. 北京：教育科学出版社，2006，23—29.

② 华爱华. 学前教育改革启示录. 上海：上海社会科学院出版社，2009，100.

③ ［荷兰］胡伊青加. 人：游戏者. 成穷译. 贵阳：贵州人民出版社，1998，9.

时间延长。2011 年新版的课程纲要中，更进一步细化了教师在幼儿游戏活动中的角色：创设各种游戏环境，提供各种游戏材料，供儿童去考察、解决问题和尝试；为儿童提供足够的、不受干扰的游戏时间；提供足够的游戏空间，以使儿童有地方走动，并能发展、拓展他们的游戏；支持儿童自发的游戏行为和兴趣；和儿童交流，并在游戏中与他们形成良好的关系；注意游戏中产生的一些新情境，并以此激发儿童的兴趣；支持并激发游戏中儿童之间的积极交流；确保所有的儿童都有机会参加户内户外游戏活动。①

而在教师提供游戏材料、创设游戏环境的具体操作上，爱尔兰 2009 年颁定的学前教育指南则给出了比较详细的专门建议：游戏的材料不必价格很贵，许多有用的游戏材料都是低成本的，能够在自然环境中找到，或者是从家庭和当地商店回收再利用的废品。而且这些材料往往具有开放性的特点，可以为幼儿的想象提供无尽的空间。同时特别提醒，游戏材料应能反映幼儿生活背景、文化、能力、性别和家庭结构的多样性。这也反映了爱尔兰课程纲要对幼儿文化的关注。另外，还具体提到对于户外游戏，教师要确保幼儿有雨靴和防雨外套，以及一套可以更换的衣服，以保证幼儿可以雨天在户外游戏。并建议幼儿园最好备有刮风天和下雨天的游戏材料箱，刮风天的游戏材料箱里面要有长条旗、风铃、风车、风筝、泡泡器等，下雨天游戏材料箱里面应有雨伞、滤网、玩具小船、玩具小鸭、漏斗、锡箔（可以用来做帽子）、量降雨量的容器、收集雨水以循环再利用（如浇教室里的花和其他植物）的容器、量小水坑的卷尺、相关的图画书。同时，建造一种四面敞开有顶棚的简易建筑，以挡雨或遮挡太阳，为幼儿创造户外活动的条件。② 这段政策建议，一方面让我们感受到爱尔兰学前课程政策很强的操作性，另一方面，其中对游戏材料来源和性质的政策建议，对我们思考当前中国农村学前教育游戏材料的本土化资源利用，也有很大的反思借鉴价值。

另外，在这种游戏指导中，教师对儿童的文化背景及在此基础上形成的已有游戏经验的关注显得尤为重要。爱尔兰 2009 年颁定的学前教育指南则提出了教师支持幼儿游戏的三个基础：对每个幼儿的了解、对课程领域的把握和游戏指导技巧。而对幼

---

① Ministry of Education, Science and Culture (2011). *The Icelandic National Curriculum Guide For Preschools*. p38. http://211.167.103.140:81/1Q2W3E4R5T6Y7U8I9O0P1Z2X3C4V5B/brunnur.stjr.is/mrn/utgafuskra/utgafa.nsf/xsp/.ibmmodres/domino/OpenAttachment/mrn/utgafuskra/utgafa.nsf/CA2C880C51C8CE0D00257A230058FCA5/Attachment/adskr_leiksk_ens_2012.pdfP38.

② National Council for Curriculum (2009). *Aistear: The Early Childhood Curriculum Framework—Guidelines for Good Practice*. p54. http://www.ncca.ie.

儿的了解，不仅仅是要了解幼儿的语言、能力、情感等发展心理学的特点，还要意识到并清楚幼儿的文化背景。① 澳大利亚昆士兰州 2006 年颁定的《早期教育课程纲要》更是在家庭文化和性别文化的角度对教师在游戏中的角色问题做了详细说明：有些儿童可能此前没有发展起来通过游戏进行学习的方法。这些儿童所在的家庭可能就不认为游戏会有助于他们智力的发展，或者他们的家庭缺乏游戏的材料和空间，从而使他们的游戏机会受到限制。另外在有些家庭，儿童的父母和亲属可能会参与到他们的游戏中，从而会对儿童的游戏产生影响。例如，许多男孩的游戏主要局限在奔跑、追逐、躲藏和他们喜爱的超人英雄冒险游戏。而父亲也更愿意和儿子进行运动游戏，在这些游戏中会涉及大小肌肉运动和对环境的视觉探究。而女儿则更可能会经历一些语言类游戏。因此，考虑到这些文化背景因素及在此基础上幼儿形成的已有游戏经验，教师需要引导一些幼儿体验新的游戏方式，以促进他们的学习与发展。另外，在儿童的游戏中，有时还会折射出一些不恰当的社会文化偏见和权力关系，因此，游戏为教师和幼儿考察诸如公平与偏见等一些基本的文化假设和问题提供了一个意义背景，有经验的教师应引导幼儿思考处理这些不公平不公正问题的可能策略。② 昆士兰的这一政策表述非常有启发价值，它提醒了我们对待游戏，不仅要从微观的操作层面去理解，还要从宏观的社会文化的视角来审视。

（二）作为教师精心设计活动的游戏

与上一观点中强调游戏的自发自主性相反，这一政策取向下的游戏观，突出强调游戏的教育属性，把游戏纳入到有计划有目的的组织化教学中来定位，强调教师在游戏设计中的重要作用。根据各国（地区）学前课程纲要中对教师在游戏设计中发挥作用的强弱程度，还可将教师设计游戏活动分为强教师设计型和弱教师设计型。

1. 强教师设计型的游戏观取向

这一政策取向的游戏观突出强调游戏的“精心设计性”（well-planned）。这在近十多年来的英格兰学前课程政策中有明显地表现。在英国的学前教育历史传统中，1816 年空想社会主义者罗伯特·欧文（Robert Owen）建立第一所学前教育机构时，所倡导

---

① National Council for Curriculum (2009). *Aistear: The Early Childhood Curriculum Framework—Guidelines for Good Practice*. p54. http://www.ncca.ie.

② Queensland Studies Authority (2006). *Early Years Curriculum Guidelines*. p26. http://education.qld.gov.au/strategic/advice/earlychildhood/cp/preschool.html.

的就是自由的、非结构化的游戏,不主张施加正式的教学训练。这奠定了以后英国学前教育发展的基本格调。此后,1911 年麦克米兰(Margaret Mcmillan)姐妹创办的保育所,以及 1961 年源于伦敦一位名叫图塔耶芙(Belle Tutaev)的母亲为照看自己的小女儿而在教堂大厅组织的游乐园(Playground),都延续了自由游戏的价值取向。但在 20 世纪 90 年代中后期,形势发生了改变,1996 年英国保守党政府引入了学前教育券计划,并同时发布《幼儿早期学习与入小学前的理想学习结果》(*Desirable Outcomes for Children's Learning on Entering Compulsory Education*),这种所谓的"理想学习结果"规定了儿童在入小学前需要在早期读写、数学、个人与社会技能发展达到学习目标。为了获得政府发放的教育券,许多学前教育机构开始把教学的重点放在了幼儿早期读写、数学上,幼儿自发自由的游戏开始减少。

2000 年 9 月英格兰政府颁布了面向 3—5 岁幼儿的《基础阶段课程纲要》。① 一如英国幼儿教育的传统,指南肯定了游戏对于幼儿学习与发展的重要性,但却提出了"精心设计的游戏" (well-planned play)这一新的概念来区别于传统的自由游戏,在室内和户外,精心设计的游戏活动是幼儿在基础阶段学习的主要方式,这种游戏中的学习带有愉悦性和挑战性。对于这种精心设计的游戏,教师的作用是十分重要的,他要设计一个具有挑战性的情境并能提供相关资源,支持幼儿通过设计好的游戏活动来学习,拓展和发展幼儿在游戏中的语言交流。很显然,"精心设计的游戏"这一概念更强调教师的作用,它标志着今天的英国幼教工作者在保持传统和面对现实的张力中所选择的"中间道路"。这一游戏观与英国政府对早期数学和读写能力的强调有直接关系。以读写能力为例,接受完基础阶段教育的 5 岁幼儿要能够听出词汇中的第一个和最后一个音,发出单词中的短元音;将语音和字母联系起来,会说和听出字母表中的每一个字母;会独立地认读一定数量的熟悉的或常用的词汇以及简单的句子;会写自己的名字和标签、标题之类的东西,会使用标点符号来结构简单的句子;会运用语音知识来拼写简单的规则单词而且努力拼读一些更复杂的单词等。②

2012 年的英格兰《学前基础阶段法定框架》虽然由于覆盖了 0—5 岁幼儿的学前教育,使其不得不考虑婴儿期游戏的自由性,但它对游戏的设计性强调仍没有放弃:每个学习与发展领域都必须通过设计好的、有明确目的的游戏来实施,通过成人引导的

---

① Department for Education and Employment (2000). *England Curriculum Guidance for the Foundation Stage*. http://www.afnorth-is.com/canadian-section/curriculum/FS%20Curriculum.pdf.

② 刘焱.英国学前教育的现行国家政策与改革.比较教育研究,2003,9.

活动和儿童发展的活动一起来实施。教师应持续地判断以在儿童发起的自由活动和在成人设计指导的活动之间保持平衡状态。而且随着儿童的年龄增长和发展水平的许可，这种平衡应逐渐偏向更多成人设计的活动上，以帮助儿童为小学一年级的正规学习做准备。[①] 可见，虽然在这一最新课程政策中，体现了 0—5 岁幼儿在游戏活动中的发展性，但仍强调了逐步过渡性，即逐步过渡到教师主导的游戏活动上来。

而新加坡 2003 年公布的《幼儿园课程框架》除一方面认可并鼓励幼儿自发游戏的重要性外，另一方面还强调了教师提供结构性游戏的重要价值。[②] 在这种结构性游戏中，教师要规划和设计游戏的目标、进程、活动方式等。教师必须清楚游戏的目标和方式，因为如果教师对游戏活动最后的理想结果不清楚，那么就会导致幼儿的低效学习。而每个游戏活动规定一两个目标是比较合理的，没有必要覆盖太多方面。而在具体的游戏过程中，为使幼儿的有效学习发生，教师必须做到：提供并精心设计游戏活动中让幼儿进行感受的各种相关经验，如想象性的、激励性的、兴奋性的、挑战性的经验等；指导幼儿理解游戏活动的目标；充分利用各种偶发机会来教授各种技能和知识；游戏中教师要使用清晰的、丰富的、合乎语法规则的语言和幼儿交流，以利于幼儿表达能力的发展；以一种支持性的方式和幼儿交流，以利于对幼儿积极学习态度产生影响；确定并规划游戏活动的下一个阶段的具体步骤，以帮助幼儿持续进步。

美国德克萨斯州针对 4 岁幼儿的《学前课程纲要》(2008 年修订版)对这一游戏观也表现出明显的倾向。[③] 该纲要指出，一直以来在学前教育领域中，直接的游戏指导因往往和高结构的读写教育联系在一起而不被提倡。该纲要引用了一项针对 65 名教师所做的调查研究，指出许多被调查教师仅仅把自己在幼儿游戏中的角色定位为观察者和幼儿安全的照看者，其中仅仅有四名教师把游戏和读写教育联系起来。其实旨向读写活动的直接指导教学对支持幼儿的学习是非常有价值的。在游戏活动中，教师应注意观察并充分利用各种时机，对幼儿展开直接指导教学。只是需要注意的是，考虑到 4 岁幼儿的年龄和注意力特点，直接指导的时间要相对较短，并鼓励幼儿通过提问、

---

① Department for Education (2012). *Statutory Framework for the Early Years Foundation Stage*. p7. https://www.education.gov.uk/publications/standard/publicationDetail/Page1/DFE-00023-2012.

② Preschool Education Unite, Ministry of Education, Singapore (2003). *Nurturing Early Learners: A Framework for a Kindergarten Curriculum in Singapor*. http://www.moe.gov.sg/education/preschool/files/kindergarten-curriculum-framework.pdf.

③ Texas Education Agency (2008). *Revised Texas Prekindergarten Guidelines*. http://ritter.tea.state.tx.us/curriculum/early/.

动手操作和肢体运动来积极参与。

由此可见，这一取向的游戏观更加强调教师在游戏中的主导作用，包括教师对游戏的设计、规划、监控，其背后隐含的旨趣往往和加强读写知识教学有关。

2. 弱教师设计型的游戏观取向

这一游戏观取向认为为了更大限度地实现游戏对儿童学习与发展的作用，教师应对幼儿的游戏有一定的设计和规划，但是相对于上一点所提到的强教师设计型的游戏观，它不要求教师在游戏的目标、进程、活动方式等各方面做出详细预设，同时另一方面，与自发自主的游戏观过于强调游戏的非控制性相区别，它比较强调教师在游戏规划、游戏进程乃至游戏反思阶段的主导作用的发挥。

如爱尔兰2009年颁定的学前教育指南中就表达了这一观点：为了充分发挥游戏促进儿童发展的价值，教师需要计划、支持和回顾反思游戏过程。但是这里的计划，主要是指教师创设环境，从而为游戏的开展提供广泛的可能性，而不是预设游戏的过程，让幼儿沿着这个跑道去被动地跑。支持包括教师的间接支持，如，通过提供玩具、时间和空间来支持幼儿的游戏；直接的支持：和幼儿讨论他们的游戏、尊重支持幼儿在游戏中的决定（有时幼儿的决定、选择会和教师认为的适宜选择产生冲突，这时教师可以和同事讨论如何处理这种矛盾）、帮助幼儿发展游戏技巧、提供游戏的示范、保护幼儿游戏中免受伤害、何时介入何时站到背后；反思讨论游戏：观察并和幼儿讨论他们的游戏，并倾听幼儿的观点；观察室内外的环境布置、空间是如何促进或阻碍幼儿游戏的；了解每个幼儿的游戏模式、偏好、兴趣；通过便签、拍照、摄像等技术记录幼儿的游戏；和幼儿、家长分享游戏活动的信息。[①] 可见在这种游戏中，教师的作用是随处可见的，但是这种作用一般不是支配性的，而主要是规划、引导、合作、示范等。

如果用一个连续体来表示自发自主游戏、弱教师设计型游戏和强教师设计型游戏，那么则可用下图来表示（图5.1）：

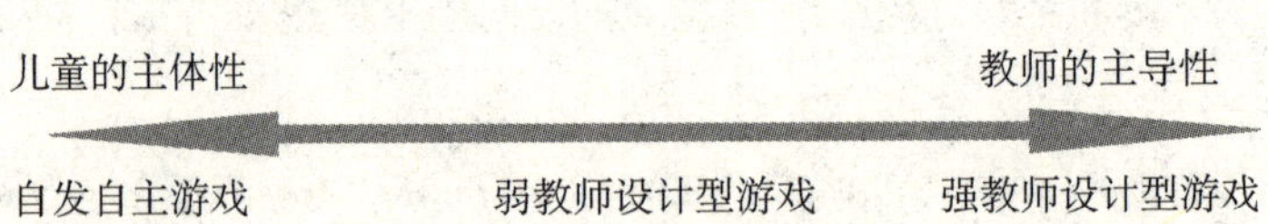

图5.1　三种不同游戏类型

① National Council for Curriculum (2009). *Aistear: The Early Childhood Curriculum Framework—Guidelines for Good Practice*. p53. http://www.ncca.ie.

四、游戏:作为一种活动形式与作为一种积极意义体验

(一) 作为活动形式的游戏

作为活动形式的游戏,有许多不同的类型,这些类型的分类标准也不尽相同。如在爱尔兰 2009 年颁定的学前教育指南中,就指明几种游戏类型:“单独游戏,儿童自己独立地玩;旁观者游戏,儿童观看其他小朋友玩,自己不加入进去;平行游戏,儿童在一起各玩各的,通常使用的游戏材料相似,但相互之间没有互动;联合游戏,儿童开始在一起玩,他们做同样的活动或者玩相似的材料;合作游戏,儿童之间有互动、轮流、分享,并且决定怎么玩如何玩。他们一起合作协商发展游戏的玩法。”①

澳大利亚昆士兰州则从另一种分类标准划分出几种形式的游戏:“社会性表演游戏,如儿童建立并经营花店;想象性游戏,如借助道具模仿太空探险;探究性游戏,儿童探索事物的特性,如探究放大镜是如何工作的,有什么效果;操作性游戏,玩拼图、做项链或者建造其他东西;运动游戏,跑、跳、滑、爬、通过有障碍物的通道;规则游戏,玩纸牌、某些户外游戏、儿童自己创设的规则游戏。”②

除了罗列不同形式的游戏,在加拿大安大略省的幼儿园课程纲要中,还就每种游戏所需的技能以及儿童的行为给出了说明。如在假装游戏中,需要儿童的自我管理、交流、比较、计划、问题解决、协商、评价等方面的能力,在这种游戏中,成人可以看到儿童可能会尝试各种角色和情境,会站在他人的立场上看问题,会和其他儿童互动。而儿童的建构游戏则需要儿童的自我管理、计划、使用语言、小肌肉动作发展等方面的能力,成人会看到儿童的画、涂、建造、规划合作等行为。

(二) 作为意义体验的游戏

各种形式的游戏,虽然可以丰富学前教育实践,为促进儿童的多方面发展提供可能。但是在这些不同形式类型的游戏展开过程中,作为游戏主体的儿童,也经历着不同的游戏体验。每种类型的游戏,能否促进儿童的发展,在多大程度上促进儿童的发

---

① National Council for Curriculum (2009). *Aistear: The Early Childhood Curriculum Framework—Guidelines for Good Practice*. p55. http://www.ncca.ie.

② Queensland Studies Authority (2006). *Early Years Curriculum Guidelines*. p26. http://www.qsa.qld.edu.au/olounloads/early.middle/ey_cg_06.pdf.

展，和儿童在游戏过程中的体验密切相关。在我国的学前教育实践中，受传统的教师中心教学思想的影响，游戏中往往教师的干预过多，教师自以为设计很好的游戏过程，在实际的游戏活动中儿童却没有兴趣，没有积极的意义体验。因此，梳理各国（地区）学前课程纲要中在这一问题上的政策取向，对我们深入思考我国的学前教育游戏有一定的参照意义。

强调儿童游戏积极意义体验的政策观，超越了学前教育中游戏到底应该是幼儿自发性的还是教师设计性的这一游戏的客观属性定位视角，转而从游戏中幼儿的主观体验出发来界定游戏。这在2004年芬兰的《早期教育国家课程纲要》中有突出体现。该纲要明确指出：游戏是幼儿的一种意义体验，儿童玩游戏就是为了好玩，它能给幼儿带来深深的满足感。虽然有时儿童为了学习而不能玩游戏，但很多时候儿童是可以通过玩游戏进行学习的。游戏与其说是一种特定的活动过程，还不如说是一种态度和感受。同样一个活动对一个儿童来说可能意味着游戏，而对另一个儿童来说则很可能不是游戏。虽然游戏的目的不在于学习而在于游戏本身，但幼儿却可通过游戏获得学习。幼儿利用他们所看到的、听到的和经历到的所有经验作为他们游戏中可利用的资源，当游戏时，他们或模仿或创造新的事物。他们会把各种来自真实世界和想象世界中对他们有意义的东西，转化成游戏的表现形式。游戏中所有可见的东西对幼儿来说都是有意义的，但这并不是全部，还有许多对幼儿有意义的东西是不可见的。[①]

当然这种游戏意义体验的程度在很大程度上取决于教育者的教育活动。要能对幼儿的游戏给予支持，需要仔细地观察和分析游戏的情境。敏锐、负责的教育者要能够识别幼儿语言的、非语言的动机和意图，并能作出积极反应。教育者要认可并尊重幼儿游戏的自由性，但游戏若要成功，也需要教育者的直接或间接的指导。根据幼儿的年龄、游戏技巧、游戏类型和其他情景因素，教育者或作为一个参与者，或作为一个外部观察者，角色可以视情况而定。同时，教育者也要能够从学习的角度分析幼儿的游戏活动，他们要能认识到游戏对幼儿想象力、同情心、交往技能、语言表达、身体运动技能等方面发展的重要作用，他们要有意识地并熟练地利用游戏和这些领域之间的关联，以促进幼儿相应的发展。但同时他们也要为幼儿游戏的自主性保留足够空间，即

---

① The Steering Group (2004). *National Curriculum Guidelines on Early Childhood Education and Care in Finland*. p19. http://varttua.stakes.fi/NR/rdonlyres/78BC5411-F37C-494C-86FA-BE409294709B/0/e_vasu.pdf.

使是幼儿在游戏中的各种想法是非常粗糙的。[①] 很显然在这种主观意义体验取向的游戏观下，游戏中幼儿的自主性和教师的指导作用得到了同时强调，它们都指向幼儿的内在体验。

这种对游戏的积极体验的政策强调，在其他国家(地区)的学前课程纲要中也有不同程度的表达：

如瑞典 2010 年颁定的最新版《全国学前课程纲要》中也提到：各种各样的游戏以及儿童由这些游戏所产生的对学习的乐趣，会激发幼儿的想象力、顿悟、象征性思考能力，以及交流与合作能力、问题解决能力。[②] 可见，在游戏中所产生的积极情感，会转变成一种动力因素，推进儿童各方面的发展。

加拿大不列颠哥伦比亚州 2008 年颁定的《早期学习框架》中也指出，在游戏中，幼儿兴趣盎然。这种积极的情绪情感和他们在游戏中所获得的知识技能一样重要，它们一起造就了幼儿热爱学习的个性品质。[③] 在这里，来自游戏的积极情感体验，已不仅仅是具有促进儿童其他能力发展的工具价值，其本身就是儿童个性品质的重要组成部分。

挪威 2006 年的《幼儿园课程内容与任务框架计划》中则提到，游戏和风趣滑稽有着内在联系，年幼儿童的游戏往往是和他们对事物的滑稽感受联系在一起的。对婴儿来说，这种滑稽感往往是来自身体的，并通过和他人的交往而逐渐发展。而对稍大一些的儿童来说，游戏则往往是以他们的好奇感为基础的。[④] 此处，游戏的个体发生学表明了婴儿期游戏的产生和个体的积极愉悦体验是有着天然联系的。

澳大利亚 2009 年全国第一部课程纲要《归属、存在、成长：澳大利亚幼儿学习纲要》也提到游戏活动是和儿童的好奇心、儿童的幸福感紧密联系在一起的。儿童沉浸在游戏中忘我地玩耍，充分说明了游戏是多么能够让儿童体验到作为一个个体存在的

---

① The Steering Group (2004). *National Curriculum Guidelines on Early Childhood Education and Care in Finland*. p19. http://varttua. stakes. fi/NR/rdonlyres/78BC5411-F37C-494C-86FA-BE409294709B/0/e_vasu. pdf.

② Skolverket (2010). *Curriculum for the Preschool Lpfö 98, Revised 2010*. p6. http://211. 167. 103. 141:82/1Q2W3E4R5T6Y7U8I9O0P1Z2X3C4V5B/www. skolverket. se/polopoly_fs/1. 163844! /Menu/article/attachment/L%C3%A4roplan%20f%C3%B6rskolan_eng_tillg_webb. pdf.

③ British Columbia Ministry of Education, ect (2008). *British Columbia Early Learning Framework*. p12. http://www. bced. gov. bc. ca/early_learning/early_learning_framework. htm.

④ Ministry of Education and Research (2006). *Framework Plan for the Content and Tasks of Kindergartens*. p15. http://www. regjeringen. no/en/archive/Stoltenbergs-2nd-Government/Ministry-of-Education-and-Research/Lover_og_regler/reglement/2006/framework-plan-for-the-content-and-tasks. html? id=278626.

乐趣。[①] 可见，在游戏中儿童所获得的积极体验，不仅仅有儿童作为一个认知主体所感受到的认知乐趣，更有儿童作为一个生活主体所体验到的生活意义感，一种自由自在、满足充实的感受。

对于以上所讨论的国家（地区），虽然相比较而言，英国的学前课程纲要表现出更明显的"精心设计"倾向性，而芬兰的学前课程纲要则更多地体现出强调游戏者的内心积极体验的倾向性。但是对于以上所讨论游戏观的各种政策取向，我们不是要把不同国家（地区）学前课程政策中对游戏的表达和政策理解，强行划归到某一游戏观类型中去，而是意在从各种学前课程政策对游戏的表述中，抽离概括出关于游戏观的一些基本问题，以期对我国学前教育游戏实践有一定的反思。因此，在上面的论述中，某个国家（地区）的学前课程纲要对于游戏的政策表述，可能会被引述到不同的游戏观论证当中。

五、对我国学前教育游戏的反思

我国的《幼儿园教育指导纲要（试行）》也明确指出了幼儿园教育以游戏为基本活动。但除此之外，其他像：如何理解游戏，其教育价值和特征是什么，如何处理游戏的自主性与预设性之间的关系，如何处理游戏中幼儿的意义体验与教师的介入指导之间的关系等重要问题，却没有适当地深入阐释。而且在教育部基础教育司组织编写的《幼儿园教育指导纲要（试行）解读》中，也没有给予专门解读。相比较而言，上海市的《学前课程纲要》及其解读倒是充分涉及了游戏问题。其实在我国幼儿园课程实践中，游戏活动在一些情况下往往走向了两种极端，一种极端是教师撒手不管或者也可能不知道怎么管，幼儿的游戏看似自由度很大，但由于缺乏引导，盲目性、随意性大，因而，幼儿的意义体验很低。另一种极端是教师介入过多，预设成分过多，成了为传授知识而硬编造出的预设活动，幼儿不感兴趣，意义体验仍很低。因此，基于这样的现状，我们认为国外不同国家（地区）的课程纲要中，虽然对游戏的理解和定位不尽相同，甚至截然相反，但是却为我们反思我国课程实施中游戏的问题，提供了重要的思想资源和参照视角。笔者认为，至少以下一些方面的基本问题是值得考虑的：

---

① Australian Government Department of Education, Employment and Workplace (2009). *Belong, Being & Becoming: The Early Years Learnig Framework for Australia*. p15. http://www.decd.sa.gov.au/barossa/pages/Barossa/37011/? reFlag = 1.

（一）游戏活动与知识教学之间的关系

在幼儿园游戏活动的开展中，我们反对那种披着游戏的外衣进行知识教学的做法，因为这种做法既抽离了游戏的内在本质，又使得知识教学无法顺利展开。但如何在二者之间寻找到一个比较理想的结合点，却是我们不得不加以思考的问题。而一个关键前提乃是游戏活动与知识教学是否是对立的？20 世纪 90 年代中后期以来受建构主义、生成课程等思潮影响，当我们的课程实践从强调“知识本位”的集体教学，转向关注儿童自发、自主的游戏活动时，西方以英美国家为代表的课程政策却正在发生着和我们相反的转向，开始逐渐由强调“儿童本位”的活动教学，转向强调早期数学与读写知识的教学。早期数学与读写知识教育被看成是“为儿童将来进入小学的学业成绩奠定了坚实的基础，并为使他们成为成功的学习者提供了良好开端。”[①]因此，他们才在幼儿园游戏活动中强调教师的精心设计。英美国家在学前课程政策上的这一新转向，虽然与其自身的教育传统相背离，并且也引发了不同程度地争论，但由此使我们不得不思考的是：游戏在满足了幼儿兴趣的同时，我们如何来有效安置早期的读写教育？

（二）游戏中幼儿自主性与教师预设性之间的关系

从宏观层面看，游戏中幼儿的自主性与教师的预设性之间的关系，往往与课程政策有关。集权型课程政策，往往非常细致地规定全国范围内的课程目标和内容，并对儿童的学习进行齐一化、程式化要求，因此，在包括游戏活动在内的课程实施过程中更强调教师的预设性而弱化幼儿的自主性。而在分权型课程政策下，则往往认为集权式课程会阻碍儿童潜能的发展，它主张不事先详细规定课程的目标和内容，主张课程的生成性。因此，在包括游戏活动在内的课程实施过程中更强调幼儿的自主性而弱化教师的预设性。英国的《基础阶段课程纲要》和意大利的瑞吉欧课程就是这两种课程政策的典型代表。[②] 目前我国的课程政策正从以前集权式走向分权式，因此在这个过程中如何采二者之长避二者之短，而不至于从一个极端走向另一个极端，使课程实施中幼儿的自主性与教师的预设性保持一个合理的张力，是我们应该加以认真考虑的。

---

① Staggs, L. (2002). Curriculum Guidance for the Early Years. *Early Years Educator*, 2(6).

② Janet Soler, Linda Miller (2003). The Struggle for Early Childhood Curricula: A Comparison of the English Foundation Stage Curriculum, Te Whäriki and Reggio Emilia. *International Journal of Early Years Education*, 11(1).

(三) 游戏的形式与游戏者内在体验之间的关系

幼儿园游戏有多种形式，如角色游戏、结构游戏、表演游戏等创造性游戏，如智力游戏、音乐游戏、体育游戏等规则性游戏等等。但幼儿园日常教学实践在关注选择何种游戏形式的同时，往往忽略了一个更为根本的问题，即作为游戏者的幼儿的内在体验问题。幼儿不仅仅是一个认识主体，更是一个生活主体，而作为生活主体，其基本的存在方式乃是"体验"，"生活的意义乃是对生活本身全面彻底的体验，即去全面地感受生活中真挚的爱、关心、理解、创造、发现、渴求和希望的真正含义，这些体验是生活至高无上的价值。"[①]而"决定幼儿游戏体验质量的，也许不在于它是'教学游戏'还是'自主游戏'，而在于参与游戏的幼儿自身发展水平能否保证其经常性地投入所在集体的游戏活动，以及指导游戏的教师自身发展水平能否保证其经常性地把握游戏开展和幼儿发展之间的互动规律，能否在具体的游戏中帮助更多的幼儿沉浸在游戏状态中，以及能否从具体的游戏中使更多的幼儿得到快乐以及其他有益的经验。"[②]因此，如何提升幼儿在游戏中的积极体验问题，可能是需要我们进一步深入关注的问题。

---

① [美]沃尔夫、吉伊根. 艺术批评与艺术教育. 滑明达译. 成都：四川人民出版社，1998，18.

② 许卓娅. 用历史生态的眼光看我国幼儿园游戏的理论与实践. 幼儿教育，2005，4.

第六章

学前课程内容领域的政策划分

一、学前课程内容领域划分的基本思路

(一) 不同国家(地区)学前课程内容领域划分一览

课程内容是各国(地区)学前课程纲要中的重要组成部分,也是所占分量最大的一部分。它框定了学前教育机构的基本教育活动内容和儿童的主要学习领域,乃至儿童应达到的学习与发展结果。恰如经济合作与发展组织(OECD)在其研究报告"强力开端Ⅲ"中所指出的,这些课程内容被组织成学科领域的形式,突出了学前教育活动所应优先考虑的教育内容,厘清了学前保育、教育教学的组织方式。①

下面,我们根据各个国家(地区)新近颁定的学前课程纲要,整理出它们各自所划分的课程内容领域,详见下表。

表6.1 不同国家(地区)学前课程内容领域划分一览表

国家(地区)	课程内容领域②
新西兰	幸福健康(Well-being);归属(Belonging);贡献(Contribution);交流(Communication);探索(Exploration)

① OECD(2012). *Starting Strong Ⅲ: A Quality Toolbox for Early Childhood Education and Care*. p101. http://www.oecd.org/edu/preschoolandschool/startingstrongiii-aqualitytoolboxforearlychildhoodeducationandcare.htm.

② 考虑到翻译过程中,可能会有文本原意的流失,因此,对各国(地区)课程纲要中所划分的课程内容领域,我们都括注了英文表达。

续 表

国家(地区)		课程内容领域
澳大利亚①	全国学习框架	认同感(Children have a strong sense of identity);联结与贡献(Children are connected with and contribute to their world);幸福健康(Children have a strong sense of well-being);自信与参与(Children are confident and involved learners);交流(Children are effective communicators)
	昆士兰州	社会学习与个体学习(Social & Personal Learning);健康与身体学习(Health and Physical Learning);语言学习与交流(Language Learning and Communication);早期数学理解(Early Mathematical Understandings);积极学习过程(Active Learning Process)
英国	英格兰	交流与语言(Communication and Language);身体发展(Physical Development);个体、社会与情感发展(Personal, Social and Emotional Development)读写(Literacy);数学(Mathematics);理解世界(Understanding the World);表达性艺术与设计(Expressive Arts and Design)
	苏格兰	表达性艺术(Expressive Arts);健康与幸福(Health and Well-being);语言(Languages);宗教与道德(Religious and Moral Education);科学(Sciences);社会研究(Social Studies)
爱尔兰		幸福健康(Well-being);认同与归属(Identity and Belonging);交流(Communicating);探索与思考(Exploring and Thinking)
法国		语言(Language);共同生活(Living Together);运动和身体表达(Movement and Expression with the Body);发现世界(Discovering the World);想象、感受和创造(Imaging, Feeling and Creating)
芬兰		数学定向(Mathematical Orientation);自然科学定向(Natural Sciences Orientation);历史社会定向(Historical-societal Orientation);美学定向(Aesthetic Orientation);道德定向(Ethical Orientation);宗教与哲学定向(Religious-philosophical Orientation)
冰岛		读写与交流(Literacy and Communication);健康与幸福(Health and Well-being);可持续发展与科学(Sustainability and Science);创造与文化(Creativity and Culture)

① 澳大利亚的全国学习框架指出,该框架可以取代各州和自治领的课程纲要,也可以作为一种补充。至于选择哪种方式,则由州和自治领政府自行决定。因此,它并不是对各州、自治领课程纲要的强制性取代。

续 表

<table>
<tr><th colspan="2">国家(地区)</th><th>课程内容领域</th></tr>
<tr><td colspan="2">挪威</td><td>交流、语言和文本(Communication, Language and Text);身体、运动与健康(Body, Movement and Health);自然、环境与技术(Nature, Environment and Technology);道德、宗教和哲学(Ethics, Religion and Philosophy);地方社区和社会(Local Community and Society);数字、空间和形状(Numbers, Spaces and Shapes)</td></tr>
<tr><td rowspan="2">加拿大</td><td>安大略省</td><td>个性与社会性发展(Personal and Social Development);语言(Language);数学(Mathematics);科学与技术(Science and Technology);健康与身体活动(Health and Physical Activity);艺术(The Arts)</td></tr>
<tr><td>不列颠哥伦比亚省</td><td>幸福健康与归属(Well-being and Belonging);探究与创造(Exploration and Creativity);语言与读写(Languages and Literacy);社会责任与多样化(Social Responsibility and Diversity)</td></tr>
<tr><td rowspan="2">美国</td><td>乔治亚州</td><td>语言与读写发展(Language and Literacy Development);数学发展(Mathematics Development);科学发展(Science Development);社会研究发展(Social Studies Development);创造性发展(Creative Development);社会性与情感发展(Social and Emotional Development);健康与身体发展(Health and Physical Development)</td></tr>
<tr><td>马萨诸塞州</td><td>英语语言艺术(English Language Arts);数学(Mathematical);科学、技术与工程(Science and Technology/Engineering);历史与社会科学(History and Social Science);健康教育(Health Education);艺术(the Arts)</td></tr>
<tr><td colspan="2">日本</td><td>健康(Health);人际关系(Human Relationships);环境(Environment);语言(Language);表达(Expression)</td></tr>
<tr><td colspan="2">韩国</td><td>健康(Health);社会关系(Social Relationships);表达(Expression);语言(Language);探究(Inquiry)</td></tr>
<tr><td colspan="2">印度</td><td>身体与动作发展(Physical and Motor Development);语言发展(Language Development);认知发展(Cognitive Development);社会、个体与情感发展(Social-personal and Emotional Development);感官发展(Sensorial Development);创造性与审美发展(Development of Creative and Aesthetic Appreciation)</td></tr>
<tr><td colspan="2">中国香港</td><td>体能与健康;语文;个人与群体;早期数学;科学与科技;艺术</td></tr>
</table>

从上表中，我们可以大致看出，在各个国家（地区）学前课程纲要中，一方面，相互之间所划分的课程内容领域在具体组成、概念表述、领域数量等方面不尽相同。比如，在英格兰，"交流和语言"被划归为一个领域，而在苏格兰则直接概括为"语言"；在芬兰，主要划分为六个学科领域，而在澳大利亚和新西兰，课程内容划分则较少学科的意味。但另一方面，就整体而言，所有的这些学前课程纲要基本上都关注到了儿童在身体、认知、情感、社会性等方面的发展。

2011 年，经济合作与发展组织（OECD）对其成员国做了一项关于学前教育质量的调查，其中就涉及对学前课程内容的调查。包括澳大利亚、奥地利、加拿大的不列颠哥伦比亚省、美国的乔治亚州、北卡罗莱纳州等在内的 35 个国家和地区参与了调查。参与调查的国家和地区被要求从以下九个学前课程内容要素或领域中，做出他们的选择：读写、数学、科学、艺术、音乐、身体教育、实践技能、游戏时间、户外活动。参与调查的对象，在从中做出选择的同时，还另外主动提出了一些内容领域，包括宗教、道德与公民；健康与幸福；社会科学；跨文化教育；信息技术；外语；学习方式。经过对调查数据的统计，形成了如下统计图（图 6.1）。①

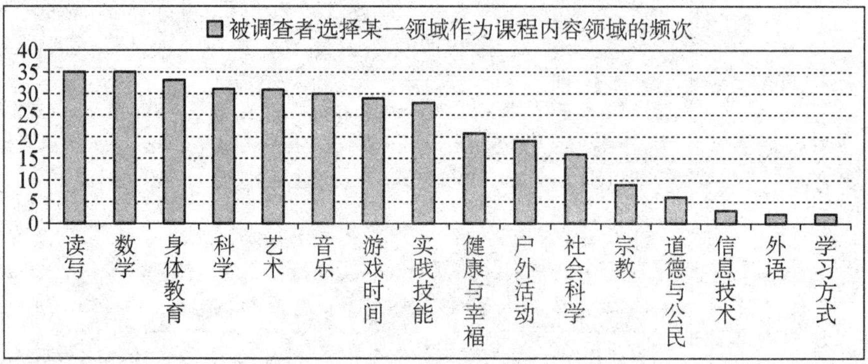

图 6.1　学前课程内容领域组成统计图

在这一调查内容中，虽然对课程内容领域的划分似乎存在着不同的分类标准，比如游戏时间、户外活动和读写、数学、科学等似乎并不是在一个分类维度上；再比如艺术与音乐、身体教育与健康幸福，在内涵上也有一定的交叠。但是，我们仍然可以从这

① OECD (2012). *Starting Strong Ⅲ: A Quality Toolbox for Early Childhood Education and Care*. p101. http://www.oecd.org/edu/preschoolandschool/startingstrongiii-aqualitytoolboxforearlychildhoodeducationandcare.htm.

一统计图中，获得一些有价值的基本信息。比如，读写和数学受到了最广泛地接受，在接受调查的所有国家和地区中，都选择了这两项作为学前课程内容的基本领域。其次是身体、科学、艺术等。另外也提出了像信息技术（ICT）、学习方式等一些新的课程内容领域。

（二）不同国家（地区）学前课程纲要中内容领域划分的基本思路

学前课程内容领域划分的基本思路，是指不同国家（地区）在构建学前课程内容时，是依据什么标准来划分出不同内容领域的，各内容领域之间有什么样的逻辑关系，之所以如此划分，其背后的教育目的和教育价值取向是什么。依据课程与儿童之间的关系，我们大致把各个国家（地区）学前课程内容领域划分的基本思路概括为以下两种主要类型。

1. 基于学科领域的划分思路

基于学科领域的划分思路，是目前大多数国家（地区）的学前课程纲要在划分学前课程内容时所采用的一种基本思路。它主要是按照学科领域的形式来建构儿童要学习的经验和知识。一方面，与具体的学科科目相区别，学科领域体现了课程的整合性和综合性。学科科目一般具有较强的学科知识逻辑结构，而学科领域在这方面则比较弱，更倾向于学科知识与儿童生活经验的融合。

另一方面，它也相对保留了人类知识经验的完整性和基本架构，不至于使儿童在学习时，所获得的经验过于零散、缺乏最基本的体系性。掌握人类知识经验的基本架构，这也是儿童由一个自然人成长为一个社会文化人的必然过程。学科知识作为一种公共性知识，它是人类或本民族群体在长期探索世界与自我的过程中积累起来的经验表达，它蕴涵着人类或本民族对世界进行理解的方式、取向与结果，是他们看待这个世界的一种视界，一种框架。儿童掌握了这种框架就可以将外部世界分门别类地纳入其中，并赋予其意义，获得对世界和自身的理解。因而，相对于儿童个体经验的局限性而言，它体现着一种精神的普遍性。因此，个体需要走出自身的经验局限性，去把握人类创造出的理解世界和自身意义的框架，获得一种类的视界。因此，即使全美幼儿教育协会（NAEYC）这样的强调儿童中心主义的组织，也不得不承认"学科课程的存在有其理由。学科课程将知识分成类别，为设计和组织知识提供了系统，为理解社会、物质世界和生物学世界提供了关键经验、探索的工具以及认识的方法。"①

在这一划分思路下，不同国家(地区)的具体做法又不尽相同。有些国家(地区)的课程内容领域结构化程度较高，而有些则相对较低。比如，芬兰的《全国幼儿教育与保育课程纲要》，结构化程度就相对较高。在该课程纲要中，明确指出：在学前教育中，要通过各种不同的教育活动使儿童的发展保持一种平衡，而这种不同内容领域下教育活动之间的平衡，可以依据人类理解、知识和经验的基本形式来实现。这些基本的理解和知识经验形式相互之间彼此互补，主要包括数学定向、自然科学定向、历史社会定向、审美定向、道德定向、宗教哲学定向。这一内容框架被认为可以确保儿童获得关于世界的多面相、整体性的一幅图景。虽然，在这一课程纲要中，也指出主要不是让儿童去学习一些不同学科中的知识内容，每个学科方向下都有特定的思考问题的方式、感受理解世界的方式、表达创造和想象的方式，这些才是儿童要学习的，这些东西是他们逐步提升自己的能力以探究、理解、体验周围世界中各种现象的思维工具。② 但是相比其他一些国家(地区)而言，这一课程纲要的内容领域划分，结构性仍然较高。

这一特点，在美国一些州的课程纲要中也有一定程度的体现，如在马萨诸塞州，划分了英语语言艺术，数学，科学、技术与工程，历史与社会科学，健康教育，艺术等学习领域，并把这些知识经验的呈现与学习视为儿童学业学习的开始。③ 乔治亚州的学前课程纲要中所划分的语言与读写发展、数学发展、科学发展、社会研究发展、创造性发展、社会性与情感发展、健康与身体发展，也具有较明显的学科结构性。这主要是由于其课程设计的一个基本指导思想是推进儿童的入学准备。学前教育的入学准备目标强调儿童在以上诸学习领域中所获得的经验。

而在英国 2012 年颁定的《学前基础阶段法定框架》中，则把课程内容领域的划分和儿童的年龄发展阶段联系了起来。它把七个课程内容领域划分为两个阶段，即基本领域和特定领域。前者包括交流和语言领域、身体发展领域和个体、社会与情感发展

① S. Bredekamp and T. Rosegrant (1995). Reaching Potentials: Transforming Early Childhood Curriculum and Assessment. NAEYC, 2(2). 转引自朱家雄主编. 幼儿园课程论. 北京：中央广播电视大学出版社，2008，115.

② Stakes (2004). *National Curriculum Guidelines on Early Childhood Education and Care in Finland*. p24. http://www.thl.fi/thl-client/pdfs/267671cb-0ec0-4039-b97b-7ac6ce6b9c10.

③ Massachusetts Department of Education (2003). *Guidelines for Preschool Learning Experiences*. p5. http://211.154.83.45:83/1Q2W3E4R5T6Y7U8I9O0P1Z2X3C4V5B/www.eec.state.ma.us/docs1/curriculum/20030401_preschool_early_learning_guidelines.pdf.

领域。在0—3岁幼儿的早期发展阶段，主要侧重于这三个学习领域。这三个学习领域反映了儿童有效学习与发展所需要的关键性技能和能力。随着年龄的增长，读写、数学、理解世界和表达性艺术等学习领域的比重才逐步增加，并与前三个基本学习领域保持一个大致相当的比重。

在我国2001年颁布的《幼儿园教育指导纲要（试行）》中，也主要是从这一基本思路来划分课程内容领域的，构建了健康、语言、社会、科学、艺术五大领域。当然，对于这五大领域，我国的指导纲要称其为"教育内容"而不是"课程内容"，这在一定程度上应该是反映了力图规避我国学前教育领域对幼儿园课程的学科化、知识化理解的传统倾向。受前苏联的凯洛夫教育学传统的影响，建国后，我国教育界对"课程"的基本理解是教学科目，强调的是教师向儿童传授知识，学前教育成了小学化教育。如在1952年，在苏联教育专家戈林娜等人指导下，教育部颁布了《幼儿园暂行规程》，其中涉及了六项教养活动项目：体育、语言、认识环境、图画和手工、音乐、计算。这些学科基本上都是按照学科知识体系的标准，按照一定的学科逻辑顺序，由浅入深地来呈现学科知识。这一文件对我国幼儿园课程设置影响深远，如1981年颁布的《幼儿园教育纲要（试行草案）》规定，幼儿园设置语言、计算、常识、音乐、美术和体育等六门课程。因此，在这种关于课程理解的传统语境下，2001年的指导纲要使用"教育内容"而不用"课程内容"，应该说其本身就暗示了一种教育导向，体现了一种大课程意识，强调的是课程内容领域的低结构性。对于这一划分思路的优点，我国学前教育领域认为"一是这是比较成熟的、科学的分类。这一分类可追溯到19世纪，当时就已经开始按不同知识的性质来划分学科了。一百多年来，这种划分已经非常成熟了，而且被学校教育认可，并一直影响着今天学校教育的科目名称。当然幼儿园的课程内容领域不同于学校教育的学科，每个领域都比学科宽广得多。二是它有利于教师按知识的性质来选择相应的教法和理解幼儿的学习。由于各领域知识的性质有较大的不同，因此幼儿学习这些知识时的方法也不一样，这就决定了教师教的方法必须随之而改变。按知识性质进行分类的方法有利于指导教师根据教育内容的变化而恰当地对应。三是这些领域的名称为我国幼儿园教师所熟悉，这样有利于广大教师接受《纲要》，找到感觉，特别是师资水平比较低差的地区。"①

① 李季湄.《幼儿园教育指导纲要（试行）》简析. 载教育部基础教育司组织编写.《幼儿园教育指导纲要（试行）》解读. 南京：江苏教育出版社，2002，43.

2. 基于儿童生活的划分思路

从表6.1中，我们可以看出新西兰和澳大利亚两个国家在学前课程内容领域的划分方式上和其他国家有较大的差异，很明显，它们都不是从学科领域的角度来划分的。我们把这种划分思路概括为基于儿童生活的划分思路。这种思路主要不是把儿童作为一个要学习各种学科领域知识的学习者，而是把儿童作为身处在具体社会文化生态之中的生活主体，他们要过一种有意义的生活，一种不脱离其具体社会文化处境的生活。因此，为了帮助儿童过上这种有意义的生活，学前课程应该怎么办，应该如何划分课程内容领域并组织相应的教育活动形式，以使儿童获得相应的知识经验和意义体验，就成为这一思路要面对的基本问题。在这一思路下，儿童的认知和生活是内在统一的，认知活动就是儿童生活的一种表现形式，它不外在于儿童生活，而就是生活的内容，就是儿童的一种存在形式，是儿童自我生成、自我实现和自我完善的方式。

在澳大利亚2009年颁定的《归属、生活、成长：澳大利亚学前学习框架》中，没有明确提出课程内容领域或学习领域，而是以学习目标的形式，提出了儿童在五个方面的发展，即要使儿童成长为有强烈认同感的个体、和他们周围世界有紧密联系并有所贡献的个体、具有强烈幸福感并健康的个体、积极自信乐于参与的个体、能够有效交流的个体。这五个基本学习目标，实际上也是儿童在相应的五个领域中的发展。而这五个目标提出的基础，就是以儿童的生活为逻辑起点的。该学习框架首先对儿童生活的本质做出了解释，这种本质体现在归属（Belonging）、生活（Being）、成长（Becoming）三个方面。归属感是人自我存在感的重要组成部分。儿童一出生就归属于一个家庭、一种社会文化，它形成了儿童"我是谁"、"我能够成为谁"的观念；而"生活"这一概念的使用，则意味着对儿童当下生活的认可，儿童生活的价值不仅仅在于为未来做准备，更在于现在此时此刻的生活感受和体验；"成长"这一概念则揭示了儿童在学习与发展过程中，所出现的一系列快速而重大的发展变化。因此，在澳大利亚的学习框架中，对儿童生活的理解并没停留在的各种日常生活的感性层面上，而是深入到了儿童之为儿童的本质规定性上。

以这一对儿童生活的理解为学前课程建构的逻辑起点，相关的学科（领域）内容知识已不再以学科逻辑框架的形式呈现，而是融入到了五大学习目标之中。而且这五大学习目标及其相应的学习活动都是从儿童生活的角度来阐释和理解的。比如，对于其中的目标二"儿童同周围世界有紧密联系并有所贡献"，其中就提到儿童这方面的经验对其归属感、生活、成长，具有积极意义。再比如，对于目标五"儿童成为能够有效交流的个体”,其中就阐释到:交流对儿童的归属、生活和成长非常重要,儿童从出生就通过各种姿势、声音、语言同他人进行交流。他们天生就具有社会性,有着要交流想法、问题、情感的内在动机,他们可以使用包括音乐、舞蹈、戏剧在内的各种工具和媒介来表达自己、和别人交流并拓展自己的学习。因此,在这样的目标定位下,儿童的读写能力和数学能力被看成是儿童交流能力的重要方面。

在新西兰 1996 年颁定的《编席子:学前课程》这份学前课程纲要中,也是突破了学科(领域)的逻辑框架,而列出了幸福健康、归属、贡献、交流、探索等五个儿童学习与发展的领域。同样,这五个领域也主要是从儿童生活的角度来划分的,学科知识是融入其中的。比如在“归属”这一领域,其中儿童发展的第一个目标乃是儿童能够获得一种经历,即儿童家庭与外部更大世界之间的联系能得到确认和拓展。具体目标包括:儿童能理解学前教育机构环境与他们所熟悉的家庭、社区等之间的关系;知道当地的自然物理环境和精神文化环境,比如当地的河流和山脉;有兴趣乐于去发现周围更大范围内自己所不熟悉的世界,那里的人、物、语言、声音、气味、味道等和自己所熟悉的家庭环境是不一样的;能够意识到事情和经验之间的联系;能够建立起学前教育环境和自己的家、父母的工作场所之间的联系;了解医院、超市、消防等机构的作用。①

以上我们概括了不同国家(地区)学前课程内容领域划分的两种基本思路。相对而言,按学科领域进行划分的学前课程的各内容领域,相互之间逻辑性更为清晰,更容易为一线教师所理解和接受,在实践中也更容易操作,毕竟学科框架是我们人类在认识世界的过程中所建构起的基本认知框架。但另一方面,在这一思路下,也往往会导致以学科框架来剪裁儿童生活的弊端。而基于儿童生活的划分思路,则是突破了学科框架对儿童生活所造成的框限,把儿童视为是社会文化性存在,他们有着归属的需要、交流的天性、探究的兴趣、追求和建构意义的能力,学前课程以此为依据来划分相应的教育活动领域。

(三) 不同国家(地区)学前课程纲要中内容领域的结构方式

从课程结构的角度看,如果说上一点所讨论的主要是课程纲要中不同课程内容领域之间的问题,那么此处所要分析的则主要是课程纲要中内容领域之内的结构组织方

① Ministry of Education (1996). *Te Whàriki: Early Childhood Curriculum*. p56. http://211.167.103.140/1Q2W3E4R5T6Y7U8I9O0P1Z2X3C4V5B/www.educate.ece.govt.nz/~/media/Educate/Files/Reference%20Downloads/whariki.pdf.

式。综观各国(地区)学前课程纲要,课程内容领域内的结构组织方式,基本上有两种方式,即“目标——实施要点”式和“目标——内容——实施要点”式。

1.“目标——实施要点”式

“目标——实施要点”式是采用较多的一种方式。它首先是呈现出本领域中儿童学习与发展的目标,然后就如何实现这些目标而对教师的教学实施提供指导原则和要点。目前我国使用的《幼儿园教育指导纲要(试行)》就是采用了这种方式。此外,在挪威、中国香港、新西兰、澳大利亚、爱尔兰、美国一些州的课程纲要中都有体现。如在挪威2006年颁定的《幼儿园课程内容与任务框架计划》中,以“交流、语言和文本”为例,首先是一段简单的陈述性引言,然后就列出了本领域要帮助儿童达成的学习与发展目标,诸如发展他们对概念的理解力,使用各种词汇;使用他们的语言来表达自己的情感、希望和经验,解决人际交往互动中的冲突,建构积极的关系;逐步熟悉书籍、歌曲和图画等。

(1) 对于这种结构方式中的“目标”,不同国家(地区)的学前课程纲要处理方式也不尽相同。

首先,从领域课程目标的知识与技能、情感态度价值观、过程与方法三维结构看,一些国家(地区)的学前课程纲要倾向于强调情感、态度、价值观方面的目标。如在我国的《幼儿园教育指导纲要(试行)》中就有明确体现。“在目标表述上,较多地使用了‘体验’、‘感受’、‘喜欢’、‘乐意’等词汇,突出了情感、兴趣、态度、个性等方面的价值取向,着眼于培养终身学习的基础和动力。如‘健康’的目标在将幼儿身体健康放在首位的同时,也强调幼儿‘情绪安定、愉快’,而且将‘喜欢参加体育运动’放在了动作要求之前,明确指出要把‘培养幼儿对体育活动的兴趣’作为‘幼儿园体育的首要目标’。这不仅仅是因为只有幼儿喜欢参加体育运动,才可能发展其体质和动作,还因为这一兴趣和愉快体验将推动他们今后积极地参加体育活动,这样有利于他们一生的健康和幸福的生活。”①这段话非常明确地说明了我们幼儿园课程目标的基本取向。这种基本取向在日本的学习纲要和韩国的课程纲要中也有明显地体现。但是在挪威、爱尔兰、英国以及美国一些州的课程纲要中,并没有如此凸显情感态度方面的课程目标。这可能和我国幼儿园课程在努力扭转直接教学模式强调知识、技能传授的传统有关,而西方一些国家不存在这样的问题,因此也就不会极力去强调情感性目标。

① 教育部基础教育司组织编写.《幼儿园教育指导纲要(试行)》解读.南京:江苏教育出版社,2002,45.

值得关注的是，在新西兰的课程纲要中明确提出了领域课程目标的知识、技能、态度三个组成部分，并给予了阐释。认为知识、技能、态度三部分是相互之间紧密联系的，它们共同构成了儿童的“工作理论（Working Theory）”。在儿童时代，儿童逐渐发展起越来越精细的和有用的关于他们自己、他人、地方和事件的工作理论，这些工作理论包括了知识、技能和策略、态度以及期望。因此，基于这样的认识，在新西兰的课程纲要中，每个课程内容领域的目标都涉及了知识、技能和态度。

其次，从领域课程目标的详略性上看，可分为“标准型的课程目标”和“纲领型的课程目标”。有些国家（地区）的领域课程目标非常的详细，有一级目标、二级目标，甚至会有具体的行为指标，我们可称之为“标准型的课程目标”。比如，在美国乔治亚州的学前指南中，就有明确具体的行为指标，在语言与读写领域中的行为指标就有“能够区分相同的声音和不同声音”，“能认识到 Make 和 Matt 是以相同的声音开头的，能够确认一般的环境中发出的声音和动物发出的声音”。[①] 在爱尔兰的课程纲要中也是在每个内容领域会设 4—5 个课程目标，每个目标下又细化为 6—7 个不等的子目标。而在另外一些国家（地区）的领域课程目标则相对比较粗略，我们可称之为“纲领型的课程目标”，如我国的《幼儿园教育指导纲要（试行）》中的目标描述就属于这一类。此外，挪威、中国香港的课程纲要中的领域课程目标也属于这一类型。

（2）对于这一结构方式中的“实施要点”，也可以基本分为三种情况：

一种是原则性的实施要点。例如，香港的学前课程指引中，就以“教育原则”来指称这部分内容，而韩国的学前课程纲要中，也是使用的“教学准则（Guideline for Teaching）”这一术语，并罗列了若干条原则性的实施指导要点。

第二种则是例子式的实施要点。在澳大利亚的学习框架和新西兰的学前课程纲要中都是使用的这种方式。提供若干具体的教学实践操作例子，为教师的教学实践提供参照。其优点就在于为教师的课程实施提供了较大的自由空间。

第三种则是反思问题式的实施要点。比如，在加拿大的不列颠哥伦比亚省的学前课程纲要中，在列出领域中的每个学习与发展目标后，紧跟其后的就是需要考虑的问题。如，对于“语言与读写”领域的学习目标就提出“创造性地使用不同的表达方式，交流想法和经验”，为实现这一目标，教师需要思考的问题诸如“教师如何认识

---

① Georgia Department of Early Care and Learning (2011). *Georgia's Pre-K Program Content Standards*. p16. http://decal.ga.gov/documents/attachments/content_standards_full.pdf.

婴幼儿的口头语言和非口头语言，并给予回应；教师如何才能认识、描述和婴幼儿的想法，并使之看的见"。[1] 这种方式的优点在于，能够激发教师的教育主动性和创造性。

(3) 在这一结构方式中，并不是没有"课程内容"，而是把课程内容融入了目标表述和实施要点中了。

如我国《幼儿园教育指导纲要(试行)》中的各领域课程内容就融入到了"教育要求"之中。这一部分旨在"说明为实现教育目标，教师应该做什么、该怎样做，与此同时，将该领域教育的内容自然地负载其中。《纲要》遵循基础教育课程改革的精神，强调幼儿的主动学习，改革教学方式，希望教师不要把关注点过分集中在具体知识或技能上来教学生，不要仅仅以固定的知识点为目标来设计教学活动，而是着力组织适合幼儿的活动，创造适宜的教育环境，从幼儿的实际生活中去发现教学赖以展开的资源，通过作用于幼儿的互动来对幼儿发生实质性的影响，让他们获得体验，获得一定的知识和技能。因此《纲要》在每个领域中都没有单独列出一个知识点或技能要求的细目，而是从活动的角度附带提出知识或技能要求"。[2]

2. "目标——内容——实施要点"式

这种结构方式在日本《幼儿园学习指导纲要》和韩国的《幼儿园课程》中表现明显。在这两份课程文件中，都有独立的"内容"部分。相对而言，目标部分叙述比较概括，而内容部分则较详细。在韩国的《幼儿园课程》中，把内容部分做了三级细化分类。这种做法的优点在于可以使教师较好地把握教育内容，不至于像"目标——实施要点"式中有些教师会感到没够明确的教育内容，教学无从下手。但弊端在于有可能会使教师过分关注教育内容的传递而忽视儿童的活动过程。

以上主要是着眼于各国(地区)学前课程纲要中课程内容领域的整体分析，接下来我们将对各国(地区)学前课程纲要中所划分的各个基本课程内容领域展开具体分析。在分析的过程中，我们将以上述课程内容领域基本划分思路中所提出的学科领域的划分思路为主线，兼顾基于儿童生活的划分思路。这主要是因为学科领域的划分思路与我国2001年颁定的《幼儿园教育指导纲要(试行)》中的课程内容领域划分思路相一致，为我们所熟悉，而且也是目前大多数国家(地区)课程纲要所采用的方式。

---

① British Columbia Ministry of Education, ect (2008). *British Columbia Early Learning Framework*. p29. http://www.bced.gov.bc.ca/early_learning/early_learning_framework.htm.

② 教育部基础教育司组织编写.《幼儿园教育指导纲要(试行)》解读.南京:江苏教育出版社,2002,44.

二、健康领域

健康的身体是儿童学习与发展的物质基础。恰如爱尔兰的课程纲要中所指出的：身体健康对儿童的学习与发展非常重要，只有以健康的身体为基础，儿童才有可能去探究周围世界，并不断挑战自我。① 香港学前课程指引也指出：身体的活动，能使幼儿体会到身体活动的能力和建立空间感；感官的运用，有助于幼儿认识自己与四周环境的关系。适当的训练，有助于幼儿大小肌肉的操控能力，以及有效地培养专注和观察能力，增强自信。这在幼儿的学习上起了重要作用。② 挪威2006年颁定的《幼儿园课程内容与任务框架计划》中也指出：通过身体活动，儿童了解自己和周围的世界。通过感官活动，儿童获得许多方面的经验、技能和知识。儿童之间的互动也往往是开始于身体语言和身体的活动，这对儿童的社会性发展很重要。③ 可见，健康与身体的发展和儿童其他许多方面的发展都有密切关系。

综观各国（地区）的学前课程纲要，健康领域是一个重要甚至是首要的内容领域。对于这一领域，不同国家（地区）学前课程纲要的具体表述不尽一致，如新西兰、澳大利亚、爱尔兰使用的是"幸福健康（Well-being）"，英格兰使用的是"身体发展（Physical Development）"，苏格兰、冰岛使用的是"健康与幸福（Health and Well-being）"，加拿大安大略省使用的是"健康与身体活动（Health and Physical Activity）"，印度使用的是"身体与动作发展（Physical and Motor Development）"，中国香港使用的是"体能与健康"，中国大陆、日本、韩国则直接使用"健康"等等。从具体的表述中，我们也可以体会到，不同国家（地区）的学前课程纲要对健康的关注点有一定差别，有些国家（地区）强调的是儿童在身体层面上的健康发展，而有些国家（地区）则同时强调了身体健康与心理健康。

---

① National Council for Curriculum (2009). *Astear: The Early Childhood Curriculum Framework—Principle and Themes*. p16. http://www.ncca.ie.

② 香港课程发展议会(2006). 学前课程指引. p19. http://www.edb.gov.hk/index.aspx?nodeID=2872&langno=2.

③ Ministry of Education and Research (2006). *Framework Plan for the Content and Tasks of Kindergartens*. p22. http://www.regjeringen.no/en/archive/Stoltenbergs-2nd-Government/Ministry-of-Education-and-Research/Lover_og_regler/reglement/2006/framework-plan-for-the-content-and-tasks.html?id=278626.

(一) 身体发展

有些国家(地区)的学前课程纲要侧重强调了儿童在身体层面上健康发展,其中包括了大、小肌肉的发展、运动能力的发展以及健康的生活方式。

如在英格兰 2012 年颁定的《学前基础阶段法定框架》中,单独划分出了身体发展领域,与个体、社会和情感发展相并列,清楚表明了它对儿童身体发展的关注。这一领域又分为两个方面:(1)运动与操作。基本的学习与发展目标是:儿童在大、小肌肉运动中能够较好地控制和协调;能够以各种方式自信安全地通过有一定难度的道路和空间;能够有效地运用和操作一些设备和工具,包括使用铅笔写字。(2)健康与自理。基本的学习与发展目标是:儿童知道身体锻炼、健康饮食的重要性,并能够讨论保持健康和安全的各种方式。有一定的生活自理能力,包括独立地穿衣服、上厕所。①

印度的学前课程框架也强调了儿童在身体与运动能力上的发展,其中包括:大肌肉运动能力;精细肌肉动作的协调配合;手眼协调;平衡感、身体协调、空间和方位意识;营养、健康状况和锻炼。② 同时,在该课程框架中,还专门提出了感官发展领域,通过视觉、听觉和动觉促进儿童五种感觉能力的发展。

相比较而言,美国乔治亚州 2011 年颁定的《幼儿教育内容标准》中,对健康与身体发展的理解更为长远,规定也更为细致。其中表达的一个基本观点是:幼儿期建立的饮食习惯,会影响一生,好的饮食习惯会有助于防止疾病、肥胖和其他健康问题。在这一领域中儿童的基本发展目标是:儿童参与各种大肌肉运动,以发展控制、平衡、力量和协调能力;参与各种促进精细肌肉发展的活动;理解健康安全的生活。而在这其中比较引人注意的是:对突发事件的应对教育,比如知道遇到紧急事情时拨打电话 911,参加学习如何逃离危险处境的各种活动。这一点在不少国家的课程文件中都有提到,如日本 2008 年的《幼儿园学习指导要领》中,在健康领域中也提出一条基本内容,即知道什么地方存在着危险、万一发生灾难知道如何做,知道如何采取安全的行动。在韩国分别于 1998 年和 2007 年先后颁定的课程纲要中都提出要让幼儿为自然灾难做好准备,要能发现自然灾害发生时的特征线索,并练习逃生技能。

---

① Department for Education (2012). *Statutory Framework for the Early Years Foundation Stage*. p8. https://www.education.gov.uk/publications/standard/publicationDetail/Page1/DFE-00023-2012.

② Ministry of Women and Child Development Government of India (2012). *Early Childhood Education Curriculum Framework* (*Draft*). p7. http://wcd.nic.in/Schemes/ECCE/curriculum_draft_5[1]%20(1)%20(9).pdf.

儿童早期身体正处于快速发育期，因此这种对身体发展的强调和关注，具有非常重要的意义。对此，有些国家(地区)的学前课程纲要更是从知识、技能和态度等不同层面来对儿童在健康领域的学习与发展提出指导。如在新西兰的学前课程纲要中，健康领域的第一个目标就是儿童的身体健康能够得到促进，具体表现在：儿童逐步对自己的身体及身体如何发挥功能有所理解；知道怎样保护自己的健康；在吃饭、喝水、食物准备、大小便、休息、睡觉、洗刷和穿衣等方面有自理能力；对饮食、睡觉和大小便有积极的态度。① 这些方面分别涉及儿童在身体健康知识、技能、态度等不同方面的发展。

中国香港的学前课程指引中，体能与健康领域也从健康知识、感知发展、大小肌肉运动发展三个方面作出指导。其中涉及养成良好生活习惯，培养自理能力，培养积极参与身体活动的兴趣和习惯，认识基本健康和安全知识，懂得保护自己；认识视、听、味、嗅、触的感官技能，加深对身体的认识；发展专注、观察和协调感观技能，提高对环境的敏感度；运用感知能力去探求环境的兴趣和欣赏事物；认识身体不同部分的特征与功能，配合身体运动与感知能力，锻炼出良好的体格、感官技能和身体活动能力，培养意志力、信心与勇气；建立保护自己的意识和能力。② 在这些内容中，涉及了儿童健康知识、能力、习惯的发展，同时也关注到了运动与锻炼的兴趣、意志力和勇气等情感价值观要素。

在挪威 2006 年颁定的《幼儿园课程内容与任务框架计划》中，也划分出了“身体、运动与健康”领域，其中也特别强调了儿童在身体运动中的积极情感感受，比如通过身体运动发展积极的自我意象；获得多样化的运动及其挑战的积极经验；不断发展身体控制能力、大肌肉和精细肌肉运动能力；有不同季节户外活动的积极体验；喜欢在大自然中探究和锻炼身体，并认识到如何运用自然环境同时又保护自然环境；理解和尊重自己及他人的身体，认识到每个人都是不一样的；了解人体，并开始理解好习惯和健康饮食的重要性。③ 从挪威的这份课程框架中，我们得到的启发是：对身体、运动与健康的

---

① Ministry of Education (1996). *Te Whàriki: Early Childhood Curriculum*. p48. http://211.167.103.140/1Q2W3E4R5T6Y7U8I9O0P1Z2X3C4V5B/www.educate.ece.govt.nz/~/media/Educate/Files/Reference%20Downloads/whariki.pdf.

② 香港课程发展议会(2006). 学前课程指引. p19. http://www.edb.gov.hk/index.aspx?nodeID=2872&langno=2.

③ Ministry of Education and Research (2006). *Framework Plan for the Content and Tasks of Kindergartens*. p22. http://www.regjeringen.no/en/archive/Stoltenbergs-2nd-Government/Ministry-of-Education-and-Research/Lover_og_regler/reglement/2006/framework-plan-for-the-content-and-tasks.html?id=278626.

理解不能仅仅局限在身体、运动本身，局限在身体的自然属性上，而是应该放在人之为人的社会属性中，从儿童作为一个具有意义性追求的社会性存在出发，把身体运动的自然属性和社会属性结合起来，在增进儿童健康身体发展的同时，促进儿童积极自我概念、积极活动体验的发展，在身体运动中深化儿童对与他人关系、与自然关系的理解。

(二) 心理健康

除了身体层面上的健康发展，不少国家(地区)的学前课程纲要中，还特别关注到了儿童心理层面上的健康发展。这些国家(地区)往往使用英文单词"well-being"来表示这一课程内容领域。这是一个较难翻译的词汇，似乎很难找到一个中文术语与之对等，"健康"在中文的日常语境中更偏向于指身体健康，而"心理健康"，在当今心理咨询流行的语境下，又常常和心理有障碍、心理不健康、行为有问题等意象若隐若现地联系在一起，至于翻译成"安康"、"福利"等词汇，其意境又似乎和学前教育离得比较远。权衡之下，似乎使用"幸福健康"这一词组可以尽量表达出"well-being"这一词汇的意思，既有身体的健康，又有心理和精神上的幸福感、满意感，处于一种身心和谐的状态。比如在澳大利亚《归属、生活、成长——澳大利亚学前学习框架》中，就明确解释了"well-being"的含义："包括了良好的身体健康状况、幸福满意的情感以及成功的社会交往能力。它影响着儿童和周围环境的互动方式，强烈的幸福健康感可以增进儿童的自信和乐观精神，而这将使他们的学习潜力得到最大化发挥。它可以激发儿童内在的探究动机和主动性的发展，以及和他人交往互动的愿望。"①

此处，我们将重点来分析各国(地区)学前课程纲要的课程内容中，对儿童心理和精神层面上健康状态的关注。这主要体现在以下几个方面：

首先，是对儿童积极的心理和精神状态的关注。如在爱尔兰的课程纲要中，幸福健康领域确立的一个基本目标就是"儿童有积极的学习观和生活态度"，包括不断提供的自主性和做出选择与决定的能力；能够自我激励，不怕挑战；尊重生活、自我和他人；知道生活是有意义的、有目标的；成为积极的小公民。②

---

① Australian Government Department of Education, Employment and Workplace (2009). *Belong, Being & Becoming: The Early Years Learnig Framework for Australia*. p30. http://www.decd.sa.gov.au/barossa/pages/Barossa/37011/?reFlag=1.

② National Council for Curriculum (2009). *Astear: The Early Childhood Curriculum Framework—Principle and Themes*. p16. http://www.ncca.ie.

在澳大利亚的学习框架中，也对儿童积极的社会性、情感体验给予了充分强调，认为如果儿童出现以下行为，就说明儿童具有了积极的社会性情感体验：儿童能够表现出信任和自信；当别人沮丧、困惑或伤心时，他们能给予关心；能够与人分享幽默、幸福和满意；能够接受新的挑战，对自己和他人的努力及取得的成功，感到高兴；不断增加的合作行为；喜欢独处的时光等等。[①] 从这些行为表现中，我们可以看出澳大利亚的学习框架，对心理健康的理解非常宽泛，不仅包括情感情绪上的，还涵盖了儿童社会性发展方面的社会性功能的健康发展。这契合了世界卫生组织(WHO)对健康内涵的新定义：所谓健康，并不仅仅是不得病，还应包括心理健康以及社会交往方面的健康。也就是说，健康是在精神上、身体上和社会交往上保持健全的状态。

其次，是对儿童消极的心理与精神状态的关注。在这一方面，新西兰的《编席子：学前课程》是我们值得关注的一份课程纲要。其中特别提到：发展儿童大胆表达他们害怕情绪的能力和信心，并相信他们的这种害怕情绪会得到认真对待；能够逐步容忍一定程度的变化、令人吃惊、不确定和令人困惑的事情；发展儿童确认自己情绪反应的能力；有信心并有能力表达自己的情感需要，相信自己的情感诉求会得到积极的回应。[②] 的确，在儿童的日常生活中，不仅有积极情绪，还会有各种消极的情绪，学前课程内容的健康领域，不应仅仅是激发儿童的积极情绪，还应引导儿童如何面对、处理自己的各种消极情绪，并进一步发展起对自己情绪的元认知能力。只有这些方面都兼顾到，儿童的健康发展才可能是一种可持续发展。

另外，是对儿童学习与发展中一些特殊时期的心理与精神状态的关注。比如在刚入幼儿园时期、幼小过渡衔接时期、从一个熟悉的幼儿园转学到另一个陌生的幼儿园时期，儿童往往会有强烈的情绪反应。如何引导儿童顺利渡过这些时期，也是学前课程所要考虑的。如在新西兰的课程纲要中，就提到：在这些时期，教师应尽量为儿童的经验保持一种一致性和连贯性，以发展他们的自信心和信任感，实现前后两个不同环境之间的顺利过渡。

---

① Australian Government Department of Education, Employment and Workplace (2009). *Belong, Being & Becoming: The Early Years Learnig Framework for Australia*. p31. http://www.decd.sa.gov.au/barossa/pages/Barossa/37011/?reFlag=1.

② Ministry of Education (1996). *Te Whàriki: Early Childhood Curriculum*. p48. http://211.167.103.140/1Q2W3E4R5T6Y7U8I9O0P1Z2X3C4V5B/www.educate.ece.govt.nz/~/media/Educate/Files/Reference%20Downloads/whariki.pdf.

(三) 健康领域中的文化问题

健康,并不是一个普适性概念,而是具有社会文化情境性的一个概念。这一点,是新西兰的课程纲要给我们的提醒:教师应了解毛利人对健康和幸福的界定或理解,并能认识到这些界定和理解在具体的实践中到底是意味着什么。① 这一点,在绝大部分国家(地区)的学前课程纲要中都没有反映出来。但是相关的研究已充分揭示了这一点。

比如对于一个11个月大的幼儿去拿锋利的镰刀这一事件,在许多文化背景中是不被认可的,被看成是对该幼儿身体有潜在威胁的行为,是应该坚决加以制止的。但是美国人类学研究者罗高芙(Barbara Rogoff)的研究却发现,非洲刚果民主主义共和国的伊图利原始森林里的一个部落,却将幼儿的这种行为视为正常,11个月的幼儿可以在成人的注视下手拿锋利的镰刀去砍一个水果。②

而在另一项学前教育跨文化研究中,也有类似发现。在该研究中,以录像的形式拍摄了日本一个幼儿园的男职工光着上身给几个刚刚洗完澡的幼儿用毛巾擦拭身上的水。这一情节拿给日本的家长、教师观看,并没有引起什么问题。但是当拿给美国的家长和教师看时,却一片哗然,激起强烈反应,一个共同的疑问和担心是:如此的擦拭、身体的接触,是否会有性侵犯发生?③ 同样一件事情,在不同的文化背景下,所得出的反应截然不同。

这也让笔者想起2011年一位来自挪威的学前教育研究专家访问华东师范大学学前教育系时所谈到的一个问题。她在参观上海的一个幼儿园时,看到保育员用消毒水擦拭教室内的桌椅和家具,感到很不理解。这一在中国幼儿园教师看来是防止传染病保护儿童健康的做法,在这位挪威的学前教育专家看来却是一个不利于儿童自身免疫能力提高的不恰当做法。由此出发,她甚至说到,在挪威,一个为家长们所认可的传统观念是,儿童在成长过程中如果没有被摔骨折过,都不算是成长。对此说法,是否真实,是否有夸张成分,我们不得而知。但是,结合上述相关研究者的研究成果,有一点可以确认的是:人们对什么是有利于儿童健康的做法,什么样的做法又

---

① Ministry of Education (1996). *Te Whàriki: Early Childhood Curriculum*. p46. http://211.167.103.140/1Q2W3E4R5T6Y7U8I9O0P1Z2X3C4V5B/www.educate.ece.govt.nz/~/media/Educate/Files/Reference%20Downloads/whariki.pdf.

② Barbara Rogoff (2003). *The Cultural Nature of Human Development*. Oxford University Press, p6.

③ Joseph Tobin, Yeh Hsueh, and Mayumi Karasawa (2009). *Preschool in Three Cultures Revisited*. University of Chicago Press, p117.

被看成是威胁儿童健康的做法，是具有文化差异性的，不同文化背景下的人们对同一个教育操作可能会做出不同的判断。因此，从社会文化的角度来审视学前教育中的健康教育活动设计，是一个有待深入探讨的问题。

三、语言与交流领域

学前教育阶段是儿童语言发展的关键期，学前教育的一个重要文化任务就是促进儿童对语言的理解，提高掌握和运用语言的能力。而且各种重要的文化价值观的传递也和语言、交流有着密切关系。因此，"儿童在语言和交流上的学习与发展对儿童在其他课程领域中的学习以及儿童社会性情感的发展至关重要。学前期儿童良好的语言发展可以促进他们入小学后读写学业上的成功"。①

对这一领域，各个国家（地区）的学前课程纲要中所使用的与之相关概念不尽相同。澳大利亚、新西兰、爱尔兰等使用的是"交流"，苏格兰、日本、韩国等使用的是"语言"，挪威则把"交流"与"语言"并列放在了一起，加拿大的不列颠哥伦比亚省、美国的乔治亚州则使用"语言与读写能力"，而英国则把"交流与语言"和"读写"分开，作为两个不同的学习领域，前者属于基础性学习领域，后者则属于专门学习领域。

以上这些不同的表述在一定程度上意味着该领域的范畴可能有所差异，即如何界定这一领域，这一领域的范围是多大，其边界到底设定在哪里，哪些内容可以包括进来，哪些内容不属于这一领域。对此，虽然我们没有看到各国（地区）的学前课程框架中有明确地说明，但通过对比各个国家（地区）学前课程纲要中的这一个内容领域，我们也发现，相互之间在领域的范围上差别还是很大的。一般来说，使用"语言"这一术语来指称这一领域，相对而言，领域内容比较明确，而使用"交流"这一术语来指称这一领域，则领域内容比较宽泛综合。

（一）语言

在"语言"这一领域，比较各国（地区）的学前课程纲要，体现出两种不同的侧重点。一个是侧重于强调儿童使用语言的积极情感，以及在此基础上提升语言使用能力；另

---

① Early Childhood Advisory Council to the Massachusetts Board of Education (2003). *Guidelines for Preschool Learning Experiences*. p7. http://www.eec.state.ma.us/docs1/research_planning/guidelines4preschool.pdf.

一个则是侧重于强调儿童早期读写能力的发展。

1. 侧重于强调儿童使用语言的积极情感，以及在此基础上提升语言使用能力

我国2001年颁布的《幼儿园教育指导纲要(试行)》在语言领域上的规定较为明显地体现了这一点。它把语言教育的目标定位为：提高幼儿语言交往的积极性、发展语言能力。具体包括：喜欢与人谈话、交流；注意倾听并能理解对方的话；能清楚地说出自己想说的事；喜欢听故事、看图书。在教育要求中则提出了以下内容：创造一个自由、宽松的语言交往环境，使幼儿体验语言交流的乐趣；养成幼儿注意倾听的习惯，发展其语言理解能力；鼓励幼儿用清晰的语言表达自己的思想和感受，发展其语言表达能力；教育幼儿使用礼貌语言与人交往，养成文明交往的习惯；引导幼儿接触优秀的儿童文学作品，使之感受语言的丰富和优美；培养幼儿对生活中常见的简单标记和文字符号的兴趣；利用图书和绘画，引发幼儿对阅读和书写的兴趣，培养前阅读和前书写技能；提供普通话的语言环境，帮助幼儿熟悉、听懂并学说普通话。少数民族地区还应帮助幼儿学习本民族语言。

在这样的表述中所彰显出的是一种积极的语言使用情感和行为。其针对的就是"过去太强调语言是社会约定俗成的符号系统的一面，而过分地使用了传授的方法或训练方式来交给幼儿词汇或话语，忽视了语言的获得是一个高度个性化的过程，是需要儿童在实际运用中通过积极的自我建构来获得的。为此，《纲要》在"语言"的"指导要点"中特别指出要创设一个能使幼儿想说、敢说、喜欢说、有机会说并能得到积极应答的环境，要提供促进幼儿语言发展的条件，让幼儿在交流中、在实际运用的过程中去习得和发展自己的语言。①

日本2008年的《幼儿园学习指导要领》中的"语言"领域，也基本上属于这种倾向。它指出"发展儿童使用自己的语言口头表达自己经验的意愿和态度，以及倾听别人的意愿与态度，培养语言和表达技巧的理解"。具体包括"体验用自己的话语表达个人情感的乐趣；仔细倾听他人，喜欢交流；掌握日常交流的基本语言，熟悉图画书和故事，同老师和其他小朋友交流情绪情感"。② 韩国2007年的《韩国幼儿园课程》中的"语言"领域，也是突出强调儿童使用语言的积极情感。"语言领域的设计要帮助儿童在日常生

---

① 教育部基础教育司组织编写.《幼儿园教育指导纲要(试行)》解读. 南京：江苏教育出版社，2002，45.

② Ministry of Education, Culture, Sports, Science and Technology (2008). *Course of Study for Kindergarten*. p15. http://211.154.83.45:83/1Q2W3E4R5T6Y7U8I9O0P1Z2X3C4V5B/www.mext.go.jp/component/english/__icsFiles/afieldfile/2011/04/07/1303755_002.pdf.

活中,乐于使用语言,发展交流能力,正确适切使用语言。"①

2. 侧重于强调儿童早期读写能力的发展

在英格兰2012年的《学前基础阶段法定框架》中,除了有"交流与语言"这一基础领域外,还设立了"读写"领域这一专门领域。在阅读方面的目标是:儿童能读出并理解简单的句子;他们能够使用发音方面的知识解码常见词汇并能准确地读出来;他们也能读一些常见的不规则单词;当和别人谈论他们所读的词汇和句子时,能够表明他们理解这些词汇和词语。在书写方面的目标是:儿童能运用发音的知识,以和发音相对应的方式写下单词;能写一些不规则的常见单词;能够写下简单的句子;能够正确地拼写出一些单词,同时有些单词可以根据发音来写。② 这在美国的德克萨斯州的学前教育指南中也有相似的做法,把"语言与交流"、"早期阅读"、"早期书写"作为三个并列的课程内容领域,充分反映了这一课程文件对儿童早期读写的重视。

(二) 交流

但是当把"语言领域"或者"语文领域"泛化为"交流领域"时,其内容范围将会发生很大变化。

比如在香港的学前课程指引中,使用的是"语文"来指称这一领域。因此,主要是从语文学科领域常使用的听、说、读、写四个方面进行相应的规定和指引。在聆听与说话方面,学习目的就是使儿童能够聆听说话和故事,丰富日常接触的词汇,并理解故事和说话的意思;应用所学的词语和短语,来表达自己的意见和需求;与人交谈对话时要有礼貌,语音清晰和顺畅地表达;提出及回答问题,并能作简单的推理、解难及推测结果;与人分享生活经验和见闻。在阅读方面,学习目的则是使儿童能够掌握阅读的初步技巧;养成阅读的兴趣与习惯;理解故事内容;认识常见的文字及学习主题的常用字;从阅读中学习。③ 可见,在此处,"语文"领域,是一个和"数学"领域相对的学科课程内容范畴。

而在爱尔兰学前课程纲要的"交流"这一领域,其内容范围已远超出了听、说、读、

---

① The Ministry of Education and Human Resources Development (2007). *The Kindergarten Curriculum of The Republic of Korea*. p30. http://ncm.gu.se/media/kursplanner/andralander/koreaforskola.pdf.

② Department for Education (2012). *Statutory Framework for the Early Years Foundation Stage*. p8. http://www.education.gov.uk/publications/standard/publicationDetail/Page1/DFE-00023-2012.

③ 香港课程发展议会(2006). 学前课程指引. p23—24. http://www.edb.gov.hk/index.aspx?nodeID=2872&langno=2.

写，而把数学、艺术、信息技术等作为不同的交流方式纳入进来，带有明显的学科整合性。如其在学习目标“创造性和想象性的表达自我”中就提到：儿童通过讲故事、艺术制作、音乐节律、角色扮演、问题解决等方式来分享自己的情感、思想和观点；通过剪贴、绘画、黏贴、建构、雕刻、缝制等多种视觉艺术的方式进行自我表达；倾听各种音乐、歌曲、乐器演奏等并能做出反应；对故事、诗歌、歌曲和戏剧等艺术形式能够做出反映，并能获得相关的读写经验。发展数数技能，并逐步理解其中的意义，能够以一种愉快和有意义的方式使用数学语言。①

同样在澳大利亚全国学习框架的“儿童成为有效的交流者”这一目标领域中也把读写能力、数学能力、信息技术以及艺术活动等作为交流方式纳入进来。其中提到：儿童学会使用信息交流技术来获取信息、表达思想；能够认识到技术在日常生活中的用途，能够把信息交流技术作为工具来进行设计、作画、编辑等；可以使用绘画、雕刻、戏剧、舞蹈、运动、音乐和讲故事等形式来表达自己的想法；逐步理解测量和算术，可以使用语言来描述大小、长度、体积、容积和数量；能够使用语言来交流事物的数量属性，能够解释自己在数学方面的想法。②

而新西兰的课程纲要也明确指出：语言并不仅仅是由词汇、句子和故事组成的，它还包括图像、艺术、舞蹈、数学、运动、节奏和音乐等多种形式的语言形式。学前教育阶段，儿童可以学习通过多种方式来交流自己的经验，同时他们也学习解读别人的交流方式和表达经验的方式。在这一领域中，其中一个目标就是创设环境，使儿童发现并发展各种不同的表达形式，包括熟悉各种类型的音乐、艺术、舞蹈和戏剧，这些艺术形式都是对情绪情感、情境，乃至文化的表达。

（三）语言与交流领域中的文化问题

语言本身就是文化的一种表现形式，尤其在一些国家（地区）学前课程纲要中，把各种艺术形式作为交流的方式，更使得这一领域的文化关涉性进一步彰显。

在新西兰的课程纲要中，对这种文化性给予了充分关注。在“交流”这一课程内容

---

① National Council for Curriculum (2009). *Astear: The Early Childhood Curriculum Framework—Principle and Themes*. p35. http://www.ncca.ie.

② Australian Government Department of Education, Employment and Workplace (2009). *Belong, Being & Becoming: The Early Years Learnig Framework for Australia*. p30. http://www.decd.sa.gov.au/barossa/pages/Barossa/37011/?reFlag=1.

领域中，第一句话就点明了语言教育的文化性任务，“儿童自己所属文化和其他文化的语言和符号应得到发展和保护”。在学前教育活动中，应对土著居民毛利人的语言符号、故事、艺术和工艺、歌曲和音乐给予积极的认可，应帮助儿童学习为他们自己文化传统所看重的技能，如在毛利人文化中的各种口头传说，这可能会涉及的聆听、记忆、观察和讲故事。教师在教育实践中，也应注意反思“有什么机会可以适合儿童发展水平和以适当的方式让儿童体验到毛利人的创意艺术”、“以什么样的方式可以使儿童在艺术的即兴创作中反映出他们的文化背景”。①

四、社会领域

在各国（地区）的学前课程纲要中对社会领域的称谓也比较多样化，比如澳大利亚昆士兰州的“社会学习与个体学习（Social & Personal Learning）”，英格兰的“个体、社会与情感发展（Personal, Social and Emotional Development）”，挪威的“道德、宗教和哲学（Ethics, Religion and Philosophy）”、“地方社区和社会（Local Community and Society）”，加拿大安大略省的“个性与社会性发展（Personal and Social Development）”，美国乔治亚州的“社会探究发展（Social Studies Development）”、“社会性与情感发展（Social and Emotional Development）”，美国马萨诸塞州的“历史与社会科学（History and Social Science）”，日本的“人际关系（Human Relationships）”，韩国的“社会关系（Social Relationships）”，印度的“社会、个体与情感发展（Social-personal and Emotional Development）”。以上这些都和社会领域有关。

对于以上这些不同国家（地区）所建构起来的“社会领域”，我们大致可以分为两类，一类是体现了儿童发展的思路，侧重强调儿童的社会性情感发展，比如英格兰的“个体、社会与情感发展”、美国乔治亚州的“社会性与情感发展”；另一类是体现学科领域视角的思路，侧重强调儿童对社会知识的探究和学习，如美国乔治亚州的“社会探究发展”、马萨诸塞州的“历史与社会科学”。当然有些国家（地区）的学前课程纲要同时整合了这两个方面，像韩国的“社会关系”中，就既有对儿童社会性品质发展的关注，也有对儿童社会认知发展的关注。

---

① Ministry of Education (1996). *Te Whàriki: Early Childhood Curriculum*. p80. http://211.167.103.140/1Q2W3E4R5T6Y7U8I9O0P1Z2X3C4V5B/www.educate.ece.govt.nz/~/media/Educate/Files/Reference%20Downloads/whariki.pdf.

(一) 社会性发展

在我国《幼儿园教育指导纲要(试行)》中,对社会领域的目标界定为:“增强幼儿的自尊、自信,培养幼儿关心、友好的态度和行为,促进幼儿个性健康发展。”具体目标表现为“喜欢参加游戏和各种有益的活动,活动中快乐,自信;乐意与人交往,礼貌、大方,对人友好;知道对错,能按基本的社会行为规则行动;乐于接受任务,努力做好力所能及的事;爱父母、爱老师、爱同伴、爱家乡、爱祖国”。很显然,这主要关注的是儿童的个性和社会性发展。这在一些国家(地区)的学前课程纲要中也有充分体现。

如在英格兰的“个体、社会与情感发展”领域中,就设定了三个发展目标。包括:自信和自我意识,儿童能够自信地尝试新的活动,能够自信地在熟悉的群体中讲话,谈论自己的想法,选择所需要的活动材料,当需要或不需要帮助时都敢于说出来;管理自己的情绪和行为,儿童能够谈论自己和他人的情感反应和行为,知道哪些行为是不可接受的;在小组或班级中,理解并遵守规则,建立关系,在游戏中能够合作,知道按秩序轮流进行,在游戏活动中能够考虑对方的意见。对他人的需要和情感有一定的敏感性,能够和成人和其他儿童形成积极的人际关系。①

美国的乔治亚州专门把促进儿童社会性发展的“社会性与情感发展”领域和促进儿童社会性认知发展的“社会探究发展”领域分成了两个领域。其中“社会性与情感发展”领域,聚焦安全与积极关系的建构,通过直接和间接的教学引导,促进儿童人际交往社会技能的发展,学习如何用被社会认可的方式来表达情绪情感。同时帮助儿童发展诸如好奇、坚持等积极的学习态度。具体涉及发展自信和积极的自我意识,比如能够认识到自己是独特的,也因此能意识到别人也是独特的;发展好奇性、主动性、自主性和坚持性;逐步提升自我管理的能力,比如能够以适当的姿势、动作和语言来表达情绪,感到沮丧时,可以用语言来表达,而不是去攻击其他小朋友;发展人际交往互动的社会技能,和学习集体中的其他小朋友建立起关系。②

从各国(地区)学前课程纲要中的社会领域对儿童社会性发展的目标界定来看,所勾画的社会性品质发展良好的儿童形象都大致相似:开朗、乐于交往、自信、自主、关心、友好、敢于表达等等。但是,对这样的儿童形象,我们在给予认可的前提下,有必要

---

① Department for Education (2012). *Statutory Framework for the Early Years Foundation Stage*. p8. http://www.education.gov.uk/publications/standard/publicationDetail/Page1/DFE-00023-2012.

② Georgia Department of Early Care and Learning (2011). *Georgia's Pre-K Program Content Standards*. p50. http://decal.ga.gov/documents/attachments/content_standards_full.pdf.

保持一种自觉地警醒和有意识地反思：这种被建构起来的儿童形象有没有社会文化性，它是不是和西方的个体主义文化有关联，当我们以这样的儿童形象为衡量儿童的社会性品质发展的标准时，它是否和我们的集体主义文化传统相契合，如果不契合，那又会有什么样的冲突，面对这些冲突我们又该如何调整和应对。美国教育人类学者托宾(Tobin)曾提出："在学前教育中，并没有一个全球通用的质量标准。一些来自美国和欧洲的质量标准，自称全球通用并在世界范围类得到了广泛的传播。但实际上，这些质量标准发源于特定的社会环境，反映了特殊的文化信仰，并不应将其强加给其他的社会环境和文化。人类学，特别是民族志的研究，已加入到这场关于质量标准的讨论之中。从这类研究的视角出发，当代学前教育质量话语中所存在的种族中心主义和地方主义遭到了批判性的质疑……"①这样的观点可能对我们反思儿童社会性发展目标的合理定位有一定的助益。

(二) 社会探究

社会探究，在美国马萨诸塞州 2003 年颁定《学前学习经验指导纲要》中使用的是一个看似有点吓人的大词(Big Words)——历史与社会科学。但把它放在学前教育领域，却并没有很高深。而且这也是儿童所感兴趣的一个领域。恰如美国德克萨斯州 2008 年颁定的《德克萨斯州学前教育纲要》中所指出的，社会探究是儿童生活的一个有机组成部分，也是他们非常感兴趣的。受想知道并希望能有所掌控自我和周围环境的愿望驱使，儿童迫切想了解他们所在文化和环境的各个方面，从他们的家庭开始逐步拓展到更大的世界。通过社会探究，儿童开始发展起自我理解能力，这是他们进一步了解他人和周围世界的基础。虽然教育的各个方面都是为儿童以后成长为对社会有贡献的人才而服务的，但是社会探究特别适合培养儿童参与民主社会生活所需的技能和态度。②

基于以上认识，德克萨斯州的学前教育纲要为儿童所构建的社会探究领域主要涉及以下方面：(1)探究人、过去与现在的能力。能确认不同人物形象的相似性和不同点，能确认不同家庭之间的相似性和不同点，能按着事件、时间和常规来组织自己的生

---

① 托宾. 从民族志研究视角看学前教育的质量. 载朱家雄主编. 国际视野下的学前教育. 上海：华东师范大学出版社，2007.

② Texas Education Agency (2008). *Revised Texas Prekindergarten Guidelines*. p101. http://www.tea.state.ts.us/edinit/pkguidelines/index.html.

活。(2)经济技能。能理解人的生存需要食物、衣服和庇护所。参与一些活动,以帮助自己理解消费意味着什么,讨论周围社区工人的作用与职责。(3)地理技能。能够辨认周围环境的常见特征。(4)公民技能。能够辨认美国的国旗和德克萨斯州的州旗;对着美国国旗和德克萨斯州州旗宣誓,并行注目礼;参与小组投票决定;能够辨识自己和同学,以及自己和来自其他文化背景的人之间的相似点。①

韩国2007年颁定的《幼儿园课程》中的"社会关系"领域,一方面罗列了儿童社会性发展的内容领域,以帮助儿童发展关于自我的知识和价值,学会与人合作,促进社会性发展。另一方面,涵盖了社会探究的内容,如:对社会现象感兴趣,包括对周围环境感兴趣,了解周围社区的各种不同特征、家庭地址、相关社会机构名称和功能;对经济生活感兴趣,节约消费,爱护财物,可再用物品的回收再利用,知道钱在购买中的作用,了解家长的职业,对不同的工作及每种工作的重要性有所认识。②

(三)社会领域中的文化问题

社会领域是高文化关涉领域,文化本身就是其中的一个基本内容组成。因此,不少国家(地区)学前课程纲要中的社会领域都关注到了文化问题。

1. 在民族文化的问题上,有不少国家在吸收借鉴西方先进课程理念的同时,体现出了尊重本民族传统文化的特点

在这一方面,特别引人关注的是韩国的学前课程纲要。在韩国,1981年的第四次课程改革就在社会关系领域强调"重视民族的符号象征和观察民族的各种仪式"、"尊重韩国的传统风俗"、"了解和重视我们的文化传统"、"愿意继承和保护我们的传统风俗"。比如,了解韩国著名的历史人物,传统的韩国服饰、食物和住房,鞠躬、传统游戏、传统音乐、东方的水墨画等等都在国家课程范畴之中。1998年颁定2000年生效的《全国幼儿园课程》更突出了这一点,对民族文化的教育问题已经不再仅仅框限在"社会关系"领域中了,甚至在培养目标上就指出受教育者的理想形象:不仅仅应是一个寻求自身全面发展的有完整个性的人,一个以扎实基本知识技能为基础的能够展示创造能力的人,一个促进他所生活的民主社区发展的人,而且"应是一个在理解韩国传统文

---

① Texas Education Agency (2008). *Revised Texas Prekindergarten Guidelines*. pp. 101 - 105. http://www.tea.state.ts.us/edinit/pkguidelines/index.html.

② The Ministry of Education and Human Resources Development (2007). *The Kindergarten Curriculum of The Republic of Korea*. p22. http://ncm.gu.se/media/kursplaner/andralander/koreaforskola.pdf.

化基础上创造新价值的人”。同时对民族传统文化的重视更是渗透在课程各领域之中。有关社会交往课程的内容要求特别突出体现了东方文化传统的价值观，如生活节俭，良好举止礼仪，遵守规则，了解家庭价值，能和家人、邻里和睦相处，理解社区工作和合作的重要性，参与共同工作，其中有关“社会现象和环境”领域不仅要使儿童学会对自己周围环境、经济生活和整体环境的保护产生兴趣，还要“学会了解我们文化的独特性”，包括对韩国象征物和传统的兴趣，并且对韩国和朝鲜走向统一有信心。“表现”领域也注重为儿童提供机会，熟悉了解韩国传统艺术。“语言”课程有引导儿童愿意听民间故事、民谣等要求，还将培养儿童对韩国语言的自豪感作为应当实现的一个重要目标。2007 颁定的幼儿园课程中，更进一步把民族传统文化和多元文化教育结合起来。提出要培养儿童对韩国和韩国传统文化的兴趣，热爱国旗、国徽和国花，知道如何正确地对待国旗国徽；培养儿童对传统文化的兴趣，尊重和熟悉传统文化；了解和尊重他国人民及其文化。

2. 儿童的文化背景来源

儿童从来都不是抽象的，而是有着各自不同的社会文化背景的具体个体，当他们进入幼儿园，进入教室时，儿童都会不可避免地带着这些背景性经验进入学习过程。而对于社会探究而言，其中很多的社会性概念都具有价值涉入性，不同的文化视角可能会得到不同的理解。因此，在社会探究领域有必要认真考虑儿童的文化背景影响。这一点，在德克萨斯州的学前教育纲要中给予了积极关注，其中指出：儿童的文化和语言背景来源是多样化的。因此，他们对周围世界的理解也是多样化的，各自有独特性的。所以，非常重要的一点是，要认识到儿童是带着不同的背景知识来到课堂上的，而这毫无疑问会影响着他们对社会探究领域中一些概念的理解。①

五、艺术领域

对于艺术领域，在各个国家（地区）的学前课程纲要中的称谓差别也很大，在我国 2001 年的《幼儿园教育指导纲要（试行）》中使用的是“艺术”，香港 2006 年的《学前课程指引》、美国马萨诸塞州 2003 年的《学前学习经验指导纲要》中使用的也是这一简介

① Texas Education Agency (2008). *Revised Texas Prekindergarten Guidelines*. p101. http://www.tea.state.ts.us/edinit/pkguidelines/index.html.

称谓。而在英格兰2012年的《学前基础阶段法定框架》中使用的则是“表达性艺术与设计”,苏格兰2004年的《追求卓越的课程》使用的也是“表达性艺术”。印度2012年的《幼儿教育课程框架》使用的是“创造性与审美发展”。在日本和韩国新近颁定的课程文件中,和艺术有关的领域则是“表达”。美国乔治亚州的《幼儿教育内容标准》则把艺术放在了“创造性发展”领域中了。澳大利亚和新西兰则把儿童的艺术活动归并到了“交流”这一学习领域。

比较不同国家(地区)学前课程纲要中的“艺术领域”,具有以下一些鲜明的特点:

(一) 艺术活动作为儿童自主表达的一种方式及两个相关问题

1. 艺术作为儿童自主表达的方式

在学前教育阶段,对于儿童的艺术活动,是强调基本技能技法的传授与掌握以及扎实的基本功训练,还是强调儿童在艺术活动中的自由表达?从目前各国(地区)的学前课程纲要在“艺术领域”中所秉持基本价值取向来看,更多地是倾向于后者,即更强调艺术活动在儿童发展中的自由表达价值。

比如在美国马萨诸塞州2003年的《学前学习经验指导纲要》中就指出:学前阶段艺术教育的基本目标就是发展和维护儿童经常表现出来的自然的好奇心、表达的意愿和创造性。儿童常常会以艺术的形式来表达他们的感觉,表达他们对真实世界和想象世界的理解。通过戏剧、歌唱、绘画等艺术形式,儿童让他人知道了在他们的生活中,什么是重要的或者不重要的,什么是对他们具有吸引力的,什么又是令人害怕的。因此,从这一对儿童艺术活动的表达价值的认可和强调出发,该纲要提出了几个基本的反思性问题,希望教师在艺术教育活动中能做出肯定回答:(1)儿童是否能够自由地探究艺术活动所使用的材料,以及在用这些材料时可能会发生什么?(2)每个儿童的艺术作品看起来是否都和别人的是不一样的?(3)艺术活动的目标是儿童的乐趣还是用来使成人高兴的最后一幅作品?(4)儿童在艺术活动中的努力是否给他们带来了在他们那个年龄发展水平上的满足感?[①] 这是四个比较能切中要害的反思性问题,当把艺术教育活动作为一种技能技巧的训练时,在上面这四个问题上,往往会给出否定的回答,因为,在这种训练中,往往成人是技能技巧的“先知”,他们是权威,儿童只有完全照

① Massachusetts Department of Education (2003). *Guidelines for Preschool Learning Experiences*. p39. http://www.eec.state.ma.us/docs1/research_planning/guidelines4preschool.pdf.

权威的要求去做才是对的，当然最后出来的作品也要符合权威的标准。

在这一方面上，我国学前艺术教育近些年经历了并正在经历着基本的转变。在我国传统的学前教育艺术教育中，艺术训练一直占据着主导地位。“如南京师范大学前教研室 1960 年编的《幼儿园美工教材》明确提出了在教小班儿童画圆形物体时具体的教学建议：要求在画小朋友时，头是圆的，下面是长圆的身体，身体两旁有两条长长的手臂，身体下面有两条长长的腿。中班教儿童画房子时，教养员可启发儿童先画一条地平线，然后确定屋顶的位置，墙要画得较高些，在墙上画一条横线，表示楼的层数，画门窗时最好先画中间的，然后画两旁的，这样可以使儿童画的对称、均匀、整齐、美观。”[①]在这种过分追求规范、过分追求所谓的整齐、美观的教学指导下，无论是儿童的创造性还是教师的教学创造性都被压制了。因此，我国 2001 年的《幼儿园教育指导纲要（试行）》中有了明确转向，开始对学前艺术教育中的表达价值给予充分强调，“在‘艺术’领域中，因为过分强调技能训练而忽视了幼儿的情感体验，遏制幼儿创造性的现象比较普遍，因此就有针对性地提出了相应的注意点”。[②] 比如《纲要》在艺术领域中的指导要点中，就明确提出了把艺术作为是幼儿的另一种表达认识和情感的“语言”。艺术活动是一种情感和创造性活动，幼儿在艺术活动过程应有愉悦感和个性化的表现，教师要理解并积极鼓励幼儿与众不同的表现方式，注意不要把艺术教育变成机械的技能训练。

在韩国 2007 年的《韩国幼儿园课程》中，也特别强调了艺术的自主性和创造性表达。在这份课程纲要中，有“表达”这一领域，学前艺术教育被纳入其中。其中强调儿童通过各种艺术活动形式自主地表达自己的思想和情感。而不是特定艺术概念和技能的授受和训练。日本 2008 年的《幼儿园学习指导要领》在“表达”这一领域，也设定总目标为“发展丰富的情感和表达自我的能力，通过自主地表达自己的经验和思想提升创造性”。[③]

2. 需要思考的两个问题

在强调艺术是儿童的一种自主表达的方式时，有必要思考两个基本问题：

第一个问题，即如何处理艺术的技能技法掌握和自由表达的关系？这可能是在强

---

① 王春燕. 中国学前课程百年发展与变革的历史研究. 北京：教育科学出版社，2004，113.

② 李季湄.《幼儿园教育指导纲要（试行）》简析. 载教育部基础教育司组织编写.《幼儿园教育指导纲要（试行）》解读. 南京：江苏教育出版社，2002.

③ Ministry of Education, Culture, Sports, Science and Technology (2008). *Course of Study for Kindergarten*. p15. http://www.mext.go.jp/a_menu/shotou/new-cs/youryou/eiyaku/_icsFiles/afieldfile/2011/01/13/1298368_1.pdf.

调学前教育艺术的表达价值时，所必须要面对和解决的一个基本问题。在此问题上采取顾左右而言他、避而不答的方式，可能并不利于学前艺术教育的展开以及质量提升，甚至会造成教师教学行为中的各种冲突，不利于儿童的学习与发展。应该说，在这一问题上，在各国（地区）的课程政策层面上有表达，但是很不充分。比如马萨诸塞州2003年的《学前学习经验指导纲要》中，也提到“虽然这一时期现实主义的作品不应该是艺术教育的目标，但是学龄前儿童可以学习一些基本的艺术技能技巧，并开始发展审美的个人偏好”。[①] 但是这种一笔带过式的规定，很难带来实践效果。当然在美国，由于其儿童中心主义的教育传统，因此把艺术作为儿童的一种表达方式可能本来也不是一个根本问题，但在我国学前教育领域，在从以前的强调技能技法训练转向当前强调艺术的表达价值之际，如何平衡技能技法的训练与儿童自由表达则是需要我们来认真思考的。

第二个问题，即儿童在艺术表达中的创造性问题。我们常说艺术的生命不在于模仿而在于创造。这一点从一些国家（地区）的学前课程纲要中也可以感受到，如印度2012年的《幼儿教育课程框架》使用的是“创造性与审美发展”，美国乔治亚州的《幼儿教育内容标准》中则把艺术放在了“创造性发展”领域中了，冰岛则把艺术放在了“创造与文化”领域中。在我国的《幼儿园教育指导纲要（试行）》中，也指出艺术活动是一种情感和创造性活动。笔者以为，在学前教育阶段，把艺术活动作为一种创造性活动，当然有非常重要的教育指导价值，但有一点需要廓清的是，创造性本身就一种打破约束的自由自主的特性，因此把艺术作为儿童的一种自主表达形式，和把艺术看成是一种创造性活动，两者其实是一回事，只不过是儿童艺术活动的两个面相而已。如果从艺术技能技巧的模仿与训练走到另一个极端，为追求创造性而追求创造性，非要把“与众不同”教条式地作为衡量儿童的艺术作品是否有创造性的标准，甚至以此标准去让儿童制造出有创意的作品来，那么这就又背离的艺术的创造性本质。因此，对儿童来说，他们的艺术活动本来就没有一个外在的创造性的目的要去达成，在充分的自由表达的空间中，他们只不过是把自己的情绪情感、经验认知从自己的视角、以自己的方式表现出来而已，也许成人觉得儿童最后做出来的作品好有创意，这个儿童太有创造性了，但这些对儿童来说都不重要，真正有价值的是这个自由表达的过程本身。

---

① Massachusetts Department of Education (2003). *Guidelines for Preschool Learning Experiences*. p39. http://www.eec.state.ma.us/docs1/research_planning/guidelines4preschool.pdf.

(二) 艺术活动中儿童的探究

在学前教育阶段，儿童艺术活动不仅仅只有艺术的体验，还充满着儿童的探究。无论是绘画还是舞蹈，无论是手工还是音乐，其中都有儿童认识自我、认识世界的过程。在美国马萨诸塞州 2003 年的《学前学习经验指导纲要》中就指出，学前阶段艺术教育的基础是起始自儿童的探究、尝试、感官的参与以及理解讨论。也正因为这一点认识，该纲要所提出的教师在艺术教学活动中要反思的问题之一，就是“儿童是否能够自由地探究艺术活动所使用的材料，以及在用这些材料时可能会发生什么”。

在美国乔治亚州 2011 年的《乔治亚幼儿教育内容标准》中，就有对儿童艺术探究的内容，“儿童探究和使用各种材料，以发展艺术表达。其中包括尝试探究各种艺术材料，以获得相关的感觉体验。使用一些材料创作能表达自己想法的作品草稿。分享自己的作品细节。懂得欣赏他人的作品”。①

(三) 艺术领域中的文化问题

对于学前教育阶段的艺术教育活动，还有一些国家(地区)的学前课程纲要从更大范围的社会文化视角来看待，赋予了艺术教育领域的另一个价值，即文化价值。加拿大安大略省的幼儿园课程大纲就提到：艺术是儿童理解不同文化形式，以及表达自己所属文化的一种方式。② 南非的课程纲要更是以“艺术与文化”的标题来指称这一领域，要求教师鼓励幼儿“能够识别艺术作品和文化”之间的联系。而韩国的课程纲要中也指出，要通过艺术鉴赏活动，使儿童了解韩国的艺术传统。

六、科学与数学领域

在我国 2001 年《幼儿园教育指导纲要(试行)》中，“数学”并没有被单独设置为一个学习领域，而是合并在“科学”领域之中。在其他国家新近颁定的学前课程纲要中，和科学与数学领域相关的领域有诸如韩国的“探究(Inquiry)”、日本的“环境(Environment)”、美国马萨诸塞州的“数学(Mathematical)”与“科学、技术与工程

---

① Georgia Department of Early Care and Learning (2011). *Georgia's Pre-K Program Content Standards*. p45. http://decal.ga.gov/documents/attachments/content_standards_full.pdf.

② Ministry of Education (2006). *The Kindergarten Program*. p140. http://www.edu.gov.on.ca/eng/curriculum/elementary/kindercurrb.pdf.

(Science and Technology/Engineering)”、美国乔治亚州的“数学发展(Mathematics Development)”与“科学发展(Science Development)”、加拿大安大略省的“科学与技术(Science and Technology)”、挪威的“自然、环境与技术(Nature, Environment and Technology)”与“数字、空间和形状(Numbers, Spaces and Shapes)”、冰岛的“可持续发展与科学(Sustainability and Science)”、爱尔兰的“探索与思考(Exploring and Thinking)”、苏格兰的“科学(Sciences)”、英格兰的“数学(Mathematics)”与“理解世界(Understanding the World)”、中国香港的“早期数学”与“科学与科技”。从以上不同国家(地区)在这一领域上的表述看,有些国家(地区),如日本、韩国等,是把数学内容并入到“科学”领域中的,还有些国家(地区)是分开的,另外,也可看出,在有些国家(地区)的课程纲要中,把技术也纳入到了“科学”领域,或者单设一个技术领域,如美国德克萨斯州 2008 年的《德克萨斯州学前教育纲要》就专门划分出了“技术应用领域”。

在大多数国家(地区)的学前课程纲要的这一领域中,“科学”基本上是指自然科学,主要指向对儿童探究周围自然事物的兴趣和能力的培养。因为在许多国家(地区)的学前课程纲要中,有“社会”或者“社会研究”这一领域,因此关涉社会现象的社会科学内容往往不在“科学”这一领域。当然也有例外,如在英格兰 2012 年的《学前基础阶段法定框架》和科学领域相关的“理解世界”这一学习领域中,就涉及了对人和社会的认识与了解。这是因为在其“个人、社会与情感发展”中主要涉及的是儿童社会性情感发展。而在美国的德克萨斯州 2008 年颁定的《德克萨斯州学前教育纲要》中,则把“个人安全和健康”作为和“物理科学”、“生命科学”、“地球和空间科学”相并列的科学领域四大组成部分之一。其中涉及“儿童保护自我安全的良好习惯”、“儿童个人健康和卫生的良好习惯”以及“营养和锻炼的良好习惯”。之所以如此划分,是因为,在其“身体发展”领域中只涉及了大肌肉动作的发展和精细肌肉动作的发展。

综合考察相关国家(地区)的学前课程纲要,在科学与数学领域中表现出以下一些共同特点和值得关注之处。

(一) 凸现对儿童探究品质的培养

凸现对儿童探究品质的培养,是目前各国(地区)学前课程纲要在科学领域课程目标定位上的一个共同特点。这些探究品质包括了儿童的好奇心、探究的欲望、对周围事物的认识兴趣,以及在探究过程中的坚持性和乐于与同伴合作、相互交流。

比如韩国 2007 年颁定的《韩国幼儿园课程》明确提到“探究”领域的基本组成内容

之一就是,“发展儿童的探究精神”,强调对周围事物和自然环境的好奇心与积极探究,以及在此基础上的创新思维能力。具体包括对周围事物和现象的持续兴趣,喜欢探究的过程,能够和他人一起参与探究活动,能够意识到自己的想法可能会和别人不一样,乐意主动寻求各种方法尝试解决问题,喜欢关于科学和数学探究活动的各种故事。① 这其中,尤为值得关注的是引导儿童能够意识到自己的想法可能会和别人不一样,这样一种意识其实是科学创新精神的一种重要品质,是日后求异思维发展的基础。而在英国2012年的《学前基础阶段法定框架》中的“理解世界”这一领域中也有类似表述:引导儿童认识到其他儿童不会总是和自己一样喜欢相同的东西,并逐渐提升儿童的这种自觉意识,使他们知道自己和他人之间的相似性和不同点,这些他人包括了来自自己家庭、社区和不同文化传统的人。虽然,英国的这一表述,更侧重于儿童的社会性认知发展,但就其对儿童自我独特性的意识发展的促进作用来看,和韩国的上述表述有异曲同工之妙。另外一点值得注意的是,在韩国的课程纲要中,提到了引导儿童“喜欢关于科学和数学探究活动的各种故事”,通过科学家的科学探究故事或科学发展史上的故事来激发儿童对科学探究活动的兴趣和对科学知识的学习,应该说是一种值得尝试的科学教育方式。从这一提法中我们可以看出,一方面学前教育中的科学领域与语言领域之间存在着课程整合性,另一方面,它也启发我们有必要借鉴科学社会学和科学史学的一些相关的理论观点和研究发现,来考虑建构学前科学教育的知识框架,促进儿童在人生早期发展阶段对“科学”这一人类基本活动方式的合理建构。

美国马萨诸塞州2003年的《学前学习经验指导纲要》也非常肯定了儿童的好奇心与探究欲望在学前科学教育中的重要性。其中提到“幼儿天生就充满好奇,他们想知道各种东西的名字、这些东西是怎么生长或运作的、事情为什么会发生,等等。因此,科学学习的基础就在于儿童的探究和探索——这是积极学习的基本方式。在儿童早期发展阶段就培养他们对周围世界的好奇心,可以使他们在以后人生发展中保持这种兴趣。②

在我国2001年的《幼儿园教育指导纲要(试行)》中,对科学领域的规定也充分体

---

① The Ministry of Education and Human Resources Development (2007). *The Kindergarten Curriculum of the Republic of Korea*. p33. http://211.154.83.45:81/1Q2W3E4R5T6Y7U8I9O0P1Z2X3C4V5B/ncm.gu.se/media/kursplaner/andralander/koreaforskola.pdf.

② Massachusetts Department of Education (2003). *Guidelines for Preschool Learning Experiences*. p39. http://211.154.83.45:83/1Q2W3E4R5T6Y7U8I9O0P1Z2X3C4V5B/www.eec.state.ma.us/docs1/curriculum/20030401_preschool_early_learning_guidelines.pdf.

现了对儿童科学探究品质的强调。如在目标中明确提到：要激发幼儿的好奇心和探究欲望，发展认识能力。有好奇心，能发现周围环境中有趣的事情；喜欢观察，乐于动手动脑、发现和解决问题；愿意与同伴共同探究，能用适应的方式表达各自的发现，并相互交流；喜爱动植物，亲近大自然，关心周围的生活环境。在教育要求中则提到要：引导幼儿接触自然环境，使之感受自然界的美丽与奥妙，激发幼儿的好奇心和认识兴趣；引导幼儿注意身边常见的科学现象，感受科学技术给生活带来的便利，萌发对科学的兴趣；鼓励幼儿用多种方式来表现自己的探索过程和结果，表达发现的愉快并与他人交流、分享。这些规定都充分体现了对儿童积极的"科学"情感、态度、价值观发展的关注。

（二）关注儿童尊重自然和可持续发展意识的初步养成

与培养儿童科学探究品质紧密相连的一个问题是，如何界定人与自然的关系。在学前教育的"科学"领域，不可避免地会涉及如何处理人与自然之间的关系这一基本问题，会涉及如何引导儿童在其人生发展的早期阶段对人与自然之间的关系有一个合理建构。不管学前课程政策制定者是否自觉地意识到这一问题，其在学前课程纲要"科学"领域中的政策表述，必然隐含着特定的自然观以及对人与自然之间关系的基本理解。从目前各国（地区）的学前课程纲要看，虽然不是全部，但已经有不少课程纲要明确提到了儿童对自然的尊重，体现出了一定的生命意识和可持续发展意识。

如在日本2008年的《幼儿园学习指导要领》中，"环境"领域有十一条课程内容，其中三条明显地涉及对自然的尊重：引导儿童"亲近自然，认识到自然的伟大壮观、美丽奇妙"、"认识到生命的重要性，通过熟悉周围环境中的动植物，学会欣赏和尊重生命"、"关心周围的环境"。①

而在挪威2006年的《幼儿园课程内容与任务框架计划》中的"自然、环境与技术"领域，这一倾向被表达得更为明确：自然使儿童体验到美，能够激发儿童的美感表达……这一学习领域的目标就是引导儿童开始理解可持续发展的重要性。这包括爱自然、理解自然界的各种相互作用以及人与自然之间相互关系。这一课程领域中的学

① Ministry of Education, Culture, Sports, Science and Technology (2008). *Course of Study for Kindergarten*. p10. http://211.154.83.45:83/1Q2W3E4R5T6Y7U8I9O0P1Z2X3C4V5B/www.mext.go.jp/component/english/__icsFiles/afieldfile/2011/04/07/1303755_002.pdf.

习要使儿童惊讶于自然界的多样性，为我们能生存于这个自然界而感到快乐，并对自然保护和自然里的相互关系有初步理解，认识到各种动植物之间的相互依赖关系，以及它们对人类食物生产的重要性。教师应通过讲解和组织相关活动，促进儿童对可持续发展的理解。①

在新西兰 1996 年的《编席子：学前课程》中的“探究”领域也明确指出：儿童作为探究者这一理念同时意味着尊重环境的重要性。在该领域的目标四中也提到要发展儿童对生命和非生命环境的尊重与责任意识，获得保护它们的基本知识。②

以上这些课程政策层面上的观点，契合了当前对可持续发展的强调。而从科学哲学的角度看，也暗合了当前在自然观上从现代主义的“祛魅”向后现代主义的“返魅”转变的趋势。祛魅（disenchantment）是德国社会学家马克斯·韦伯（Max Weber）所提出的一个重要概念，他指出在现代社会，随着科学的崛起和宗教影响的下降，我们见证了世界的祛魅。在“祛魅”的自然观下，人与自然的关系是主客二元对立的关系，作为主体的人是能动的，他以理性人的姿态去探究、改造、操作和处理自然，而作为客体的自然则失去了其内在神秘性，其应有的生机与活力被人所视而不见。而后现代主义者大卫·格里芬博士（David Ray Griffin）则针锋相对地提出了“返魅（reenchantment）”，在“返魅”的自然观下，自然恢复了其本来的整体性、目的性乃至神性，重新确立了人与自然的不可分离性。它反映了对重构人与自然之间和谐关系的诉求。这种科学哲学上的理论研究，相对学前教育而言，虽然显得宏大了些，但却对我们思考学前课程领域中科学教育问题有一定的启发价值。

基于以上分析，我们认为在学前课程中的“科学”领域，培养儿童的探究精神和促进儿童尊重自然与可持续发展意识的初步养成，应该是互为表里，相辅相成的。如果过于强调儿童的探究意识，而忽视了尊重自然、尊重生命意识的发展，则可能会对儿童的发展带来不利影响。如在下面的这个案例中所反映出的问题：

---

① Ministry of Education and Research (2006). *Framework Plan for the Content and Tasks of Kindergartens*. p22. http://www.regjeringen.no/en/archive/Stoltenbergs-2nd-Government/Ministry-of-Education-and-Research/Lover_og_regler/reglement/2006/framework-plan-for-the-content-and-tasks.html?id=278626.

② Ministry of Education (1996). *Te Whàriki: Early Childhood Curriculum*. p82. http://211.167.103.140/1Q2W3E4R5T6Y7U8I9O0P1Z2X3C4V5B/www.educate.ece.govt.nz/~/media/Educate/Files/Reference%20Downloads/whariki.pdf.

洗涤剂的调查

经过一段时间的资料查阅，我们小组知道了洗涤剂对人体有一定的伤害，而且它对生殖系统也有少许伤害。为了有更深入地了解，我们借了邻居家的一只小猫，用木头撬开它的嘴，将洗涤剂灌入它的嘴里，刚开始没有变化，可过了有十来分钟，小猫忽然伏在地上，喵喵地叫着，好像肚子疼一样，然后一下子侧面歪倒在地上，使劲地蹬直腿，最后猛蹬了两下就不动了，死了。

通过这个实验，我们小组发现洗涤剂确实对人体有害，我们都很高兴，因为这个实验证明了我们小组的假设是正确的。后来我们小组又发了许多调查问卷，得知许多人并不太清楚洗涤剂对人体的危害。我们都希望在不久之后，人们会制造出更好的洗涤剂。通过这个实验我们学习到了很多知识，我们长大了。

这是笔者几年前在一次小学四年级的听课活动中，所看到的一个研究性学习小组展示的实验报告。这个例子虽然不是学前教育阶段的例子，但仍对我们有启发价值。在这个报告中，我们能够看出学生浓厚的探究意识，和探究之后获得发现的喜悦和成功感。但是另一方面，我们又有一种隐隐的不安，这种科学实证主义的思维模式有可能会作为一种科学意识形态潜移默化地对学生发生影响。当学生们撬开小猫的嘴灌入洗涤剂并看着小猫死去，最后为自己的假设得到验证而高兴并感到自己长大了时，不知道作为一名教育者会有什么感想？如果仅仅从知识的真假性上或者说正确与错误这一哲学认识论的角度来判断，学生们探究所获得的知识似乎没有什么可质疑之处，但是我们是否会为学生们这么做而感到欣慰和高兴呢？恐怕不会。我们的教育不是要引导学生首先成为一个没有人情味的科学家，而是首先要成为一个有爱心、有知识的合格公民。

（三）科学领域中的文化问题

一般而言，作为价值无涉的自然科学领域和作为价值关涉的文化领域，两者似乎没有交集。追求客观中立性的科学研究所力图规避的就是文化价值观的涉入。但是，恰如“科学是没有国界的，而科学家确是有自己祖国的”，自然科学是价值无涉的，在学前教育领域，科学教育却是价值关涉的。尤其是在学前教育领域中的儿童科学教育，主要围绕着儿童对周围环境的探究展开，其中更是可能会触及到文化问题。这在一些国家的学前课程纲要中，也有所体现。

如韩国2007年颁定的《韩国幼儿园课程》中的"探究"领域，就指出应引导儿童对韩国传统社会中的一些工具和器械的兴趣。[①] 这一规定契合了近些年来韩国学前课程对民族传统文化传承的强调。科技作为民族文化的一个重要组成部分，理应让儿童有基本的了解。

而新西兰1996年《编席子：学前课程》中的"探究"领域，则从多元文化的角度，谈及了学前科学课程的文化关涉问题。其中明确提到，儿童的科学探究课程应充分认识到毛利人认识和理解世界的方式，以及他们尊重和欣赏自然环境的民族传统。[②] 这明显是与新西兰的多元文化的现实背景有密切关系。当然，更与新西兰学前课程政策对多元文化的积极关注有关。从新西兰学前课程的这一规定中，我们得到的启发乃是，当我们对科学教育的理解跳出科学知识掌握这一狭隘视角，而拓展至儿童对周围自然环境的探索并初步建立人与自然的基本关系时，其与文化的关联性就开始显现出来了，不同文化背景甚至是不同生活背景下的人们，对自然的理解带有一定的文化倾向性，学前科学课程应在此问题上有所考虑，把儿童对于科学的探究与学习置于个体所处的社会文化生态之中，置于对有意义生活的建构之中。

---

① The Ministry of Education and Human Resources Development (2007). *The Kindergarten Curriculum of the Republic of Korea*. p33. http://211.154.83.45:81/1Q2W3E4R5T6Y7U8I9O0P1Z2X3C4V5B/ncm.gu.se/media/kursplaner/andralander/koreaforskola.pdf.

② Ministry of Education (1996). *Te Whàriki: Early Childhood Curriculum*. p82. http://211.167.103.140/1Q2W3E4R5T6Y7U8I9O0P1Z2X3C4V5B/www.educate.ece.govt.nz/~/media/Educate/Files/Reference%20Downloads/whariki.pdf.

参考文献

中文部分：

1. [德]伽达默尔. 洪汉鼎译. 真理与方法——哲学诠释学的基本特征[M]. 上海：上海译文出版社，1999.
2. [德]卡尔·雅斯贝尔斯. 鲁路译. 尼采——其人其说[M]. 北京：社会科学文献出版社，2001.
3. [俄]H·E·鲍列夫斯卡亚策划. 朱小蔓等主编. 20—21世纪之交中俄教育改革比较[M]. 北京：教育科学出版社，2006.
4. [荷兰]胡伊青加. 成穷译. 人：游戏者[M]. 贵阳：贵州人民出版社，1998.
5. [美]爱莉诺·达克沃斯. 张华等译. 精彩观念的诞生——达克沃斯教学论文集[M]. 北京：高等教育出版社，2005.
6. [美]尼尔·波兹曼. 吴燕莛译. 童年的消逝[M]. 桂林：广西师范大学出版社，2004.
7. [美]A·J·赫舍尔. 隗仁莲译. 人是谁[M]. 贵阳：贵州人民出版社，1994.
8. [美]N·R·汉森. 邢新力译. 发现的模式[M]. 北京：中国国际广播出版社，1988.
9. [美]R·K·墨顿. 鲁旭东、林聚任译. 科学社会学[M]. 北京：商务印书馆，2004.
10. [美]布鲁纳著. 邵瑞珍译. 布鲁纳教育论著选[M]. 北京：人民教育出版社，1989.
11. [美]杜维明. 钱文忠、盛勤译. 道学政：论儒家知识分子[M]. 上海：上海人民出版社，2000.
12. [美]怀特. 曹锦清、杨雪芳等译. 文化科学[M]. 杭州：浙江人民出版社，1988.
13. [美]孙隆基. 中国文化的深层结构[M]. 桂林：广西师范大学出版社，2004.
14. [美]沃尔夫、吉伊根. 滑明达译. 艺术批评与艺术教育[M]. 成都：四川人民出版社，1998.
15. [美]约瑟夫·托宾. 载朱家雄主编. 学前教育的国际视野[M]. 上海：华东师范大学出版社，2007.
16. [英]麦克·F·D·扬主编. 谢维和、朱旭东译. 知识与控制——教育社会学新探[M]. 上海：华东师范大学出版社，2002.
17. [英]迈克尔·扬. 王湖滨译、黄忠敬校. 全球化、知识及课程政策[J]. 基础教育，2009，1.
18. 邓志伟. 二十一世纪世界幼儿教育课程发展的趋势[J]. 比较教育研究，1998，6.
19. 方明生. 从《儿童的世纪》看儿童学研究的课题[J]. 全球教育展望，2009，6.
20. 冯晓霞、周兢. 构筑国家财富——联合国教科文组织首届世界幼儿保育和教育大会简介[J]. 学前教育研究，2011，1.

21. 冯晓霞. 当代社会与当代儿童——从儿童生态学的观点看课程决策中的"儿童"[J]. 学前教育研究,1996,3.
22. 胡东芳著. 课程政策研究[D]. 华东师范大学,2001 年博士学位论文.
23. 华爱华. 学前教育改革启示录[M]. 上海:上海社会科学院出版社,2009.
24. 黄忠敬. 课程政策[M]. 上海:上海教育出版社,2010.
25. 黄忠敬著,袁振国指导. 知识·权力·控制——基础教育课程文化研究[D]. 华东师范大学,2002 年博士学位论文.
26. 教育部基础教育司组织编写.《幼儿园教育指导纲要(试行)解读》[M]. 南京:江苏教育出版社,2002.
27. 李辉. 美国幼儿教育课程标准化运动及其启示[J]. 学前教育研究,1998,5.
28. 李召存. 关于教育观念的理论思考[J]. 教育理论与实践,2006,6.
29. 李召存. 课堂教学:为儿童的个体表达留空间[J]. 中国教育学刊,2012,9.
30. 李召存. 论游戏观的三种政策取向:基于学前课程纲要的国际比较[J]. 当代教育科学,2010,13.
31. 李召存. 课程知识论[M]. 上海:华东师范大学出版社,2009.
32. 刘焱. 英国学前教育的现行国家政策与改革[J]. 比较教育研究,2003,9.
33. 刘炎、潘月娟、赵静. 早期学习标准化运动述评[J]. 比较教育研究,2005,5.
34. 陆丽华. 从"教育纲要"看中日幼儿健康教育[J]. 早期教育,2003,4.
35. 吕立杰. 国家课程设计过程研究——以我国基础教育"新课程"设计为例[M]. 北京:教育科学出版社,2008.
36. 吕林海、汪霞. 当前世界发达国家课程改革的推进特征及其启示:课程政策设计的视角[J]. 比较教育研究,2009,7.
37. 欧用生. 课程实施的叙说研究. 载钟启泉、崔允漷主编. 第八届两岸三地课程专家论坛论文集(会议材料,未正式出版),2006.
38. 彭彩霞. 当代西方课程政策研究之回眸与审视[J]. 清华大学教育研究,2009,4.
39. 彭正梅. 重回教育之爱:德国精神科学教育学视野中教育关系论研究[J]. 全球教育展望,2010,5.
40. 秦玉友. 课程政策的文化抵制研究[J]. 教育发展研究,2007,3A.
41. 上海市中小学(幼儿园)课程改革委员会. 上海市学前课程纲要解读[M]. 上海:上海教育出版社,2005.
42. 沈晓敏. 外国幼儿教育纲要对我国的启示[J]. 学前教育研究,1998. 4.
43. 生兆欣. 论比较教育学术研究的价值涉性[J]. 比较教育研究,2006,10.
44. 施良方. 课程理论——课程的基础、原理与问题[M]. 北京:教育科学出版社,2003.
45. 宋武、刘忠芳. 中英幼儿园教育纲要"语言"领域之比较[J]. 早期教育,2003,6.
46. 屠丽亚. 聚焦课程政策过程:政策研究的视角[J]. 教育发展研究,2009,20.
47. 屠莉娅著. 课程改革决策过程:概念、审议、实施与评价——国际经验与本土案例[D]. 华东师范大学,2009 年博士学位论文.
48. 王春燕. 中国学前课程百年发展与变革的历史研究[M]. 北京:教育科学出版社,2004.
49. 吴康宁. 教育社会学[M]. 北京:人民教育出版社,1998.
50. 香港课程发展议会. 学前课程指引,2006. http://www. edb. gov. hk/index. aspx? nodeID.

51. 许卓娅. 用历史生态的眼光看我国幼儿园游戏的理论与实践[J]. 幼儿教育,2005,4.
52. 叶澜. “新基础教育”论——关于当代中国学校变革的探究与认识[M]. 北京:教育科学出版社,2006.
53. 詹绍威. 美国共同核心州课程标准倡议之探讨[J]. (台湾)教育研究与发展期刊,2012,8(2).
54. 张燕、张咏. 韩国“全国幼儿园课程”评价[J]. 上海教育科研,2003,3.
55. 张华. 课程与教学论[M]. 上海:上海教育出版社,2000.
56. 张华. 试论教学中的知识问题[J]. 全球教育展望,2008,11.
57. 张明红编著. 学前儿童社会教育[M]. 上海:华东师范大学出版社,2008.
58. 钟启泉、张华. 世界课程改革趋势研究[M]. 北京:北京师范大学出版社,2004.
59. 钟启泉序. 载杨燕燕. 国外课程改革政策及其价值取向[M]. 杭州:浙江大学出版社,2010.
60. 周兢等. 有关学前教育或幼儿教育概念、范畴和地位的国际认知检索和论证. 研究报告,2008.
61. 朱家雄. 幼儿园课程理论与实践[M]. 上海:华东师范大学出版社,2012.
62. 朱家雄主编. 国际视野下的学前教育[M]. 上海:华东师范大学出版社,2007.
63. 朱家雄主编. 幼儿园课程论[M]. 北京:中国广播电视大学出版社,2008.

英文部分:

64. British Columbia. Ministry of Education, ect (2008). *British Columbia Early Learning Framework*. http://www.bced.gov.bc.ca/early_learning/early_learning_framework.htm.
65. Carr Margaret and May Helen (2000). Te Whariki: Curriculum Voices. In Helen Penn (2000). Early Childhood Services: Theory, Policy and Practice. Buckingham: Open University Press.
66. Cannella, G. S. (1999). The Scientific Discourse of Education: Predetermining the Lives of Others — Foucault, Education, and Children. *Contemporary Issues in Early Childhood*, 1(1).
67. Crossley, M. (2002). Comparative and International Education: Contemporary Challenges, Reconceptualization and New Directions for the Field. *CICE Online Journal*, *4*(2), http://www.tc.columbia.edu/ice.
68. Curriculum Development Centre Ministry of Education Malaysia (2008). *Early Childhood Care and Education Policy Implementation Review*. http://www.tadika.org/Malaysian_ECCE_Policy_Review.
69. Deborah Roseveare (2011). Encouraging Quality in Early Childhood Education and Care. http://meyda.education.gov.il/files/KishreiChutz/RoseveareECECIsraelAccessionSeminar.ppt.
70. DeLeon, P. & Resnick-Terry, P. (1998). Comparative Policy Analysis: Deja Vu All Over Again? *Journal of Comparative Policy Analysis: Research and Practice*, *1*(1).
71. Department for Education and Employment (2000). *England Curriculum Guidance for the Foundation Stage*. http://www.afnorth-is.com/canadian-section/curriculum/FS%20Curriculum.pdf.
72. Department for Education (2012). *Statutory Framework for the Early Years Foundation Stage*. http://www.education.gov.uk/publications/standard/publicationDetail/Page1/DFE-00023-2012.

73. Department of Education and Children's Services, Government of South Australia (2007). Early Years Learning And Curriculum: Reconceptualising Reception: Continuity of learning. http://www. earlyyears. sa. edu. au/pages/Projects/Reception _ literature _ review/?reFlag = 1.
74. Early Childhood Advisory Council to the Massachusetts Board of Education (2003). *Guidelines for Preschool Learning Experiences*. http://211. 154. 83. 42:81/1Q2W3E4R5 T6Y7U8I9O0P1Z2X3C4V5B/www. eec. state. ma. us/docs1/research_planning/guidelines4-preschool. pdf.
75. Efstratia Sofou. Recent Trends in Early Childhood Curriculum. The Case of Greek and English National Curricula. http://www. springerlink. com/index/xj16ghk46136551j. pdf.
76. Efstratia Sofou & Vassilios Tsafos (2010). Preschool Teachers' Understandings of the National Preschool Curriculum in Greece. *Early Childhood Education*, 37.
77. Elaine Pear Cohen, Ruth Straus Gainer (1995). Art: *Another Language for Learning* (*third edition*). Heinemann, 361 Hanover Street, Portsmouth, NH.
78. Georgia Department of Early Care and Learning (2011). *Georgia's Pre-K Program Content Standards*. http://decal. ga. gov/documents/attachments/content_standards_full. pdf.
79. Gu, Limin (2006). *Comparison of National Preschool Curriculum in China and Sweden*. APERA Conference.
80. The Ministry of Education and Human Resources Development (2007). *The Kindergarten Curriculum of the Republic of Korea*. http://211. 154. 83. 45:81/1Q2W3E4R5T6Y7U8I9 O0P1Z2X3C4V5B/ncm. gu. se/media/kursplaner/andralander/koreaforskola. pdf
81. Helen May (2002). *Early Childhood Care and Education in Aotearoa—New Zealand: An overview of history, policy and curriculum*. http://www. aeufederal. org. au/Ec/HMayspeech. pdf.
82. INCA (2011). *The New French Scole Commun*. http://webarchive. nationalarchives. gov. uk/20090215193813/inca. org. uk/.
83. James Heckman and Dimitriy Masterov (2004). *Early Childhood Education for All—A Wise Investment*, recommendations from the Conference "The Economic Impacts of Child Care and Early Education: Financing Solutions for the Future" conference, Dec. Massachusetts, USA. Quote from UNESCO (2010). The World Conference on Early Childhood Care and Education: Building the Wealth of Nations. http://www. unesco. org/education/WCECCE/Flyer_200710. pdf.
84. Janet Soler, Linda Miller. The Struggle for Early Childhood Curricula: A Comparison of the English Foundation Stage Curriculum, Te Whäriki and Reggio Emilia. *International Journal of Early Years Education*, 2003, 11(1).
85. Jennifer Sumsion, Sally Barnes, etc. (2009). Insider Perspectives on Developing Belonging, Being and Becoming: The Early Years Learning Framework for Australia. *Australian Journal of Early Childhood*, 34(4).
86. Johanna Einarsdóttir (2010). Icelandic Parents' Views on the National Policy on Early Childhood Education. *Early Years*, 30(3).
87. John Bennett (2006). New Policy Conclusions from Starting Strong Ⅱ: An Update on the OECD Early Childhood Policy Reviews. *European Early Childhood Education Research Journal*, 14(2).
88. Joseph Tobin, Yeh Hsueh, and Mayumi Karasawa (2009). *Preschool in Three Cultures Revisited*. University of Chicago Press.

89. Ken Blaiklock (2011). Curriculum Guidelines for Early Literacy: A Comparison of New Zealand and England. *Australasian Journal of Early Childhood*, 36(3).
90. Lee, Ki Sook (1995). Culture and the Korean Kindergarten Curriculum. *Early Child Development and Care*, 123(1).
91. Loris Malaguzzi (1993). *Your Image of the Child: Where Teaching Begins*. http://211.154.83.41:83/1Q2W3E4R5T6Y7U8I9O0P1Z2X3C4V5B/www.reggioalliance.org/downloads/malaguzzi:ccie:1994.pdf.
92. Marit Alvestad & Ingrid Pramling Samuelsson (1999). A Comparison of the National Preschool Curricula in Norway and Sweden. *Early Childhood Research & Practice*, *1*(*2*).
93. Massachusetts Department of Education (2003). *Guidelines for Preschool Learning Experiences*. http://211.154.83.45:83/1Q2W3E4R5T6Y7U8I9O0P1Z2X3C4V5B/www.eec.state.ma.us/docs1/curriculum/20030401_preschool_early_learning_guidelines.pdf.
94. Meesook Kim & Jung Na (2003). *Early Childhood Care and Education in Korea: National Policies and Practices*. http://211.167.103.142/1Q2W3E4R5T6Y7U8I9O0P1Z2X3C4V5B/www.unescobkk.org/fileadmin/user_upload/appeal/ECCE/reports_and_publications/ECCE_in_Korea_-_report__July2003_.pdf.
95. Ministry of Education and Research (2006). *Framework Plan for the Content and Tasks of Kindergartens*. http://www.regjeringen.no/en/archive/Stoltenbergs-2nd-Government/Ministry-of-Education-and-Research/Lover_og_regler/reglement/2006/framework-plan-for-the-content-and-tasks.html?id=278626.
96. Ministry of Education (2006). *The Kindergarten Program*. http://www.edu.gov.on.ca/eng/curriculum/elementary/kindercurrb.pdf.
97. Ministry of Education (1996). *Te Whàriki: Early Childhood Curriculum*. http://211.167.103.140/1Q2W3E4R5T6Y7U8I9O0P1Z2X3C4V5B/www.educate.ece.govt.nz/～/media/Educate/Files/Reference%20Downloads/whariki.pdf.
98. Ministry of Education, Culture, Sports, Science and Technology (2008). *Course of study for Kindergarten*. http://211.154.83.45:83/1Q2W3E4R5T6Y7U8I9O0P1Z2X3C4V5B/www.mext.go.jp/component/english/__icsFiles/afieldfile/2011/04/07/1303755_002.pdf.
99. Ministry of Education, Science and Culture (2011). *The Icelandic National Curriculum Guide For Preschools*. http://211.167.103.140:81/1Q2W3E4R5T6Y7U8I9O0P1Z2X3C4V5B/brunnur.stjr.is/mrn/utgafuskra/utgafa.nsf/xsp/.ibmmodres/domino/OpenAttachment/mrn/utgafuskra/utgafa.nsf/CA2C880C51C8CE0D00257A230058FCA5/Attachment/adskr_leiksk_ens_2012.pdf.
100. Ministry of Education, Science and Culture (2001). *National Curriculum Standards for Kindergartens*. http://www.mext.go.jp/english/news/2001/04/010401.htm.
101. Ministry of Women and Child Development Government of India (2012). *Early childhood Education Curriculum Framework* (*Draft*). http://wcd.nic.in/schemes/ECCE/curriclum_draft_5[1]%20(1)%20(9).pdf.
102. National Council for Curriculum (2009). Astear: *The Early Childhood Curriculum Framework*. http://www.ncca.ie.
103. National Council for Curriculum and Assessment (NCCA) (2009). The Story of Aistear: the Early Childhood Curriculum Framework: Partnership in Action. *The OMEP Ireland Journal of Early Childhood Studies*, 3(1).

104. National Council of Educational Research and Training (2005). *National Curriculum Framework*. http://www.ncert.nic.in/rightside/links/pdf/framework/prelims.pdf.

105. The Steering Group (2004). *National Curriculum Guidelines on Early Childhood Education and Care in Finland*. http://varttua.stakes.fi/NR/rdonlyres/78BC5411-F37C-494C-86FA-BE409294709B/0/e_vasu.pdf.

106. New Brunswick Family and Community Services (2007). *Early Learning and Child Care: English Curriculum Framework for New Brunswick*. http://www.gnb.ca/0000/ECHDPE/curriculum-e.asp.

107. NSW Department of Community Services (2005). *NSW Curriculum Framework for Children's Services: The Practice of Relationships*. http://www.community.nsw.gov.au/docswr/_assets/main/documents/childcare_framework.pdf.

108. Nóvoa, A. & Yariv-Mashal, T. (2003). Comparative research in education: A Mode of Governance or A Historical Journey? *Comparative Education*, *39*(4).

109. Nuttall, J. and Edwards, S. (2007). Theory, Policy and Practice: Three Contexts for the Development of Australia's Early Childhood Curriculum Documents. In L. Keesing Styles and H. Hedges (Eds.). *Theorising Early Childhood Practice: Emerging Dialogues*. Castle Hill, NSW: Pademelon Press.

110. OECD (2012). Starting StrongⅢ: A Quality Toolbox For Early Childhood Education and Care. http://www.oecd.org/edu/preschoolandschool/startingstrongiii-aqualitytoolboxforearlychildhoodeducationandcare.htm.

111. OECD Early Childhood Education and Care — Country Profiles(2004): *the United State*s. http://www.oecd.org/edu/preschoolandschool/2535075.pdf.

112. OECD Early Childhood Education and Care — Country Profiles(2004): *Ireland*. http://www.oecd.org/edu/preschoolandschool/37423587.pdf.

113. OECD (2001). *Starting Strong: Early Childhood Education and Care*. http://www.oecd.org/newsroom/earlychildhoodeducationandcare.htm.

114. OECD (2004). *Five Curriculum Outlines*. http://www.oecd.org/education/preschoolandschool/31672150.pdf.

115. OECD (2006). *Starting Strong Ⅱ: Early Childhood Education and Care*. http://www.oecd.org/edu/preschoolandschool/startingstrongiiearlychildhoodeducationandcare.htm.

116. OECD (2012). *International Comparison: Curriculum Framework and Content*. http://www.oecd.org/edu/earlychildhood/toolbox

117. Päivi Lindberg (2007). *The ECEC Curriculum Guidelines and its Implementation in Finland*. Vision into Practice, Making Quality a Reality in the Lives of Young Children, International Conference 2007

118. Pamela Oberhuemer (2005). International Perspectives on Early Childhood Curricula. *International Journal of Early Childhood*, 37(1).

119. Philippe Ariès. Translate from the French by Robert Baldick (1962). *Centuries of Childhood: A Social History of Family Life*. The Division of Random House, New York.

120. Pramling Samuelsson, Sonja Sheridan and Pia Williams (2006). Five Preschool Curricula-Comparative Perspective. *International Journal of Early Childhood*, 38(1).

121. Preschool Education Unite, Ministry of Education, Singapore (2003). *Nurturing Early Learners: A Framework for a Kindergarten Curriculum in Singapor*. http://www.moe.gov.sg/education/preschool/files/kindergarten-curriculum-framework.pdf.

122. Press Release (2005). Delivering Curriculum in the Early Years. http://211. 167. 103. 140:81/1Q2W3E4R5T6Y7U8I9O0P1Z2X3C4V5B/www. childreninscotland. org. uk/docs/pubs/cie9. pdf.

123. Rachel Langford (2010). *Innovations in Provincial Early Learning Curriculum Frameworks*. http://www. childcarecanada. org.

124. Rebecca Staples New, Moncrieff Cochran (2007). *Early Childhood Education: An International Encyclopedia (Volume 4: The Countries)*. Praeger Publishers.

125. Reesa Sorin (2005). Changing Images of Childhood: Reconceptualising Early Childhood Practice. *International Journal of Transition in Childhood*, *1*.

126. Remarks by the President to the Hispanic Chamber of Commerce on a Complete and Competitive American Education. http://www. whitehouse. gov/the-press-office/remarks-president-united-states-hispanic-chamber-commerce.

127. Satomi Izumi-Taylor and Ingrid Pramling Samuelsson (2010). Perspectives of Play in Three Nationals: A Comparative Study in Japan, the United States, and Sweden. ECRP Early Childhood Research & Practice, 12(1).

128. Scottish Consultative Council on the Curriculum (First pubiolished 1999, Reprinted 2004). *A Curriculum Framework for Children 3 to 5*. http://www. ltscotland. org. uk/earlyyears/images/CF3to5_tcm4-115469. pdf.

129. Scottish Executive (2004). *Curriculum for Excellence*. http://211. 167. 103. 148/1Q2W3E4R5T6Y7U8I9O0P1Z2X3C4V5B/www. educationscotland. gov. uk/Images/all_experiences_outcomes_tcm4-539562. pdf.

130. Section for Early Childhood and Inclusion Education Division of Basic Education, Education Sector, UNESCO (2003). *Early Childhood Care and Education in E - 9 Countries: Status and Outlook*. http://unesdoc. unesco. org/images/0013/001354/135471e. pdf.

131. Singapore News (2012), MOE Refreshes Kindergarten Curriculum Framework. http://www. moe. gov. sg/media/press/2011/11/supporting-kindergartens-for-a-quality-pre-school-education. php.

132. Skolverket (2010). Curriculum for the Preschool Lpfö 98,Revised 2010. http://211. 167. 103. 141:82/1Q2W3E4R5T6Y7U8I9O0P1Z2X3C4V5B/www. skolverket. se/polopoly_fs/1. 163844!/Menu/article/attachment/L%C3%A4roplan%20f%C3%B6rskolan_eng_tillg_webb. pdf.

133. Staggs, L. (2000). Curriculum Guidance for the Early Years. *Early Years Educator*, 2000,2(6).

134. Stakes (2004). National Curriculum Guidelines on Early Childhood Education and Care in Finland. http://www. thl. fi/thl-client/pdfs/267671cb-0ec0-4039-b97b-7ac6ce6b9c10.

135. Taguma, Miho, et al. (2012), "Where Does Korea Stand Compared to Other Countries?", In Quality Matters in Early Childhood Education and Care: Korea 2012, OECD Publishing. http://dx. doi. org/10. 1787/9789264175648-6-en.

136. Takeo Shishido (2008). The Revision of Japan's National Guidelines for Care and Education at Day Nursery and Its Problems. International Journal of Child care and Education Policy, 2(1).

137. Texas Education Agency (2008). *Revised Texas Prekindergarten Guidelines*. http://www. tea. state. ts. us/ed init/pkguidelines/index. html.

138. Theodora Papatheodorou (2011). *Being, Belonging and Becoming: Some Worldviews of Early Childhood in Comtemporary Curricula*. Forum on Public Policy, http://

forumonpublicpolicy. com/spring2010. vol2010/spring2010archive/papatheodorou. pdf.
139. The Australian Government Department of Education, Employment and Workplace (2009). *Belonging, Being, Becoming: The Early Years Learning Framework for Australia*. http://www. deewr. gov. au/Earlychildhood/Policy _ Agenda/Quality/Documents/Final%20EYLF%20Framework%20Report%20-%20WEB. pdf.
140. The Minister of Education, Science and Culture (2003). *National Curriculum Guide for Pre-schools*. http://docs. google. com/viewer.
141. The Ministry of Education and Human Resources Development (2007). *The Kindergarten Curriculum of the Republic of Korea*. http://211. 154. 83. 45:81/1Q2W3E4R5T6Y7U8I9O0P1Z2X3C4V5B/ncm. gu. se/media/kursplaner/andralander/koreaforskola. pdf.
142. The State of Queensland (2006). Early Years Curriculum guideline. http://education. qld. gov. au/strategic/advice/earlychildhood/cp/preschool. html.
143. The Steering Group (2004). *National Curriculum Guidelines on Early Childhood Education and Care in Finland*. http://varttua. stakes. fi/NR/rdonlyres/78BC5411-F37C-494C-86FA-BE409294709B/0/e_vasu. pdf.
144. UNESCO (1997). *International Standard Classification of Education (ISCED)*. http://www. unesco. org/education/information/nfsunesco/doc/isced_1997. htm.
145. UNESCO (2007). Strong Foundations: Early Childhood Care and Education. http://unesdoc. unesco. org/images/0014/001477/147794e. pdf.
146. UNESCO (2010). *UNESCO Policy Brief on Early Childhood: What is Your Image of the Child?* http://211. 154. 83. 47/1Q2W3E4R5T6Y7U8I9O0P1Z2X3C4V5B/www. waece. org/contenidoingles/notas/47eng. pdf.
147. UNESCO (2004). *Curriculum in Early Childhood Education and Care*. http://unesdoc. unesco. org/images/0013/001374/137401e. pdf.
148. UNESCO (2010). *The World Conference on Early Childhood Care and Education: Building the Wealth of Nations*. http://www. unesco. org/education/WCECCE/Flyer_200710. pdf.
149. UNESCO (2011). *Revision of the International Standard Classification of Education (ISCED)*. http://www. uis. unesco. org/Education/Documents/UNESCO_GC_36C-19_ISCED_EN. pdf.
150. UNESCO(2011). *ISCED: International Standard Classification of Education*. http://www. unesco. org/new/en/education/
151. United Nations Educational Scientific and Cultural Organization (2002). *UNESCO Policy Briefs on Early Childhood*. http://www. unesco. org/education/pdf/ecf_dev_ed. pdf.
152. Valerie N. Podmore (1993). *What is Government's Role in Early Childhood Education?* Paper Presented at the 1993 NZCER Invitational Seminar. New Zealand Council for Educational Research.
153. Victorian Curriculum and Assessment Authority (2004). *Introducing Victorian Essential Learning Standards*. http://vels. vcaa. vic. edu. au/introVELS. html.
154. Victorian Curriculum and Assessment Authority (2008). *Appendices, Analysis of Curriculum/Learning Frameworks for the Early Years (Birth to age 8)*. http://www. deewr. gov. au/Earlychildhood.
155. Woodhead, M. & Faulkner, D. (2000). *Subjects, objects or participants? Dilemmas of psychological research with children*. In: P. Christensen & A. James (Eds). Research with children: perspectives and practices. New York,: Falmer Press.

156. Yonhap News (2011). *"Nuri Curriculum for 5-years-olds" is Selected as the Title for Common Curriculum*. http://www. kicce. re. kr/eng/bbs/bbs _ V. jsp? menu _ id = 040101&DB = whatsnew02&no_ = 25748&sch_type = &keyword = &page_num = 9.
157. Young-Ihm Kwon (2007). *Changing Curriculum for Early Childhood Education in England*. http://ecrp. uiuc. edu/v4n2/kwon. html.
158. Young-Ihm Kwon (2002). Western Influences in Korean Preschool Education. *International Education Journal*, 3(3).

后记

学前课程政策研究在路上

紧张而充实的书稿写作终于告一段落，回望这多半年的正式写作历程，恰似一段思想的旅程，一段虽然有些辛苦但却不断有新发现的乐趣与欣喜的旅程。也因此，让我充分体会到学术写作的另一个面相——“写作即研究”，写作过程本身就是一个促进写作者不断深入思考、不断深化想法的过程，在这个过程中，虽然也有思考的辛劳，但更有因思考而有所收获的充实感和愉悦之情。与写作的林林总总外在功利价值相比，这应该算是写作的内在价值之一吧。

虽然写作告一段落，但思考并未停止，学前课程政策的探究仍然在路上。在本书的写作中，我们以各国(地区)学前课程纲要为分析对象，力图在课程政策层面上展开比较性的探讨。不仅在课程政策文本上做了相关的比较分析，而且也力图转到不同课程政策文本的背后，去触摸它们所秉持的基本前提假设与价值观取向，以在更深入的层面上，寻求这些课程政策文本对我们思考学前课程，乃至思考整个学前教育所具有的更为普遍的意义。但是，现在回头反思这一段写作历程，我们感觉到还有更大的空间供我们去探讨各国(地区)学前课程政策，比如，是否可以从解释学的视角对课程政策文本进行更为深入的文本对话和意义建构，并尝试探索出一条更能体现解释学特征的研究思路和写作方法与呈现方式。是否可以借鉴批判教育学的理论观点，来考察不同国家(地区)的政治意识形态与权力在学前课程政策制定中的影响；是否可以借鉴教育文化人类学的研究视角，来揭示学前课程政策与社会文化之间的生态关系；是否可以从实证研究的路向，来考察政策层面上的课程理念与规定，在学前教育实践中的接纳度与实践度，以及课程政策与课程实践之间的互构；是否可以从教师发展的角度，来梳理课程政策实施与教师专业化发展之间的关系，等等。这些都是有待于我们在以后进一步深入探讨和研究的。有人说写作是一种永远也无法达到完美的工作，确实，当我们在写作过程中，感到有不同的思路涌现出来却无法全部包容进来时，常常会感到一种遗憾，但是如果把写作放在整个学术研究历程中来看待，那么我们也会欣慰地看到，写作打开了我们视野，开拓了我们思路，为我们下一步的研究提供了新的可能和生长点。

作为一项研究，其实我们对各国（地区）学前课程纲要的关注在 2008 年就已经开始了，当时笔者参与华东师范大学学前教育系周兢教授主持的"各国学前教育政策比较研究"课题，并负责了对各国学前课程框架的比较。在此基础上，又进一步拓展，于 2009 年申请了全国教育科学十一五规划课题。因此，今天本书稿的完成和出版，首先非常感谢周兢教授所提供的学术研究平台，并使本书稿作为高瞻丛书中的一本而有机会得以出版，非常感谢全国教育科学十一五规划课题所提供的研究资助。

笔者还要特别感谢世界学前教育组织（OMEP）主席瑞典哥德堡大学 Ingrid Pramling Samuelsson 教授。2009 年 Ingrid Pramling Samuelsson 教授应邀访问华东师范大学学前教育系，座谈交流中谈到我当时的研究关注点是各国学前教育课程框架，Ingrid Pramling Samuelsson 教授特别感兴趣，并谈到自己也恰在做一项相关研究，可以邮寄一些研究资料过来。不巧的是，之后笔者去美国访学，没有收到邮寄过来的资料，Ingrid Pramling Samuelsson 教授得知后，又从瑞典把相关研究资料邮寄到了我在美国访学的大学。这种无私的帮助实在令人非常感动。这些研究资料对本研究的开展也起到了非常重要的作用。另外，本书稿的写作，参考了各国（地区）学前课程纲要和相关研究资料，在此也表示感谢。

最后，本书稿能够得以顺利出版，在很大程度上得益于曹雪梅编辑的督促和帮助，她对工作认真负责的专业精神和宽容耐心的态度让笔者敬佩和感动，非常感谢她在这一过程中所做出的辛苦和付出！

图书在版编目(CIP)数据

追寻课程政策背后的教育意义：基于学前课程纲要的国际比较研究/李召存著. —上海：华东师范大学出版社，2012.11

ISBN 978-7-5675-0071-6

(学前儿童发展与教育高瞻丛书)

Ⅰ.①追… Ⅱ.①李… Ⅲ.①学前教育-课程设计-对比研究-世界 Ⅳ.①G612

中国版本图书馆CIP数据核字(2012)第282879号

本书由上海文化发展基金会图书出版专项基金资助出版

学前儿童发展与教育高瞻丛书

追寻课程政策背后的教育意义

——基于学前课程纲要的国际比较研究

著　　者　李召存
项目编辑　曹雪梅
审读编辑　孟姗姗
责任校对　高士吟
装帧设计　卢晓红

出版发行　华东师范大学出版社
社　　址　上海市中山北路3663号　邮编200062
网　　址　www.ecnupress.com.cn
电　　话　021-60821666　行政传真021-62572105
客服电话　021-62865537　门市(邮购)电话021-62869887
地　　址　上海市中山北路3663号华东师范大学校内先锋路口
网　　店　http://hdsdcbs.tmall.com

印 刷 者　浙江省临安市曙光印务有限公司
开　　本　787×1092　16开
印　　张　12.5
字　　数　221千字
版　　次　2012年12月第1版
印　　次　2012年12月第1次
印　　数　3100
书　　号　ISBN 978-7-5675-0071-6/G·6009
定　　价　27.00元

出 版 人　朱杰人

(如发现本版图书有印订质量问题，请寄回本社客服中心调换或电话021-62865537联系)